学生の主体性を育む

学生相談から切り拓く大学教育実践

窪内節子 監修

設樂友崇・高橋寛子・田中健夫 編著

学苑社

まえがき

　現代の青年にとって大学に進学することの意味は何でしょうか。学生時代は、自らが考え表現する学問に出会い、人とかかわり、ぶつかり、活動の幅を広げ、悩みながらも生きる方向性を選び取っていく青年期の一時期です。大学生たちは4年間という学生生活の中で、試行錯誤をしながら、それぞれに大きく成長します。ゼミや卒業研究で学ぶことの楽しさを発見したり、サークル活動やボランティアで役割を担い貢献する喜びを味わったり、友人、恋人との関係を通して自己を形成していきます。そこには、"就職のための付加価値を得る"にとどまらない、"自分づくり"に取り組むことができる大学生活の内実があると言えるでしょう。学生期は、人生における大きな移行の時期であり、消費者から生産者への転換、あるいは"今を生きるための生活の糧"を超えた"人生を支える心の糧"を得る時期でもあるです。

　ひるがえって、スピードと効率化の加速する時代を生きてきた現代の大学生は、対人関係では傷つけ／傷つけられないことに気を使い、無難に要領よく過ごしているようにも見えます。大学生心理学では、溝上慎一が「ユニバーシティ・ブルー」現象と名づけた、授業にまじめに出席し、サークル活動やアルバイトに忙しい生活を送りながらも、何かしらの強迫観念をベースに不充足感を抱いている学生の姿が指摘されています。他者の求めに合わせ、自己を隠すことにエネルギーをつぎ込む、いわば息を潜めて"低体温的"に生き延びてきた青年は、キャンパス文化をどのように体験し、実感をもって成長を遂げていくのでしょうか。

　視点を大学側に移してみれば、多様化する学生への対応に教職員は追われ、「卒業時の"質"保証」や「社会人基礎力の育成」といった社会からの要請にも大きな影響を受けています。そして教職員の多忙化は、教育、研究や、学生とのあらゆる関わりにおいて余裕を失わせているでしょう。頻繁なカリキュラムの改編がなされ、授業の出席管理も企業流の"ステークホルダー"への説明も丁寧かつ細やかになる一方です。こうした先取り的で過剰な対応は、いったい誰のためのものなのでしょうか。もしかすると大学側も、学生や社会との間に摩擦をおこさないような低体温的な関係性をつくりだしているのかもしれま

せん。

　学生相談は、これまで「大学教育の一環」としての機能を果たすべく、学生理解の蓄積と大学教育実践を展開してきました。それは、学生との個別面接を中心に据えながら、グループ活動やピアサポートの組織、教職員研修の場での学生相談の知見の発信、そして授業担当にまで及ぶものです。執筆者はすべて学生相談の担当者またはその経験者です。本書は、現代の学生が抱える発達上のつまずきや課題、成長の様相をつぶさに知る学生相談担当者ならではの、学生一人ひとりの成長を中心に据えた視点や大学教育実践を問うています。

　本書の構成を述べましょう。第Ⅰ部は、学生相談の経験をふまえて現代の大学生をどうみるか、それをどのように大学教育につなげていくかについての論考を集めました。第Ⅱ部は、第Ⅰ部の論考における問題意識を共有する執筆者による、具体的な大学教育実践と学生相談の発想を紹介しています。授業、ゼミ、学生相談室が行なうグループ活動や個別相談、これらに通底する学生への関わりの姿勢が、すべての章において一貫して記述されています。第Ⅲ部には、監修の窪内と精神科医であり精神分析家の小倉清先生との対談をおさめました。さらに、長きにわたって学生相談に貢献されてきた鶴田和美先生より、刊行の言葉をいただきました。

　本書を、学生の支援や相談に携わっている教職員の方はもちろん、大学教育に関わる多くの方々にお読みいただけたらと思います。また、高校の先生方や保護者の皆さんにもこの本を手に取っていただき、大学教育のひとつの姿を知っていただきたいと願っています。

　学苑社社長の杉本哲也さんには、"学生相談の知"から今の大学生のリアルな姿を理解し、大学教育実践への示唆を提示する本をつくりたいという私たちの申し出に応じていただき、企画の段階から本書の構想・内容についてご助言いただきました。ここに厚く御礼申し上げます。

編者一同

目 次

まえがき　1

第Ⅰ部　学生相談経験からみる現代の学生像

第1章　問題を抱えつつも援助を求めない学生への支援
　　　　──甘えを捉える「原初的な気持ちのむすびつき」を基盤にして　窪内節子 … 7
第2章　若者の育ちにみる「思春期延長」
　　　　──聞くことで人を育てる　桐山雅子 ……………………………………… 27
第3章　身体的実感を育む
　　　　──「隠す」関係から「感じあう」関係への心理教育的支援　高橋寛子 …… 43
第4章　否定をくぐり、経験する自分をつくる　田中健夫 …………………… 65
第5章　主体をかたちづくる
　　　　──現代学生の自己形成の特徴と学びへの支援　高石恭子 ………… 83
第6章　「悩めない学生」に関わる視点を求めて
　　　　──悩むことに許容的でなくなっていく社会の中で　杉原保史 …………… 105

第Ⅱ部　学生相談が開拓する大学教育の可能性

第1章　大学生の心を育てる学生相談のサーキュレーション機能
　　　　──姿を見せるカウンセラー　設樂友崇 ……………………………… 129
第2章　学生相談室による多面的グループワークの模索
　　　　──小規模大学で"日常"と"非日常"を提供しながら
　　　　　　　　　　　　　　　　　　　　矢部浩章・深澤あずさ ……… 146
第3章　キャンパス・アイデンティティグループの実践
　　　　──逞しくしなやかな心を鍛える予防教育的集団精神療法　石川与志也 … 164

第 4 章　学ぶ主体を育む「学生相談面接」
　　　　──"こころ"と"現実"の両面を視野に入れた支援の事例をもとに
　　　　　　　　　　　　　　　　　　　　山下親子 …………… 178
第 5 章　授業において「遊ぶ」こと
　　　　──美術大学でのグループワーク実践から　山川裕樹 …………… 188
第 6 章　「わたし」を育てる授業を目指して
　　　　──女子学生が思わず「本気」になる教材の検討　山崖俊子 …………… 199

第Ⅲ部　座談会：大学生のこころへのまなざし
小倉清 vs. 窪内節子 ……………………………………………………… 215

刊行によせて　鶴田和美　233

あとがき　235

索引　237

装丁　有泉武己
カバーイラスト　永井美緒

第 I 部

学生相談経験からみる現代の学生像

第Ⅰ部では、学生相談の経験をふまえて現代の大学生をどう理解し、またそれをどう大学教育へつなげるのかという点に関する6つの論考を収録しました。
　第1章では、著者が主張してきた「原初的な気持ちのむすびつき」を構築する実践の有効性と留意点が示されています。人との交流の問題を中核に抱え「助けを求めない学生」たちばかりを集めた少人数授業の戦略的な授業展開が示されます。現代的な学生たちと試行錯誤しながら学習の基盤となる情緒的関係をつくっていく過程の生々しい気迫に、読者は思わず引き込まれていく論考です。
　第2章では、若者に「思春期延長」という危機が起きていることがまず述べられます。そして若者の「自分づくり」を支えるために、大人が「聞く力」を鍛えることの重要性を指摘します。学生相談の知見を発信し続けてきた著者による本章は、大学を青年期最後の練習の場として捉え、「子どもを育てるのは大人の仕事」という視点をあらためて提示し問うものです。
　第3章では、他者との関わりに尻込みして「隠す」ことにエネルギーを費やしてきた学生たちが描かれます。学生相談室での個人面接や新入生ゼミ内のさまざまな仕掛けによって「身体的実感」を育み、他者との「感じあう」関係へと自ら主体的に開いていく過程が考察されています。本章は、今日の大学における心理教育的支援の可能性を示すものであると同時に、大学生は本来的に成長へ向かう生き生きとしたエネルギーをもった存在であるという事実を確信させるものです。
　第4章では、大学生活で出会う新たな体験が、学生自身にとって内的な必然性と呼応したものになるための条件を考えていきます。学生の変容の機序を説明するものとして、「時間・空間・仲間」の保障と学生にとって意味ある「否定」が経験されることの意義を論じています。そして、カウンセラーあるいは教員として学生が自分のペースで表現できる場と関係を徹底して保持しようとすることの大切さを、個別面談と少人数ゼミの実践例から示しています。
　第5章では、「主体性」とは何かについての概念整理がなされます。なぜ今高等教育で主体性が問題になるのか、幼少期からのこころの育ちの道筋を踏まえたうえで大学は学生が生涯自分を支えるに足る主体性をどのように育んでいけるのか、その意義と可能性が論じられています。カウンセリングや心理療法における「主体」概念をめぐる議論が吟味され、主体をかたちづくるための試みとしての学生相談室によるプログラムと少人数ワークショップ型授業が紹介されます。
　第6章では、「悩めない、悩まない学生」の問題を、単に学生個人の育ちの問題と見るのではなく、現在の社会や、社会の中にある大学側もまた青年が悩むことをよしとせず、学生が悩むように変化することを妨げているという視点から考察しています。現代青年を病理的存在とせず「未来の社会を共に創っていくもの」と同定し、大人自らが青年に生き生きと悩むモデルを提供しようという呼びかけは、本書執筆陣だけでなく本書を手にとってくださった方にも共通する思いではないでしょうか。

第 1 章
問題を抱えつつも援助を求めない学生への支援
──甘えを捉える「原初的な気持ちのむすびつき」を基盤にして

窪内節子

1　はじめに

　長年、多くの大学における学生相談室の仕事は、個別面接への対応や、心理的援助を目的としたグループ活動などで占められてきた。それらは、あくまでも学生の自主的な求めに応じたものであり、学生相談の広報活動も学生が自ら援助を求めて来談することを前提とするものであった。ところが最近、大学に入学してくる学生の中には、従来とは異なる様相を呈する大学の授業のレベルについていけない、人とコミュニケーションが取れない、精神的な問題をもつといった問題のために大学に適応できない者が含まれてくるようになった。彼らは自主的に援助を求めないことが多く、問題が発覚してから学生部などと学生相談室のカウンセラーが連携して援助に当たる場合も多くなった。しかし、これらの事態は、あくまでも一部の学生の問題であって、大学教育の変革にまで繋がる問題であるという認識を、大学当局はもっていなかったように思われる。

　ところが2011年の障害者基本法の公布により、大学などにおいても障害のある学生を受け入れて、修学のための必要かつ適切な支援をすることが高等教育機関の責務となったことや、少子化による定員割れへの恐れなどから、多くの大学で、退学や休学予防対策に力を注がざるを得なくなってきた。その対応への模索の中で明らかになってきたことは、自主来談に限られた学生相談だけでは捉えられない問題を抱えつつも援助を求めない学生がかなりの数で大学内に存在するという事実であった。これらの学生の問題は、学生相談室や学生部の問題に留まらず大学の教育全体にも及び、その対応に多くの教職員が、従来の大学教育のあり方自体を変える必要にまで迫られてきている。ところがこれに対して、多くの大学関係者は摸索を始めたものの、なかなか良い方法が見つけ

られていないというのが現状である。一方、従来から学生相談が蓄積してきた学生支援に関する「知とスキル」を活用し、それを教育に生かす試みが、学生相談経験をもち、同時に教育にも関わっている教員によって始まっている。以上のような背景のもと、本章では、学生相談の「知とスキル」を大学教育に生かす実践を紹介すると同時に、長年筆者が、追い求めてきた学生相談経験から構築した青年期特有のアイデンティティ形成を促進する考え方による援助方法について述べたいと思う。

2　問題を抱えつつも援助を求めない若者の存在

（1）　志向性・意図性の脆弱な若者の問題

　最近、筆者の所属する大学で、1年生で受ける初年次教育の中でも、最も基礎的な授業である基礎ゼミ1というクラスの単位を取得できていない学生が、かなりの数に上り、このまま放置すれば退学に繋がることが予想される事態が起こった。そこで急遽、大学の教務は退学予防のために、単位を取得できなかった学生だけを対象とした再履修クラスを設置し、そのクラスの担当を筆者がすることになった。担当して驚いたことは、彼らが少人数大学ゆえに多くの学生と顔見知りと思っていた筆者も学生相談担当者も知らない程、存在感の薄い学生たちであったことだ。その理由として、ほとんど学生が自主的に学生相談室や学生部などに援助を求めることもなく、大学に所属しているものの学生集団に入らず、大学からいつ消えてもおかしくない学生たちであったからである。彼らの多くは、IT機器がうまく使えない、大学の授業のレベルについていけない、人とコミュニケーションが取れない、学ぶ目的が明確でない、昼夜逆転している、発達的な偏りが見られる、精神的な問題をもつなど、一人ひとりが何らかの問題をもっていた。筆者は、クラスを担当したものの、勉学意欲も高くなく、ひきこもりぎみの学生たちをどうやって授業に参加させ、教え、導き、何とか大学生活を続けさせられるだろうかと考えると、とてもやり遂げる自信をもてなかった。

　しかし、引き受けた以上何とか取り組まなければならないと考え、筆者は彼らと付き合うために、「ひきこもり」の理解から始めた。近藤（2001）によれば、「ひきこもり」には2つの側面があり、社会的ひきこもりといわれるような行動上の問題と、内的現象としてのひきこもりがあるという。後者は、おお

むね青年期に相応の社会的参加や対人交流の機会をもとうとしない、あるいはできない人で、①広汎性発達障害を中心とした「対人関係に生来的なハンディキャップをもつ人」、②統合失調症を中心とする「人生のどこかで発症した精神疾患を背景とする人」、③神経症圏やパーソナリティ障害圏を中心とした「心のクセを背景にする人」という3群に分類できるという。

　また、松本（2007）は、近藤のいう③の分類に相当する学生をさして、「大学生のひきこもり」とは、「非精神病性であって、数ヵ月以上の長期間に渡って家族を除いた対人関係や社会活動をさけて孤立した状態にある大学生にみられる現象」と定義し、論考を進めている。

　しかし、松本が対象にし、実際に援助した「大学生」は学生相談室で関わった学生に限られており、その場合の定義であった。初年次教育の中でも最初の基礎のクラスにも参加せず、あるいはできずに、単位もほとんど取得できていない「ひきこもり」状態にあった学生の多くは、松本のいう「大学生のひきこもり」の定義よりは、多様で、なおかつ「悩まない」「助けを求めない」という特徴があるように思われた。一般に、大学にも行かず、単位取得も困難な学生は、どこか現状に対する焦りや嫌悪感、違和感といったものを感じ、一見無気力に見えても誰かの援助を求めながらも、行動できずにただ日々が過ぎている状態と考えるのが普通である。ところが、筆者が再履修クラスで担当した学生の多くは、将来や現状について悩み、内省している様子は少なく、表層的で、他者のことを心配するといった情緒的な関わりも恒常的でなく、その時々の事象に関心を向けて刹那的に生きている感じで、「助けを求める」といった自らの意志や志向性に乏しいように思えた。すなわち彼らには、自己を形成するという意図や志向性への脆弱さという発達上の問題が想定され、近藤のいう①ないし③の傾向をもち、そのために彼らは、問題を抱えつつも助けを求めないといえた。これらの状態を考えたときに、彼らの問題は何らかの自己形成に問題があり、主体的な自己をもてない状況にあると筆者は捉えた。

(2)　「助けを求めない」学生の特徴と理解のための「枠組み」

　ここでは、「助けを求めない」学生を理解するために、その特徴を挙げ、そこから彼らを支援するための「枠組み」についてまとめてみよう。「助けを求めない」学生たちは、不適応な大学生活を送っているにもかかわらず求めない

という意味である種の生きづらさをもっていることは確かである。このことを2013年5月に発表された最新版のアメリカ精神医学会による精神障害に関する診断手引き（Diagnostic and Statistical Manual of Mental Disorders: DSM-5）にそって考えてみよう。DSM-5では、DSM-Ⅳ（1994）における広汎性発達障害にあった自閉症障害、小児崩壊性障害、アスペルガー症候群、レット症候群、特定不能な広汎性発達障害の5つのカテゴリーが統合されて、自閉症スペクトラム障害と呼ぶよう変更された。「自閉症スペクトラム」という概念は、Wingが提唱したもので、自閉症にはさまざまなバリエーションがあるものの、本質的には1つのものとみなすことができると考え、「スペクトラム」という連続体を意味する言葉を使った。Wingは、「自閉症スペクトラム」を診断するための重要な特徴として、①相互社会性の障害、②コミュニケーション障害、③想像力の障害の3つを挙げている。

　以上のことを頭に入れて、再履修クラスの学生について考えてみると、大学へ入学してくるだけの知的能力をもっているが、コミュニケーションの問題として、言葉の意味は分かっているが人の話の理解が苦手で、文脈が読めないという側面をもつ。また、想像力が弱く、自分の考えや意見を求めても答えられないときがある。このようなコミュニケーションの問題も想像力の問題も相互社会性の障害と絡み合いの中で出てくることが多く、Wingのいう3つの特徴をもつと考えられ、彼らをDSM-5で診断するならば、「自閉症スペクトラム」の範疇の中に入るといえるだろう。しかし、それでは、彼らの「助けを求めない」ということに対する答えになるとは言えない。確かにコミュニケーションの問題はあるものの、それだけでなく彼らは人を信じるとか、頼るといった主体的な行動をしない。ただ、ふわふわと漂うように人や状況に合わせて生きている感じである。こちらが彼らのあり方に合わせ、拒否せずに近づき関心を向けると、わずかに情緒的な絆は成立する感じがするが、何らかの理由で彼らとの接触する状況機会がなくなると、関係がなくなってしまう。つまり、わずかに人を求めているようでいて、それが叶わないとすぐに諦めてしまい、関係にこだわって人を求めるといったことをしない。このような彼らを考えるには、やはり生育上の問題を考える必要があると思われる。人は、誕生後、母親や母親的な対象に育てられなければ生きられないという宿命をもつ。したがって、彼らも母親ないし母親的な存在に育てられてはいるはずである。しか

し、後藤（2014）が「母性、父性の2者関係があり、その関係に応じた育児の場において現実に皮膚接触レベルの育児を行うのが母性の役割であり、場を形成し、それを適切に維持する役割を行うのが父性である」と述べていることから考えてみると、再履修クラスの学生の大半に父親の影が薄いことが挙げられる。この父性の欠如が、「助けを求めない」つまり志向性、意図性が薄いために自己の形成に何らかの問題をもつことと関連性があるのではないかと考えた。そこで筆者が長年、学生相談におけるクライエントとの対話において、アイデンティティ形成に焦点を当てた心理療法のあり方を模索し、土居（1994）の日常語の「自分がある」ことに興味をもって構築してきた「自己意識形成プロセス」から助けを求めない学生の理解と介入の糸口を検討してみようと思う。なお、「自己意識形成プロセス」とは、「『自分がある』状態を成熟した自我意識」とし、それを形成するための心理療法のセラピスト―クライエント関係のプロセスを「自我意識形成プロセス」と筆者が名付けた考え方である。

3　甘えを捉える「原初的な気持ちのむすびつき」の考え方

　筆者は、約10年前に長年の学生相談経験で、出会った学生との面接をもとに「青年期の心理療法における自我意識形成に関する実践的研究―「甘え」理論を基盤にして―」というタイトルで博士論文を書いた。その内容は、広く認められている青年から大人への移行の重要な指標であるアイデンティティの形成に焦点を当て、「甘え」理論の視点から自我意識形成プロセスについて考察したものである。その際、セラピストとクライエントとの関係形成の基盤となる関係を「原初的な気持ちのむすびつき」（primitive emotional ties）と名付け、その構築が自我意識形成に重要な意味をもつことを明らかにした。論文では青年期の心理療法のみを扱って執筆したが、当時から「原初的な気持ちのむすびつき」は、青年期だけでなく子どもから成人まで、すべての発達段階の心理療法に重要なものだという感触を当時から筆者はもっていた。

（1）　土居健郎の「甘え」研究を発展させた「原初的な気持ちのむすびつき」

　土居（1960, 1994）は、「自分がある」という体験を、Erikson（1959）のいうアイデンティティと同一の意味をもつことを指摘し、「自分がある」という感覚を、成熟した自我意識という意味で用いた。

土居は、「自我には対象との関係を形成する欲求（『甘え』の欲求）が存在し、それが満たされないとき、『自分』の意識が十分形成されず、それを『自分がない』」という言葉で表現した（熊倉, 1993）。つまり、心理的に「甘えたい心」の抑圧や排除が行なわれると、かえって潜在的に「甘えたい心」は強くなり、それを満たそうと求めるあまりに対象に付着し、自我が正常に機能しなくなって、「自分」をもてなくなってしまう。心理療法においてセラピストが、クライエントの「甘えたい心」を受け入れていくと、それまで抑圧や排除された「甘え」の欲動が甦ってくる。その後、クライエントが、「甘えたい心」を十分に自覚しながら、なおかつ無制限に甘えることができないと悟ると、対象に付着していた自我が解放され、クライエントに「自分」の意識が芽生えていく。そこで初めて、成熟した自我意識としての自己の表象をもつことができ、なおかつ愛される体験をもったことで自己を大切にできると土居は主張した。

　そこで筆者は、「甘え」理論を基盤にして青年期の心理療法におけるセラピスト―クライエント関係に注目し、その関係について考察した（窪内, 1994, 1997）。筆者は、まず、セラピストとクライエントとの関係形成が基本となることを指摘し、その関係を「原初的な気持ちのむすびつき」（primitive emotional ties）と名付けた。「原初的な気持ちのむすびつき」とは、青年期の心理療法において、セラピストとクライエントが言葉の背後にある隠された気持ちを、母親と乳児間の通じ合いのように汲み取り合う関係と定義した。「甘え」という言葉を用いず、「原初的な気持ちのむすびつき」と名付けた理由は、セラピスト―クライエント間において、母親と、言語獲得以前の乳児との間に生じるような交流を表現するためである。

（2）「原初的な気持ちのむすびつき」を基盤とする自我意識形成プロセス

　「自分がある」状態を目指すといっても、クライエントの精神的健康度や、セラピスト―クライエント関係のあり方によって、すべての事例で「自分がある」状態を目指せるわけではない。筆者が21年間に面接した1,283事例の中から、自我意識形成プロセスの各時期の特徴を示していると考えられる10事例を選び、面接経過を詳細に記述し検討した。その結果をもとに、「自分がない」状態から「自分がある」状態へと至る移行プロセスを、「自我意識形成プロセス」と名付け、大きく3つの時期に分けて整理した。これは、土居の述べる心

表Ⅰ-1　自我意識形成プロセスにおけるクライエントの状態とセラピストの対応の特徴

	自我意識形成プロセス					
	関係形成期		関係交流期			関係内在化期
	関係への抵抗の段階	表層的な問題表出の段階	関係深化の段階	関係修正の段階	自立へ向けた心理的別離の段階	
クライエント(Cl)の状態	Thを信頼できずに、援助への抵抗が出現する。	Thに対し無自覚で幼児的な「甘え」を体験する。	Thへの信頼を基盤に、より深い内面を表出する。	無自覚で幼児的な「甘え」を意識化する。	無自覚で幼児的な「甘え」から脱却する。	自覚的な依存関係を基盤に問題を洞察する。
セラピスト(Th)の対応	Clへの共感と、隠された無自覚で幼児的な「甘え」を察知する。	Clに共感し、隠された無自覚で幼児的な「甘え」を受け入れる。	無自覚で幼児的な「甘え」から自覚的な「甘え」への移行を援助する。	無自覚で幼児的な「甘え」を問題提起する。	無自覚で幼児的な「甘え」に直面化させ、自立を促進する。	一時的な揺れや落ち込みに対応し、本格的な問題に取り組むことを援助する。

(窪内, 2007)

理療法プロセスに対応させ、セラピスト―クライエント間の関係性に視点を当て、より精緻化したものである。それは、「関係形成期」（心理療法の開始から関係が成立するまでの時期）、「関係交流期」（関係の修正と深化を経て「自分」を明確にするまでの時期）、「関係内在化期」（自分を受け入れてくれたセラピストとの関係を心に内在化する時期）からなる。各期の内容は次のように想定した（**表Ⅰ-1**）。

1）関係形成期

　関係形成期は、セラピスト―クライエント間の基本的な信頼関係を形成する時期をいう。母親は乳児の泣き声やかすかな表情の動きや変化から、本能的に乳児の欲求や状態を読み取って、直感的に行動をする。そこには、言葉が介在しない心の通い合いがある。この関係を「原初的な気持ちのむすびつき」と呼ぶ。この関係が形成できて初めて、クライエントは訴えていることを分かってもらった、理解されたと感じ、自らの心の内を安心して言葉にするようになる。

しかし、母親との間で安定した信頼関係を作ることができなかったクライエントとの心理療法においては、セラピストは、より丁寧にクライエントの言葉の背後に隠された欲求や状態を読みとって反応し、クライエントの心の内に信頼関係を育てることを求められる。この段階でのセラピストは、クライエントの立場や気持ちを共感的に理解し、たとえ自己中心的で幼児的な「甘え」や欲求であっても面接の枠内で受け入れ、クライエントの満たされてこなかった「甘え」をある程度満足させることが求められる。

さらに事例の検討の結果、関係形成期には次の2つの段階の存在が想定された。

① 関係への抵抗の段階

「関係への抵抗の段階」とは、関係形成期の最初の段階に見られる、心理療法に対するクライエントのさまざまな感情的、行動的抵抗をいう。

クライエントの「甘えたい心」の抑圧が強い場合、面接への抵抗が大きいといえる。「甘えたい心」の強さは、「自分がない」状態の程度に呼応し、強ければ強いほど「自分」を見失い、無意識的には援助を求めてはいるが、「甘え」を受け入れられた体験が乏しいために、抵抗は大きくなる。これらのことをいかに乗り越えるかが、後に続く自我意識形成プロセスの進行のための鍵となる。この段階において、セラピストが注意すべきことは、クライエントの隠された「甘えたい心」を捉え、その気持ちに応答していけるかどうかであった。そのようなセラピストの応答がクライントの心に残り、関係形成へと繋がり、「原初的な気持ちのむすびつき」形成のための契機となる。

② 表層的な問題表出の段階

「表層的な問題表出の段階」とは、関係への抵抗の段階を何らかの形で乗り越えたクライエントが、現在の問題に対する自分なりの考えや思いを語り始める段階をいう。しかし、それらはあくまでもクライエントが意識している悩みや怒りといった表層的な問題に限られていた。関係が形成されたといっても、まだ信頼に至るには多くの時間と試練を乗り越える必要とされるからである。そのためにセラピストは、乳児に対する母親のように、クライエントの言葉の背後にある「甘えたい心」を受け止め、配慮をもって根気強く接することが求められた。その結果、セラピストとクライエントとの間に次第に「原初的な気持ちのむすびつき」が形成されていくと考えられた。

2）関係交流期
　関係交流期は、セラピストがクライエントとの交流を通して、クライエントが問題を客観化し、克服していくことを援助する時期をいう。関係交流期には、さまざまな段階が想定される。関係形成期でセラピスト─クライエント間の「原初的な気持ちのむすびつき」が形成されたことにより、いよいよ本格的にクライエントへの援助が始まる。そのプロセスとして次のような段階がある。
① 関係深化の段階
　関係形成期では、セラピストがクライエントの自己中心的で幼児的な「甘え」を受け入れることが行なわれ、それに続く「関係深化の段階」では、より共感が深まり、セラピスト─クライエント双方が、「原初的な気持ちのむすびつき」という確かな絆を基盤にして、理解し合う関係になることを意味する。その結果、セラピスト─クライエント間の信頼関係はより深化し、クライエントは安心して心の内面を表出する。セラピストが、クライエントの語ることを深く受け止めることにより、クライエントは、安心して「甘え」を体験する。このような関係深化の段階を体験して、クライエントは、セラピストに受け入れられた、理解されたと感じるようになり、セラピスト─クライエント間に健全な母子関係のような依存関係が形成されていく。その関係の中で、クライエントの問題が次第に明確になっていき、クライエントの「自分」が、自分の問題を直視できるまでに育まれ、強化されていくと考えられる。
② 関係修正の段階
　「関係修正の段階」とは、関係形成期に構築された信頼関係を保ちながら、面接経過の中で出現してくるセラピスト─クライエント間の感情的な「ズレ」を乗り越え、修正するための、セラピスト側からの働きかけを行なう段階をいう。
　関係形成期では、セラピストはクライエントの未熟な「甘え」や、そこから出現してくる問題行動を受け入れる。その結果、クライエントの「甘え」はある程度満たされていくが、その甘え方は、クライエントがそれまでに身に付けてきたものである。自分本位で身勝手な甘え方のクライエントに対してセラピストは不快感を抱くが、セラピストとしての役割上、その感情を抑圧する。ここで、セラピストが抱く不快感情は、クライエントが抱いている、人に対する無力感や不快感をセラピストに投影させたものと考えられる。そこでセラピス

トが、クライエントの代わりにその感情を意識化し、その感情の発生理由を認識できれば、クライエントの問題を、共感を通して理解できるようになる。このような認識に基づいて、セラピストが、クライエントの問題を意識化するために行なう問いかけは、問題の病巣を切り開くメスのような働きをする。それはセラピストにとっては、関係をより深化させていくための挑戦であり、クライエントとの対決ともいえる。このようなセラピストの真剣な語りかけが、クライエントの心の中核に届いたとき、張り詰めていた感情に変化が生じ、クライエントはそれまで溜めていた思いを一気に語り始める。クライエントが本心を語り始めると、セラピストの見方を超えることや考えに添わないことも生じうる。クライエントの語りから、追い詰められていった気持ちや苦しみを理解し、受け入れていくためには、セラピストの側もこれまでの考えや価値観を変化させることが必要であり、精神的な揺さぶりを伴う体験となる。その過程でクライエントは、セラピストが自分を受け入れるために、内的枠組みを変化させようとしていることを感じる。このプロセスを通して、クライエントは、セラピストに心の底から受け入れてもらっているという感覚をもつことができる。そこで初めてクライエントは、人に合わせずに自分の気持ちを表現しても、セラピストが受け入れてくれるという確かな感覚をもつことができるのである。その結果、クライエントは、たとえセラピストの意に添わなくとも、セラピスト―クライエント関係は崩れないという体験をすると思われる。

③　自立へ向けた心理的別離の段階

「自立へ向けた心理的別離の段階」とは、子どもが大人へと移行し、自立していくように、面接プロセスの中で、クライエントがセラピストからの心理的な別離を体験していく段階をいう。ここでいうセラピストとの別離とは、関係性を断絶することではなく、クライエントがより一段と成長するために、無自覚的で幼児的な「甘えたい心」を処理して、新たな世界へと踏み出していくことを意味している。

セラピストとの関係が形成され、クライエントが非言語的な「甘えたい心」を満たしながら、内面を表出していくと、次第に問題が明確になっていく。それに呼応するように、クライエントの自立へと向かう精神的な成長が始まる。それは、決してセラピストからの一方的な働きかけによるものではなく、クライエントの自己再生力の始動ともいえるものであり、自立へと向けた自然に起

こってくる動きである。この動きはクライエントにとって、人からの押し付けではないものだけに、厳しい現実を見据えることになる。このような直面化は、セラピスト―クライエント関係にも及び、この関係もいずれ終わりにしていかなければならないという別離の予感をクライエントにもたらす。その結果、クライエントの内面に、セラピストに対していつまでも甘えられない、甘えている訳にはいかないという気持ちが生まれる。安定したセラピスト―クライエント関係からの自立のための心理的な別離は、クライエントにとって大変な危機にもなり得る。しかし、このようなクライエントの自立欲求から起こってくる心理的な別離を体験することにより、クライエントの中の「自分」が強化され、「自分がある」状態へと到達できるといえる。多くの葛藤を乗り越え、立派に成長を遂げたクライエントと別れることは、セラピストにとって嬉しさの中に寂しさを感じるものである。しかし、関係から踏み出すよう、クライエントにセラピストとの心理的な別離を促すものは、心からクライエントの旅立ちを喜び、クライエントが自立していく寂しさに耐えられるセラピストの成熟した父性的な感覚である。クライエントの自立を認め、セラピスト―クライエント間に形成された信頼関係の中に、いつまでも甘んじないというセラピストの自戒的で父性的な態度が重要となる。このことは、父親の役割について研究した社会学者のPersons（1956）の考え方に呼応している。Personsは、パーソナリティを役割の統一体と考えた。その役割の学習は、「役割を具現している客体との相互作用を通じ、その客体と一体化することによって可能となる」と述べ、相互作用により主体のもつ役割は、客体に内在化されていくと考えた。すなわちセラピストのもつ父性が、交流を通してクライエントに内在化され、それが無自覚で幼児的な「甘えたい心」の処理に影響すると考えられる。このようにセラピストには、クライエントの「甘え」を受け止める母性的な側面ばかりでなく、「甘え」に甘んじない父性的な側面の両面を併せもつことが重要となる。

3）関係内在化期

関係内在化期とは、クライエントがセラピストとの間で健全な「甘え」を体験し、その関係を内在化して、「自分がある」状態に至る時期のことをいう。「自分がある」状態での「甘え」は、甘えたい気持ちを否定するのでなく、「甘

え」を自覚して、その対象との間で一貫性のある信頼関係を保持できる状態を意味する。親密な関係の中で、素直に甘えを表現でき、考え方が相違しても、互いの考えを尊重し、その関係が切れることを意味しない。この期に至ることができるクライエントに対して、セラピストは信頼して見守り、一時的な迷いや落ち込みを支える援助を行なうこととなる。「自分がある」状態のクライエントにとっては、セラピストが自分を見守り、「甘え」の受け手として確かな存在であることを確認できるだけで、目の前の問題を乗り越えようとする新たなエネルギーが心の中に生まれるからである。

4　問題を抱えつつも援助を求めない学生との情緒的交流
──関係形成に焦点を当てた授業の実際

　ある時の筆者が担当した大学初年次基礎ゼミにおける単位取得が困難な学生だけを集めた再履修クラスの授業風景を紹介する。なお、取り上げた学生については、プライバシー保護のため、趣旨が損なわれない範囲で修正を加えてある。

　授業が始まって教室にいたのは10人中のＡとＢのみであった。仕方がないので、筆者はＢとしばらく話すことにした。髪の毛を目の下までおろし、ほとんど顔が見えない。「どうして授業にこれないの」と聞くと、「初めはそれなりに頑張るつもりだった。サークルにも入ったが何となく人間関係がめんどくさくなった。それでアパートでゲームしている生活。大学を辞めて何をするという気がないし、ただそのまま大学に所属しているという感じ。成績が実家にいって、親は少し心配して電話などかかってくるけど、一応大丈夫といってある」と傍にＡがいるのにも関わらず素直に話す様子に筆者が内心驚いていると、Ｃが教室に入って来た。先週までの金髪の毛を両サイドに切り上げていたのが直っている。また、金髪が黒くなっているのを見て、筆者は何かＣの内面の変化を感じて「どうしたの」と聞くと、「この前はおかしかったんだ、自分を駄目にしないと収まらない感じだった」という。３人では授業にならないので、普段から学生のたまり場になっている喫煙室に迎えに行くと、Ｄ、Ｅ、Ｆの３人がいて、まるで筆者が迎えにくるのを待っていたようだった。彼らを急き立てて、教室に戻ってみるとＧも来ていた。そこで７人で授業を始め

ることにした。

　この日の授業は、レポートの書き方について学ぶことだった。例によって、教科書を持ってこなかった人にはコピーを渡し、声を出して読んでもらうことから始めた。いつも読めない漢字を飛ばすEに、それは教えるからしないように注意して読ませた。読んでいる途中でGの携帯電話が鳴り、英語で話し始めた。流暢に相手と話す様子に筆者も、学生たちも唖然と聞いていた。筆者が「すごいね」というと、「簡単だよ。子どものときから音楽好きで、英語の音楽だったし、映画をみて学んだ。何より近所に外人がいて、英語を話さないと馬鹿にされた。日本人として悔しくて、必死で覚えた。中学、高校と成績トップだった。でも大学では、まわりと全く話が合わなくて、去年は来なかった」という。筆者が「能力高いね、もったいないね」と返すと、それに触発されたように皆が自分のできることを話しはじめた。Eは「このところ競馬はすべて取っている。競馬は予想が面白いし、賞金として戻ってくるお金が多いので好きだ。Fみたいにパチンコはやらねえ」というとFは「俺は、まあパチンコはやるけど競馬は頭を使うので、向かない」とぽそりと反応する。それに対してDが、パチンコ、スロット、競馬にマージャンもできるよ、その中でスロットは出る確率が読めるので好きだと言い始め、その確率の読み方について説明を始めた。筆者が「Bは何か好きなことはないの」と話を向けると、「特にないけど、マージャンはできるよ」というと、一同からどよめきが起こる。何となく仲間にいれてやるぜという雰囲気で、みんなの気持ちが繋がった感じを筆者はもった。ただ、真面目なAだけが話に入れていないのではないかと筆者は気になり、声をかけると「本を読むのが好きです」という答えに、そこにいるのが嫌という感じはなさそうで筆者は内心ほっとした。そうこうするうちに授業時間が終わりに近づいてきたので、レポートの課題を出し、書けた人から終了にする。時間内に書けないB、D、Gには、昼休みまで指導して終了した。

　以上の授業風景を読んで、驚かれた方も多いと思う。授業開始時間に学生が集まっていない、教員が喫煙所まで学生を迎えに行く、授業中携帯で話し始める学生を教員が注意しない、学生の勝手に話し始めた内容がギャンブルの話題など、これがとても大学の授業とは思えないと立腹するかもしれない。しかし、

この授業の参加者のほぼ全員が前年に単位をほとんど取れていない、ひきこもっていた学生であったことを考えると少し見方を変えることが可能になるのではないだろうか。ここに登場した7人の学生は次のようであった。Aは、大学不適応から体調を壊し、前年は大学に来なかったが能力は高く、この授業は皆勤であった。Bは、サークルでの人間関係から大学に足が向かなくなっていた。Cは精神的に不安定な面をもちながらも、この授業は皆勤であった。Dは、昼夜逆転の生活から大学に足を向けられていなかった。Eは、大学の授業を難しく思い、バイトにのめり込んでいた。Fは、能力的にもEの子分のような感じで大学に来たり、来なかったりしていた。Gは、英語が堪能で能力的にも問題はないが、生活費、学費すべてをバイトで支払う必要があり、バイト優先の生活をしていた。残りの3人、Hは生徒会の役員までしていた学生だが、いじめに合い、それがトラウマとなって人間不信に陥り、大学に足が向かないでいた。Iは、Aと同様に対人緊張のために腹痛や嘔吐があるために大学に来ることができないでいた。Jは、ほとんど話せず、向き合おうとすると教室から出て行ってしまう学生で、集団での支援は残念ながら困難と思える学生だった。

　以上の学生のうち、当時いわゆる専門的な治療を受けている学生は2人のみであった。その他の学生は、少なくとも大学入学まで特別な支援を受けずに、本人や家族の努力によって何とか切り抜けてきていた。大学入学後も学生相談室の利用もせず、うまくできないのは単に自分の能力や努力が不足しているせいだと思い込んできたことが大きいようであった。その上、何らかの理由で大学に不適応となったきっかけは、表面的には周囲の学生と合わない、話についていけないといったコミュニケーションの問題だったが、その背景に「甘え」の問題から「自分がない」状態であるように思われた。

　さて、これらの学生との情緒的交流に重点を置いた授業を展開するに当たって、筆者は、事前に次のような指導方針を決めていた。
① 　学生達を1つの集団と捉え、枠にとらわれない寛大な気持ちで接することで抱え、情緒的な絆で結ばれた居場所を提供することに努める。
② 　分かりやすい評価（出席回数とレポート提出で評価を判断、出席表を掲示し出欠席を明示するなど）と課題終了までの指導を通して達成感を与える。

①は、集団に参加する学生との「原初的な気持ちのむすびつき」の構築を目指す指導方針である。すなわち学生たちの気持ちの背後にある「甘え」を非言語的に読み取り、そのことによって彼らの満たされていない気持ちに応えることで抱えるという、母性的なアプローチである。この方針の推進ために、集団全体を抱えることを優先し、個人的内省や内面理解を求めるよりは、学生たちが授業中、たとえ授業の文脈から離れたとしても自主的に自分の考えや思いを話すことを奨励した。自由に自分を表現しても否定されずに受け入れられている体験が、安心した居場所に繋がると考えたからである。そのため前述した授業風景の中で語られたように、ギャンブルの話、処方されている薬の話、単位の取りやすい授業の話、彼女や彼の話などがよく話された。しかし、驚くほど自由にあっけらかんと話しながらも、普通の学生にはない学生たち特有の人間関係に恵まれないことに対する空しさや苦しさが会話の中に垣間みられ、彼らの力になってあげたいという筆者の情緒的な思いを喚起した。

　また、学生たちは、学内で孤立し、なおかつコミュニケーションが苦手ということもあって、友人からの情報はほとんどなく、驚くほど大学のことを知らない。そのため授業で話されたことのうち、特に単位の取り方や履修の仕方などの情報は、大学生活を送る上での重要な情報共有となっていた。このようなことを繰り返すうちに、自然と互いに知り合い、居心地のよいクラスになっていったように思う。そのことを授業終了時のアンケートには、「学校生活における不明点、不安点に対応してもらい、授業に参加しやすかった」「気を抜いて参加できるのでおなかが痛くならなかった」「雰囲気がよく、授業に出たいという意欲がでた」などと記述されていた。

　②は、自我意識形成プロセスにおける強調点の1つである「甘え」に甘んじない父性的なアプローチで、たとえ時間が掛かっても、最後まで出席を促し、できる課題を終了するまで指導することで、学生たちの無自覚で幼児的な「甘えたい心」の処理促進に対応した方針である。この方針については、当初から筆者には授業のレベルを下げるのではなく、工夫することによって課題をこなさせ、達成感をもたせたいと考えていた。授業に出席してもらう工夫として、前回出席しなかった学生には、メールで連絡する他に、携帯電話で連絡をとることを毎週行なった。さらに、授業の出席が全員に分かるよう大きな出席表を作成し、それを黒板に掲示し、出席すると皆の前で赤い○をつけるというまる

で小学校のような行為が、驚くほど受け入れられ、授業参加の動機付けに繋がった。15回の授業回数中14回の出席とレポート提出でAAとし、順次出席回数でAからCの成績を付けることを明示した。また、課題を毎回用意し、やり終えた者から終了とし、困難な者には手伝うものの、たとえ時間がかかっても最後までやり遂げることを求めた。このように諦めずにやり遂げさせるという父性的なアプローチによって、達成感を与えると同時に、彼らの幼児的な「甘え」の処理への援助をしたいと考えていた。その結果、10名中9名が最終的にレポート提出までこなし、単位を取得できた。しかし、携帯で連絡しても学生が出ないときも多く、授業のたびに教室に誰もいないのではないか、筆者だけがむなしい努力を繰り返しているのではないかという不安を感じて、筆者にとって辛い授業の連続であった。

　ある時、授業として学生相談室主催の「相談室訪問プログラム」というワークにクラスで参加した。その際、グループになってメンバー同士でお礼のプレゼントをするというワークの最中、少し離れて見ていた筆者のところへ、何人もの学生がプレゼントを持ってきてくれた。突然の学生たちの行動に対して、筆者は学生たちも感謝してくれていることを実感し、思わず涙がこぼれそうになった。その様子を傍で見ていたカウンセラーからのコメントとして、「先生にプレゼントとの言葉に学生たちがパッと反応したことから、彼らとの関係作りに腐心されている先生のご努力の成果を何より強く実感しました。そして、今後この関係性の中で、個々人の学習がどの程度進展していくのか、期待と不安をもちつつ応援しています」との言葉を頂き、本当に勇気づけられた。

5　まとめ

（1）　授業における「助けをもとめない」学生との関係形成について

　再履修クラスの学生の問題を自我意識形成プロセスで考えてみると、学生と筆者との関係は、授業という構造上の問題や時間的な制約もあり関係形成期の段階で終了となった。しかし、少なくとも筆者と関係形成を体験したことは意味があると考えられ、今後その実感が学生たちの心の中に定着していくことを期待したい。ここで、再履修クラスにおける関係形成について振り返ってみよう。前述した「自我意識形成プロセス」によれば、まず、関係形成期には、学生からみれば筆者を信頼できずに、援助への抵抗が出現する「関係への抵抗の

段階」がある。学生たちの関係への抵抗としては、再履修クラスでの最初の学生のアンケートで、大学に来ない理由として「大学が面倒くさくなったから」「人間不信で来れなかった」「人が横にいるとお腹が痛くなるので行きたくない」などと書き、卒業する意志については、「卒業できる気がしない」「考えられない」「漠然としていてよく分からない」などといった答えが多く、クラスの参加に対して意欲もなく、拒否的ともいえる抵抗状態にあった。そこで筆者は、最初のクラスで、大学として入学を許可した以上、単位取得のために学習面はもちろんのこと、心理的、学生生活などに関して、許される範囲でできるだけの援助をするためのクラスであることを繰り返し伝えた。これは、小倉（1980）が初回面接の重要性を指摘し、「子供の味方になり、子供の気持を理解したいのだという主旨が子供に伝わる工夫が必要である」と述べているように、筆者の意図が明確に伝わることが授業成立にとって重要と考えたからである。

さらに筆者は、学生との間に信頼関係を形成するために、学生の非言語の隠れた気持ちを汲むことに努め、ありのままの姿で、無理なく的確に対応していくことを心がけた。その際に、何の根拠もなく安心させて、すぐにでも解決できるかのような対応は避けた。筆者が万能的な依存対象になることを避け、学生が安心して筆者を信頼し、「甘える」ことが可能であるようにした。このような自然な形での「甘え」が、その後の、主体的な自己の形成へと繋がるからである。

次に筆者に対し無自覚で幼児的な甘えを体験する「表層的な問題表出の段階」では、前述したようにクラスで何をどのように話して批判もせず、止めさせずに、気持ちよく自己表現することを許した。そのためギャンブルの話や、異性体験など通常授業で話されない内容が多く含まれていた。それらの表現を通して、学生たちの表層的かもしれないが日常生活や考えを知ることができ、自然と互いの親密性が増し、筆者も含めて参加者全員の間に心の繋がりが形成されていった。

このような再履修クラスでの情緒的交流に重点を置いた学生への授業展開は、10人中9名が単位取得できたという結果を得て、一応成功したように見える。しかし、授業終了後、再履修クラスを契機にして卒業に向かって学び始めた学生もいるが、退学せずに卒業まで在学する学生の割合は正直のところ半々ぐらいではないかと推察する。ある学生は、親に成績不良を隠し、どう考えても卒

業には6年は必要で、経済的にも卒業は無理と考えて常勤のアルバイトを見つけ、退学して仕事に就きたいと相談にきた。親にその考えを伝えて、了解を得てから決断するようアドバイスすると、親と向き合って相談し退学していった学生もいる。このような学生の退学は、自我意識形成プロセスからみて「自分がある」状態へと移行できた上での選択と考えられ、一概に退学が失敗とは言えない。一方、他の学生は、関係形成期に留まったものの、筆者との情緒的交流の体験をきっかけ、大学に所属し続けることを選択した。今後は、教職員や学生相談室カウンセラーなどとの個別対応によって、主体的に自分の問題に取り組むことが必要と思われる。そもそも自我意識形成プロセスは、個人面接におけるセラピスト―クライエント関係を想定しているため、集団的な授業での限界はあった。しかし、進級し引き続き筆者のゼミに所属することを選択した学生たちは、関係形成を体験したという実感をもったと考えて良いだろう。このような筆者が行なった集団的に行なう自我意識形成を目指した授業展開から、①大学内には困ったときに助けを求めない、あるいは求められない人間関係に問題をもつ学生には、母性的であると同時に父性的なアプローチをうまく組み合わせることによって、関係形成が可能であること、②課題達成は求めるものの、遅刻、出入りなどを強制しない授業は、何らかの心理的、学業的な困難さや、人との関係の形成を苦手とする学生などにとって、自由で、拘束されないゆるやかな関係からなる同じ仲間のいる安心感を与える。③学生相談室カウンセラーは、待つ学生相談室に留まるのではなく、学生相談で身につけた「知とスキル」を活用した教育への関与が大学への貢献になる、という従来から学生相談活動だけでは捉えられない示唆が得られたように思う。

（2） 自我意識形成プロセスの移行と父性欠如との関連

　従来から筆者が学位論文で述べてきた、青年期の自我意識形成プロセスにおける「原初的な気持ちのむすびつき」という関係には、母親と乳児間のような言葉の背後にある気持ちを汲み取り合うという、母性的なアプローチの強調を想定してきた。もちろん、当時からセラピストの父性的な態度も重視していたが、それは関係形成が成立し、その後クライエントが自立に向けた心理的別離をしていく際の無自覚で幼児的な「甘え」の処理のときに必要と時間的にずれると考えていた。しかし、今回の経験を通して、「原初的な気持ちのむすびつ

き」には、関係形成段階の当初から母性的な面と父性的な面の両面が包含する関係にするべきではないかと考えるに至った。その理由として、母親との関係についてアンケートで学生たちに聞いたところ、「母は家族で一番大切な人です」「母とは素の状態で何でも話せる仲」などと母親と良好な関係であると答えた学生が大半で、関係が悪いと書いたものはほとんどいなかった。また、学生が授業で話した内容や幼児的な「甘ったれ」を感じさせる行動が多く見られたことから推察して、むしろ母親に依存し、密着している姿が想定できたことによる。このような「甘え」の充満している学生たちとの関係形成には、「甘え」を受け入れていく筆者の母性的なアプローチの背後にある揺るぎない父性的存在が、幼児的な「甘ったれ」の処理を促進する。加えて父親に関してアンケートや語りから、学生たちの特徴として、生育過程において父親は存在していても子育てに無関心か、非協力的で、父性の役割を担えなかった姿が浮かび上がった。しかし、学生たちは自己形成上の問題を抱えているにも関わらず、重篤な精神疾患をもっているとはいえない。つまり、母親に適切な育児を行なう能力が欠如していたわけではなく、育児の責任をすべて負わされたために、彼女たちの母性を十分に発揮できる環境に恵まれずに、適切な母子関係の構築が困難であったと考えるべきだろう。したがって、彼らの発達的援助を促進していくためには、付着的な関係に介入し、分離させていくことが必要であり、それはセラピスト、ここでは教員の父性的な存在感である。すなわち、自我意識形成プロセスにおいて、そのプロセス移行を推進していく要素として、「原初的な気持ちのむすびつき」で強調した母性的な側面の背後に、積極的、指導的、けじめを促すといった父性的な側面の内在化が重要といえる。

参考および引用文献
浅野智彦編著　2009　若者とアイデンティティ．日本図書センター．
土居健郎　1960　「自分」と「甘え」の精神病理．精神神経雑誌, 62, 149-163.（土居健郎　1994　日常語の精神医学．医学書院, 40-74. 所収）
藤井茂樹　2011　我が国の大学における自閉症スペクトラム障害の学生相談の現状と課題．精神療法, 37(2), 204-207.
後藤素規　2014　父性の欠如．思春期青年期精神医学, 24(1), 13-20.
上里一郎監修　白井友明編　2005　迷走する若者のアイデンティティ．ゆま書房．
窪内節子　1994　心理療法における原初的な「気持ち」のむすびつき．心理臨床学研究, 12

(3), 241-252.
窪内節子　1997　原初的な「気持ちのむすびつき」と自我構造の分化―「甘え」理論を基盤として．心理臨床学研究, 15(3), 132-143.
窪内節子　2007　青年期の心理療法における自我意識の形成に関する実践的な研究―甘え理論を基盤にして．名古屋大学大学院教育発達科学研究科心理発達科学専攻学士論文未刊行．
近藤直司　2001　ひきこもりケース理解と治療的アプローチ．近藤直司編　ひきこもりケースの家族援助―相談・治療・予防．金剛出版. 13-27.
熊倉伸宏　1993　「甘え」理論と精神療法 臨床における他者理解．岩崎学術出版社．
丸田敏雅・松本ちひろ・飯森眞喜雄　2010　ICD-11作成の動向．第106回日本精神神経学会総会教育講演．
松本剛　2007　大学生のひきこもり―人間心理学的アプローチによる援助．ナカニシヤ出版, 17-18.
溝上慎一　2004　現代大学生論―ユニバーシティ・ブルーの風に揺れる．日本放送出版協会．
日本学生支援機構　2013　平成24年度（2012年度）大学、短期大学および高等専門学校における障害のある学生の修学支援に関する実態調査．
小倉清　1980　初回面接．山中康裕・野沢栄司編　初回面接．児童精神科臨床１．星和書店, 53-104.
Parsons, T. & Bales, R. F.　1956　*Family: Socialization and Interaction Process*. Routledge and Kegan Paul.（橋爪貞雄・溝口謙三・高木正太郎・武藤孝典・山村賢明訳　2001　家族―核家族と子供の社会化．黎明書房．）
高石恭子・岩田淳子編著　2012　学生相談と発達障害．学苑社
山崎晃資　2011　自閉症スペクトラム障害の学生相談の現状と課題．精神療法, 37(2), 143-147.

第2章
若者の育ちにみる「思春期延長」
―― 聞くことで人を育てる

桐山雅子

1　自他との希薄な関係

(1)　対人関係の難しさ

　若者たちが抱える困難の中で、今、どの年代にとっても深刻なものとして表面化しているのは、人間関係に関わることである。他者との間にそれなりの関係を結び、その中で自分らしく、なおかつ安心していられるようになることは、「学校」から「社会」へと巣立っていくために不可欠なことである。その力は育ちの過程で自然に身につくものと長く思われてきた。そのため今の若者たちは、教えられることのない中で手探りで対人関係能力を身につけなければならない。うまくいくことも多いが、失敗を重ね、挫折を味わい、自信を無くし、諦め、社会からひきこもってしまうことも少なくない。そして「守るべき人間関係も、社会的地位もない」と思うようになると、自分の生きる価値を見つけることが難しくなってしまう。

　青年期には、子どもとして作ってきた自分をあえて壊し、再構築することによって、初めて本当の大人になるという不可避な過程を通らなければならない。学生相談の現場に関われば関わるほど、子どもから大人への移行の一筋縄ではいかない難しさを痛感するようになった。生物としてのヒトが人間に育っていく過程は、複雑で困難さを伴ったものである。子どもから大人への道が、なだらかな坂道を登るようなものであれば、青年期はどんなにか安全で平穏だろうと思う。

(2)　タテ関係からヨコ関係へ

　筆者が学生相談に関わる以前に携わっていた教育相談の分野では、不登校（当時は学校恐怖症や登校拒否と呼ばれていた）の相談がほとんどであった。本人

や親との面接を連日行なうとともに、筆者らのグループでは、タテ関係からヨコ関係への挫折として不登校現象をとらえ（桐山，1997）、合宿型のヨコ体験グループなど実践的試みを重ねていた。

　人は親子関係を軸とした「タテ関係」の中で基本的な安心感を得、それに支えられながら社会のルールや基本的な生活スキルを学んでいく。思春期になり知的発達が進むと、自分や親を客観的に観察し理論的に考えるようになり、「タテ関係」から「ヨコ関係」への移行が始まる。

　不登校に関わっていた頃から20年近くが経ったが、「タテ」から「ヨコ」への移行の難しさは、より深刻な問題となっているように思われる。たとえば、以前は「友達がいない」ということ自体が悩みであった。しかし、いつの頃からか「友達はいないけど全然困っていない」「誰も信じてはいません」とさらっと言う学生が現れるようになった。「友達って何？」「人と関わるってどういうこと？」という疑問について、大学生年代になるまで考えたことや葛藤したことがないというのは、より深刻な事態と考えざるを得ない。従来であれば思春期に始まり青年期を通して取り組まれてきた青年期課題が、積み残されたまま青年期後期、時には成人期まで持ち越されていることを強く懸念する。

（3）　他者との希薄な関係

　思春期は、児童期までに築いてきた「タテ」関係の中の自分を、他者の目に代表される外からの視点で検討し直すことから始まる。密な関係の中で他者を鏡として自分を写しだし、「自分は何者か」という問いに真っ正面から取り組み、不安や恐れ、迷いや悩みを深く経験することが必要である。そのため、さまざまな人間関係が築かれていないところでの「自分づくり」は非常に難しい。

　ところが現在の青年期は、他者との関係を避けることで混乱を忌避し、自己の安全を保つという方向に進んできているように思われる。そのため、社会に出る寸前になっても、「人が怖い」「人が何を考えているか分からない」「誰かと一緒にいると気を遣って疲れる」「ありのままの自分ではいられない」と、人間関係への恐れが語られることが多く、タテからヨコへの移行は進んでいない。

(4) 自己との希薄な関係

　現在の青年期は、他者ばかりでなく自己とも密な関係を避けることで、傷つきを避け安全を保つという方向に進んでいるように思われる。嫌なことを直視し、考え、悩むことを避け、「仕方のないことは早く忘れてポジティブに生きる」ことに価値を置くのが社会全体の風潮である。自分に直面しないことで感情を遮断し抑圧し、思考を停止する傾向がじわじわと浸透しているように思われる。他者ばかりでなく自己とも密接な関係を結ばない中で、「自分探し」というときに危険な領域を迂回し、青年期後期になっても「自分は何者なのか分からない」と自己像が曖昧で将来が見通せない場合も多くなっているのではないだろうか。

　「自分探し」のゴールは、発見した自分を、ある程度のまとまりのある1つの自分として自覚し、コントロールできるようになることである。そのためには「訳がわからない自分」を棚上げするのでなく、「自分は何者か」という問いに正面から取り組み、不安や恐れ、迷いや悩みを深く経験することが必要である。

2　考えない・悩まない

(1) 考え、悩む力

　昔のSF漫画では、科学の進歩とともに身体機能が退化し頭だけが発達した頭でっかちの未来人が登場していた。しかし現実には、健康志向のためか身体機能はそれほど衰えず、頭（精神機能）が委縮した人間がすでに出現し始めているのではないかと思われる。

　河合・柳田（2002）は「ITの大切さは言うまでもないが、それを補償するものにも配慮していかないと、大変危険なことになる」「心や精神についての議論がないがしろにされている」と警鐘を鳴らしている。

　「悩みを悩めない病理」（山田，1997）が取り上げられた時代には、それはまだ臨床家の鋭い感性によって指摘された一部の現象であった。しかしその後、本人の自覚としては「悩みなど何もない」にもかかわらず、身体症状や気分の不調を訴える事例が一般化してきている。言葉やイメージで内面を表現する力、自分について考える力、悩む力が衰え、自分の抱える心の問題に気づいたり直面したりできないという現象がじわじわと浸透していることを感じる。最近の

相談場面では、「この学生とは悩みを話し合う前に、まず言葉で自分を表現する練習が先」と思うことも度々である。

（2） 生活に密着して考える

筆者の若い頃を振り返ってみると、つい最近まで人は日常的に「考えること」と隣り合わせであったように思う。たとえばどこかに行くとしても、何時に到着するためには、駅まで何分歩き、電車に何分乗り、会場まで何分かかり、電車の本数はどれくらいで……と、推論し考えなければならなかった。交通費、食事代、電話代などその日に必要なお金も頭の中で計算し、財布の中に現金を用意した。現金を持ち歩くという具体的行為の中で金銭感覚も自然に身についていたように思う。

スマートフォンやカードのような便利な道具の出現により、本来は人間の仕事であるはずの「考えること」すら外部機器に任せることができるようになり、ゲームの世界ではバーチャルなリアリティを生きることができるようになった。このようなことを書いている筆者も、便利な道具を利用するにつれ推論し考えることが面倒になり、旅行に行っても費用がいくらかかったのか全く分からないままの生活に慣れてしまっている。

計画性のない刹那的な犯罪が目立つ昨今であるが、こうすれば次はこうなるであろうと論理的、客観的に考える能力が、世の中全体に衰えてきているように感じられる。高学歴社会となり、学校でも塾でも昔よりも考える訓練はしているはずである。学校で学ぶ「スタディ・スキル」が、自分の人生とは離れた世界にあり、生活の中で生かされていないことが問題なのではないだろうか。「スタディ・スキル」を「ライフ・スキル」として実感できる場、自分の人生や毎日を考える手立てとして学校で学んだことが生かせる日常の場が減っており、そのことが懸念される。

（3） 人間の変化

「子どもたちは変わったか？」という特集（精神療法, 2014）の中で、「子どもたちはその本質的部分は変わっていないが、大人たちは変わった」という視点が新鮮であった。社会の影響をまず最初に受けるのは大人である。大人が「他者との希薄な関係」を築くようになったのは、1人でも困らず生きられる

道具や環境を手にしたためであり、その快適さ、気楽さを知った結果である。そのこと自体は至極当然な流れであったと思われる。

　1人でも困らずに生きられる世の中が誕生し、「考える」「悩む」といった内に向かう営みは「暗い」「役に立たない」といった否定的な価値付けをされることが多くなり、自分と向き合わなくても生きられるようになった。その結果として、「自己との希薄な関係」も一般化しつつあるのではないだろうか。

　他者ばかりでなく自分自身とも希薄な関係を結ぶ大人が増えるとともに、人間関係の原型である親子関係においても希薄な関係が生じてきているのを感じる。例を挙げれば、不登校を続ける大学生の子どものことを心配しつつも、本人と直接関われない親に出会うことも度々である。逃げずにきちんと関わることができず、「自分からは聞けないし、言えないので、代わりにお願いします」とカウンセラーに本人との直接対決を依頼され、驚くことも少なくない。人は、他者や自分との関わりの中で葛藤に向き合い、考え、悩み、その繰り返しの中で人として成長するという従来の図式とは違う方向に進み始めているのかもしれない。

3　自分づくりの危機——思春期延長

(1)　分化から統合へ

　青年期の始まりの思春期になると論理的、抽象的に考える能力が発達し、内的世界に目が向き、子どもは親や友人との関係の中での自分を意識するようになる。その過程ではたとえば、友人の不幸を「心から悲しんでいる自分」と「どこかで喜んでいる自分」という2つの自分に気付き、どちらが本当の自分なのかと真剣に悩んだりする。そして悩み続ける中でさらに、この2つの自分を「冷静に分析している第3の自分」を発見し驚愕するというような、自分が何者か分からないという危機と隣り合わせで「自分探し」は進んでいく。そしてさまざまな角度から発見した多様な自分を、バラバラのままでなく、最終的には連続した1つのまとまりある自分として統合していく。

　「自分探し」は分化の過程であり、拡散の動きであり、自己発見の旅である。思春期から始まるこの過程では、中学生は中学生なりに、高校生は高校生なりに自分について考えを巡らせ、他者を鏡として自分を振り返り、言葉を使い検討する中でさまざまな自己に出会っていく。分化と統合を何度も重ねながら、

自分の土台を作っていくのである。そして青年期も後期になり自分を1つのまとまりとして認識できたときに、自分自身に納得ができ、自己肯定感が生まれ、次の成人期への旅立ちが可能になる。

そのため、心の中の矛盾や葛藤に直面し、時に悩み、自分について模索することは「自分探し」に欠かせない要件であるが、前に述べたように、相談場面ではかなり以前から「悩めない若者」の存在が指摘されている。自分に向き合うことをせず、すぐに落ち込んだり、身体化、行動化する傾向が一般化してきている。

成田（2001）は、若者の精神病理のこの20年の特徴と変化を、「自己という一個の人格の統合を保持し、その中で葛藤を体験するのでなく、統合を放棄することで内的葛藤を体験せず、自己の一面あるいは一部を別々に生きるというあり方が増えてきていると思われる」と述べている。最近は、場面場面に応じて異なるキャラを巧みに使い分ける傾向が若者の特徴として取り上げられることも多い。自己確立ができた上で、状況に応じて異なる自分を意識的に使い分けているというのであれば、それは1つの生き方である。しかし「いろいろな自分がいて、どれが本当の自分なのか分からない」「自分は多重人格かもしれない」と相談室に駆け込んでくる学生も少なくない。異なるキャラを使い分けているように見えるが、実はいまだ統合できていない自分をコントロールできず、不安と恐れを抱いての行動という見方も成り立つのではないだろうか。

分化したままで統合できずバラバラのままの自己については、多くの臨床家が報告しているところである。また自分を統合していく際に必要な、自分を物語る言葉やイメージの欠如についてもさまざまな指摘がなされている。筆者は、「自分は1つのまとまりであるという感覚よりも自己を断片的にとらえる人間観が徐々に浸透する中で、人の心の根本が少しずつ変容している」と感じ、「現代に特徴的になりつつあるこの現象を、自己の分化から統合へという青年期課題を放棄した、もしくは分化はしたものの統合に失敗した結果としてとらえることで、若者の生き方を支援できるのではないか」と考えている（桐山, 2010）。

（2） 思春期延長

ここまで述べてきたように、青年期は子どもから大人への移行期であり、限

られた時間の中で若者は「自分探し」から「自分づくり」に向かい、成人期への準備をしなければならない。

　鍋田（2007）は臨床家としての観察から「物語れない」「生き方が分からない若者たち」に注目し、他者との関係性を表す「社会的図式」が２者関係以上になりにくいことが現代の若者における最大の問題であると述べている。そして「１者関係の一人の世界と、母親的存在との２者関係は、共に幼児的な世界であり、私流にいえば幼児期までの『社会図式』である。その意味では現代の若者は『幼児期の延長』した心理状態でいる可能性が高い」と述べている。人を恐いと感じ、自分も他人も、親ですら信頼できないと語る若者に出会い、基本的な安心感を得る年齢でのつまずきを感じることも多い昨今、幼児期課題を抱えたまま幼児期心性にとどまる「幼児期延長」の指摘は納得できることである。

　発達は順を追って積み重ねられるものであり、青年期になった若者にとって、幼児期の問題も児童期の問題も現在に関わる重要な問題である。また、生育の早期にまで遡って検討しなければならない事態が増えていることも事実である。一方で人は、どの年齢においてもなにがしかの持ち越し課題を抱えつつ前進していく。そして、児童期までを順調に育ってきた人にとっても、青年期は人生の転機であり特別の時である。

　主に大学生と接している筆者としては、成すべきこと山積の青年期の中で「思春期延長」が起こり、青年期課題が青年期の間に解決できないでいること、それゆえ、この年代への注目と対応が急務であることを指摘したいと思う。

　例を挙げれば思春期に親への疑問を抱かず、親の言いなりに育ってきた若者も目立つようになっている。大学のオープンキャンパスも本人ではなく、本人の意向に大きな影響力をもつ親対策に力を注ぐように変化してきている。大学生になって初めて親への異議を意識するようになったある青年は、「この年齢になっては親も歳をとってしまい、いまさら反抗期といっても……」と語り、やっと気づき始めた親への複雑な思いは、不完全燃焼のまま心の中でもやもやと鬱積していた。親から与えられた価値観を反抗という形で再検討する「自分づくり」の試みも、青年期後期となっては思春期の頃のように単純には進まない。

　また、「小学校時代は活発で積極的な子どもだったが、中学生になったら、

なぜか他人の目を意識するようになり、それまでのように自由に振る舞えなくなり性格が変わってしまった」というのは一般的には思春期の特徴である。しかし現在ではその時期が高校生年代になり、大学生になってからという事例も経験するようになった。

（3） 自分が分からない

　就職活動直前になって「自分が分からない」と立ちすくむ学生は珍しくない。しかし、同じ「分からない」という言葉にも違いがあり、考えた末の「分からない」と、ほとんど考えずに発せられる「分からない」では、その奥にある内的世界の深さと広さと可能性が異なる。中学、高校、大学と歩む中で、ある程度の「自分探し」をしてきた結果としての「分からない」であれば、多少の遅れがあるとしても青年期らしい「自分づくり」を応援したいと思う。

　しかし最近は、他者との関わり中で切磋琢磨し影響を受け合うはずの中学、高校年代に既に、親子関係や友達関係から心理的に距離を置くことも、それほど難しいことではなくなっている。また以前であれば、高校入試や大学入試は誰にとっても、乗り越えなければならない壁として立ちはだかったものである。「もしも不合格だったら」という不安を抱えながら、過去・現在・未来を考え選択を迫られたものである。しかし推薦入試の普及や少子化のため、その良い機会も失われつつある。

　大学入学後も初年次教育やその後の学生生活に刺激を受けることなく、就活時期になるまで自分について真剣に考えたことがなく、何となく青年期を過ごして今に至ったと推測する方が納得のいく場合も少なくない。「自分が分からない」「何もしたいことがない」と途方に暮れつつ「でも何とかなるだろう」と思っている若者も見受けられる。学生相談室に自発的に来談する学生はまだ自分の問題としてとらえる危機感があるが、最近は見かねた教員に連れられて来談する学生も多いし、いつの間にか退学していく学生も少なくない。

　中学生は中学生なりに、高校生は高校生なりに、大学生は大学生なりに段階を追って直面し対応すべき青年期課題が、遂行されにくい環境が広がっている。大人になるためにこの年代に必要なことが、育ちの過程に取り入れられておらず、自分について考える機会が提供されていないことを残念に思う。

　「思春期延長」は、思春期が長引くことで未熟な若者が増えていると指摘す

るものではない。中学、高校、大学生年代と少なく見積もっても10年間以上ある長い青年期をどう組み立て、「自分探し」から「自分づくり」へと進むかを問題としそこに焦点を当てている。青年期前半で取り掛かるべき仕事が先送りされ、青年期全体としてなすべきことに遅れが生じていることを懸念し、早急な対応を願うものである。

（4） A君の事例

A君は、大学3年の終わりに研究室の先生からの紹介で相談室に通うようになった学生である。成績はまずまずで単位も取れていた。「就職活動は進んでいる？」と聞けば、「大丈夫です」と答えるが、動いているようには思えない。「キャリアセンターにも企業説明会にも1、2度は行ったらしいが、その後は止めたらしい。研究室の中で孤立しているわけではないが、かといって親しい友人がいるようでもない。このままでは心配だが、どう関わったらよいか分からないので会ってほしい」と依頼を受けた。

会ってみると、愛想が良いとは言えないが質問すれば答えは返ってくるというごく普通の大学生だった。高校からの推薦で入学し、特別の思いがあって大学や学科を選んだわけではないという。何となく大学生になり、単位を落とさない程度に何となく学生生活を送ってきたらしい。就職ができないと困るとは分かっているが、どうも本気になれないという。

彼はごく普通の家庭で育ち、高校までの学校生活もほどほどに順調だったらしく、「特別なことは何もなかった」と過去を振り返った。しかし「小学校の頃は積極的で明るかった」という言葉から、中学生のときは暗かったという話になった。そして昔から仲の良かった友達になぜか突然に無視されたというエピソードを、まるで他人事のように語った。いじめがあったわけでもなく深く傷ついたというわけでもなかったが、その後の中学生活は楽しくなかったという。高校に入ってからは努めて明るく振る舞うようにし、友達とは距離を置いて付き合い、それなりに過ごしたという。大学生になり新しい友達もできたが気を遣うのも面倒になり、次第に1人でいることが多くなったという。アルバイトも少しはしたが、稼ぐ必要も無かったので何となく止めてしまったという。

というような経過で、特別大きな問題もなかったが、嬉しいことも悲しいこともないという単調な生育歴であった。唯一の中学時代のエピソードに関して

聞くと、「なぜ無視されたか訳が分からなかったが、そのうち忘れた」という。傷つきたくないという思いから、「感じること」「考えること」に蓋をしたようで、その後の失敗を避ける慎重な生き方の中では、自分の内面に向き合うような出来事は起こらなかったようであった。

　親子関係の希薄さなど気になることもないわけではなかったが、思春期延長の事例ととらえ、相談室の中で自分を語り、発見し、整理していくことを期待して面接が始まった。毎週１回の面接の中で、彼は少しずつ自分の気持ちに向き合い、思ったことを言葉で表現するようになっていった。その中で彼は「まだ働きたくないのかもしれない」「うちの両親は実は何を考えているか分からない」「中学時代のことは、気にしても仕方ないと割り切ったつもりだったが、実はずいぶんと傷ついていたんだ」などなど内面に向き合い「自分探し」を始めていった。筆者も彼の話を聞きつつ、理解できないことは質問し、彼の言葉を補うことで彼の内面を明確にし、時には共感を伝え、「自分探し」を見守っていった。そして彼は、就活と卒業研究と自分自身の問題の三つ巴の中で分化と統合を繰り返し、「自分づくり」がある程度できたところで就職面接に臨み、何度かの失敗の末内定をもらい、卒業していった。

（5）　Bさんの事例

　暗い表情で現れたBさんは大学２年生だった。自分は生きている価値が無い、自傷行為が止められないと相談室の中で泣き出した。聞いていくと、中学１年のときに友達との間でトラブルがあり、それ以来自傷行為が続いているという。中学時代は気分も落ち込み成績も悪く最悪だったが、高校に入ってからは頭の良い友達グループに入り、それ以来めきめきと成績が上がり、希望の大学に入学した。今も特別な奨学金をもらうほどの良い成績を保っている。しかし、勉強成果への焦りと不安が強く睡眠時間も少なくなり、「切りたい」気持ちを何とも押さえられない。中学時のトラブルやその後の自傷行為について、今まで親にも誰にも話したことがないという彼女の心の中では、整理されないままのどろどろした思いが溢れだし自分の力では何とも制御できなくなっていた。

　相談室への来談を誘ったが、「課題が多くてその時間がない。困ったらまた来ます」と言い、そのときは継続にはならなかった。その後１年ほどして来談した彼女は、憔悴しきっていた。友人関係からひきこもり、課題に追われ、一

人暮らしの部屋で鬱々とした日々を過ごしていた。「ここに来たって何にもならない」という彼女と、それでも何とか継続面接を続けることになった。「心なんて無い方がいいんです」と言い、当面の課題への焦りを語る彼女だったが、それでも少しずつ中学時の辛い事件、以前から背景としてあった複雑な家族関係について話しだした。そして4年の夏頃になり彼女は、今まで誰にも話せなかった自傷行為のこと、鬱状態の中で卒業も厳しいことなどを、母親に話す決心をした。彼女にとって意外なことに母親は彼女を受け容れ、今まで気付かなかったことを詫び、力になると言ってくれた。その後の彼女は、子どもの頃からの思いをもう一度振り返り、少しずつ彼女自身の思いや考えを言葉で伝えてくれるようになり、「自分探し」を進めていった。就職は決まらなかったが、卒業式には着物姿で母親と共に現れ、地元に戻っての「自分づくり」を期待しながらの卒業となった。

(6) A君とBさんの事例

　A君の事例もBさんの事例も、中学時代に人間不信に陥るような出来事を経験し、人間関係の基盤である親子、家族関係においてもなにがしかの問題があった点で共通していた。A君の場合は嫌な思いに蓋をし、感じないこと、考えないことで乗り切ってきた。そのため大学生年代になっても自分の内面に向き合うことができず、自分のことを自分のこととして考え、将来像を描くことができなかった。Bさんの場合は嫌な思いに完全に蓋をすることはできず、長い間悩みを抱え、しかし解決もできずに苦しんできた。彼女が自分の内面に目を向け「自分探し」を進めようとすれば、中学時代の嫌な思いに触れないわけにはいかず葛藤があったと思われる。

　A君の場合もBさんの場合も問題の始まりの時点で親や周囲の人に、起こったことや整理できない自分の気持ちを告げることができていたなら、自分だけで抱え込むのとは違った展開があったのではないかと思う。一番身近な親や学校の先生がこういった問題に気づき解決することは必須であるが、そのような表の対応ばかりでなく子どもの内面に関わる問題を丁寧に扱い、思春期の共通課題として話し合う場を設定するなどの働きかけが、思春期の「自分探し」には求められる。

　長い青年期の中で生じるさまざまな思いを、その時々に言語やイメージで表

現し、他者と共有し、検証していくことは、自分らしさを確立し大人になるために必要なことである。中学生は中学生なりに、高校生は高校生なりに、大学生は大学生なりに、その時々の自分や他者との関係について蓋をせず向き合い、一つずつ整理をしながら、次に進んでいくことが求められる。それが可能であるためには守られた場が必要であり、そのような動きを認め支援する外からの働きかけも必要である。

親子関係や社会環境が整わなくなっている今、A君やBさんの問題を個人的な事例として扱うだけでは根本問題は解決しない。親子関係に介入することは急には難しいので、子どもたちが1日の大半を過ごし、何かが必ず起こるはずの中学・高校年代に、多様な対人関係を体験し学習する環境を用意し、自分について考える機会を意図的に提供することが求められる。

4　学生相談室からの発信

(1)　大学へのフィードバック

以上のような考えのもと筆者は、大学を青年期最後の練習の場と捉え、キャンパスの練習機能に注目し、学生相談の場で得た知見を大学にフィードバックする試みをこの20年細々と続けてきた。初めの頃は、「人間形成に関わるのは大学教員の仕事ではない」という意見が主流であり、「子どもを育てるのは、大学教職員だからではなく、大人の仕事」と繰り返し理解を求めてきた。

学生相談室主催の「自分探しグループ」は今年で24回目を迎え、大学行事への参加を呼びかけた「レッツチャレンジ」の作成、相談室内の学生の居場所づくり、「教職員のための25の提案」(桐山, 2006) の作成、教職員研修、初年次教育への関与などなど、個別面接の合間を縫って続けてきた。

少子化や学生の変化に伴い大学教育改革の流れが進み、最近では学生支援が当然のこととして受け入れられるようになり、FD (faculty development) 活動が活発になったことは嬉しいことである。しかし、それだけ深刻な事態が生じていることの裏返しであると考えると複雑な気持ちである。

(2)　社会へのフィードバック

青年期の持ち越し課題を抱えたままの卒業生が、卒業後も相談室を訪れることから、最近の筆者は、仕事に就くことに困難を感じる若者、人間関係に挫折

しひきこもる若者、自分に自信のもてない若者など、広義の「困難を抱える若者」に関心が向いている。これらの若者の数は徐々に増加しており、「困難を抱える若者支援」の対象年齢は実態に合わせて広がり、現在では概ね40歳未満と規定されるようになった。働くことができず税金や年金を払わない若者の増加は、国の将来にとって懸念すべき大問題であるという認識が広がっている。

「困難を抱える若者」の問題を突き詰めていくと、「自分が何者であるか」「人とどう関わっていくか」という自分についての根本的な問題を曖昧なままに、年齢的には成人期に入ってしまったことによるという見方にたどり着く。専門化、細分化の目立つ昨今であり、子どもの誕生から成人に至るまでの切れ目ない発達支援について、長い目で見通せる場にいる専門家はそう多くはない。学生相談室カウンセラーは、誕生から成人期までの成長過程に直に触れることができるという希有な立場にあり、臨床現場で蓄積されてきた「知とスキル」を社会に還元することが役割であり責務であると考える。

そのような考えのもと筆者は、学生相談室からの知見を地元名古屋市の施策に反映したいと願ってきた。「誕生時から成人に至る切れ目ない支援」「ライフ・ステージに合わせた発達支援」「学校における子ども支援の重視」「支援ネットワークの質的・量的な充実」など、現場で感じていることを次期総合計画のための基本的考え方として提言してきた（なごや子ども・子育て支援協議会, 2014）。相談機関の連携に関しては、「学校に戻れたかどうか」「就職できたかどうか」といった表面的行動によって相談活動が評価されることの不備を指摘し、スリー・ステップ・アプローチ（桐山, 2008）を土台とした内面的変化による指標作成も進めてきた。

大学は、この15年ほどの間に大きな変化を遂げてきた。思春期からの子どもたちが1日のほとんどの時間を過ごす中学・高校の教育内容が、「良い子」を育てるものではなく「良い大人」を育てるものへと認識を新たにし、「自分探し」から「自分づくり」へと進む青年期課題に積極的に取り組んでほしいと願っている。学校や社会が、子どもと若者の人間的成長に向けての幅広い支援について重点的に取り組むならば、「今ならまだ間に合う」と考えるがいかがなものであろうか。

5　聞くことで育てる

（1）　聞く力の低下

　ここまでいろいろと書いてきたが、「では、何をする？」と考えたとき、どんな場合でも力を発揮し誰にでもできることは、「聞く」ことではないだろうか。生の関わりの中で、自分の語りに関心をもち、受け容れてくれる聞き手がいるとき、人は自分の心に向き合い、自分の考えを深め、自分を肯定し、人間関係の中で自分らしく生きていくことができるようになる。

　筆者がカウンセラーになりたいと思った50年近く前のこと「カウンセラーなんて職業は、日本では成り立ちませんよ。アメリカと違い、話を聞いてくれる人はどこにでもいるでしょう」と言われたことがある。確かに当時の日本には、話を聞いてくれる人が身近にたくさんおり、その時の私は、素直に納得したことを覚えている。しかしあっという間に時代が変わり、最近では「話を聞いてもらってありがとうございました」とお礼を言って帰って行く学生が珍しくない。裏返せば今の世の中、丁寧に話を聞いてもらうということが本当に少なくなったと痛感する。

　今思えば、昔の日本人は聞き上手だったと思う。相づちを打ち、上手に質問し、会話のキャッチボールを続けるのが得意な人がいて、話し下手な人でもつい話し込んでしまうようなことがあった。そのような大人をモデルとしながら、子どもは人間関係のスキルを学び、身につけていたと思われる。世の中全体の聞く力が低下してしまった今、会話が続かず、親子間ですら用件だけの伝えあいで終わりになり、対人関係のスキルは伝承されていない。

（2）　聞くという積極的行為

　「聞く」というと「うんうん」「そうそう」と相づちを打つだけの消極的行為に思われがちである。「聞く」よりも「話す」方に価値があると一般的には思われている。しかし、「聞く」ことは積極的な行為である。たとえば「楽しかった！」と言う子どもに「何をしてきたの？」と内容を聞くのと、「明日は試験だよ」と現実的に関わるのと、「すごく楽しかったのね」と気持ちに焦点づけるのでは、話の展開は全く変わってくる。会話の方向や深さを決めているのは、実は聞き手である。

A君とBさんの事例においても、面接室の中で筆者が行なったことの中核は「聞く」ことであり、その過程で彼らの曖昧模糊としてつかみ所の無かった思いや考えが次第に形になり、明確になり、彼らのものとして認識され、自覚されるようになっていった。聞いてくれる相手がいて、その人に向かって語りかけるという状況の中で、彼らの心の中にはそれまで存在しなかった新しい考えや気持ちが創り出され、未来に繋がっていった。

　話の内容とともに相手の気持ちに耳を傾けること、「ここまで分かった」ということを言葉や態度で相手に伝えること、共に感じ合う「間」を大切にすることなど、聞くという行為は関係の中で成り立つものである。関係の中では、話し手に変化が生じると同時に聞き手も影響を受け変化する。その可能性も計り知れない。

（3）　自分の気持ちを語る

　ディベート流行の最近では「誰かの立場に立って意見を言えと言われれば言えるが、自分の意見を言えと言われても何を言ったらよいか分からない」という学生もいる。人への気遣い過剰の風潮の中で「いつも人のことばかり考えているので、自分の気持ちと言われても困る」と黙ってしまう学生もいる。また「自分の気持ちって分かってもらえるんですか？」と真顔で聞かれることもある。

　楽しげな会話は飛び交っているが、自分の気持ちを語ったり聞いてもらったりした経験に乏しく、それゆえ、自分を語る言葉が貧しく、もやもやとした思いはあるが表現ができず、「自分が何を思っているのか自分のことなのによく分からない」と戸惑う若者に出会うことが多くなった。

　そのような場合学生相談室では、まず彼らの話しやすい内容で、会話のキャッチボールを続ける練習をする。上手な人と組むとキャッチボールが長く続くように、相手が聞き上手であれば、会話は気持ちよく続き、話す方も楽しくなり、次第に話し方が巧くなり、自信をもち、もっと話そうという積極性が出てくる。また、自分を否定することなく、尊重しつつ話を聞いてもらう体験を続けることで、相手への信頼感が生まれ、自尊感情が育ち、そのような体験は相談室内に留まらず外での人間関係へと少しずつ広がっていく。

（4） 聞くことで人を育てる

　このような営みは、人間関係の基本であり、カウンセラーのような聞くことを専門とする人たちだけの仕事ではない。「聞くだけで人が変化するとは、なんて素敵なことだろう」といった単純な動機で入ったカウンセリングの世界だが、何年も続ける中で「聞くこと」の深さや可能性をますます感じるようになった。まだまだ奥は深く、極めることなどできそうにないが、この道に入って良かったとしみじみ思うこの頃である。

　若者の育ちにみる「思春期延長」も、生活の中に話を聞いてくれる相手がいて、自分について考える機会が多ければ、その積み重ねの中で少しずつ解決されていくのではないだろうか。そのような環境があれば、若者は今よりずっと穏やかに生き生きと青年期を乗り越え、成人期に到達することができる。青年期を通しての「自分づくり」の仕事を支えるには、側にいて関わり見守る人の力、特に「聞く力」が大きいと考え、そのような働きかけの重要性を学校や親、広く社会に訴えたいと思う。

参考および引用文献
河合隼雄・柳田邦男　2002　心の深みへ. 講談社, 186-189.
桐山雅子　1997　学級に通う. 池田豊應編著　不登校その多様な支援. 大日本図書, 70-93
桐山雅子編著　2006　学生と向き合う25の提案. 風媒社.
桐山雅子　2008　学生相談室が提供するキャンパスの練習機能―スリー・ステップ・アプローチの試み. 学生相談研究, 28(3), 181-190.
桐山雅子　2010　現代の学生の心理的特徴　日本学生相談学会50周年記念誌編集委員会編　学生相談ハンドブック. 学苑社, 30-34
なごや子ども・子育て支援協議会　2014　「子どもに関する総合的な計画の策定に向けた基本的な考え方について」の答申.
鍋田恭孝　2007　変わりゆく思春期の心理と病理. 日本評論社.
成田善弘　2001　若者の精神病理―ここ二〇年の特徴と変化. なだいなだ編著　〈こころ〉の定点観測. 岩波新書, 1-18.
精神療法　2014　第40巻第4号. 金剛出版.
山田和夫　1997　「ふれ合い」を恐れる心理. ザ・アール21.

第3章
身体的実感を育む
――「隠す」関係から「感じあう」関係への心理教育的支援

高橋寛子

1 はじめに

　現代の学生たちの中に、自らを表わすことを避け他者との間で感じ合うことを求めず、ひたすら自分を「隠す」ことにエネルギーを費やし、できるだけ「感じない」で生きている者たちが存在する。

　筆者が学生相談カウンセラーとして勤務し始めた1980年代後半には、生きる実感を渇望し、激しく揺さぶり合う関係を希求する若者が多く存在した。背景には深い傷つきが存在していたのであろうが、時に自殺希図や自傷行為といった形で表現される苦しみは、関わる者に全存在をかけて向き合うことを要求し、それに応えるためには尋常ならざるエネルギーが必要であった。やがて若者たちの存在感が打って変わって希薄になり、個としての輪郭が薄ぼんやりとして感じられるようになったのは、1990年代後半以降のことである。

　強く自己主張することなく対象とぶつかる場を回避するため、周囲からはトラブルを起こすこともなく手のかからない（しかし、何を考えているのか分かりにくい）存在と認識されている。生き生きとした生命感が伝わってこないこともあってか、筆者はそうした若者に「仮死状態の生き物」が重なりあって見えた。悩みや苦しみの中核がはっきり伝わってこない、相手の身体感覚が捉えにくいといった特徴ゆえに、関わりの手掛かりはつかみにくく、「今まで通りの会い方では、通用しないのでは……」という危機感を抱かせた。

　やがて筆者が教職に就き、学生と出会う場が教室へと移行し始めると、このような若者が面接の場だけに限らないことが明確になった。それぞれの大学によるのかもしれないが、教室での彼らは面接室で会うときよりもさらに淡々として見え、「低体温動物のように」ひっそりと生息しながら、あきらめとも投げやりともつかない雰囲気を漂わせていた。おそらく、小中高とずっとそのよ

うな態勢で生きてきたのであろう。そしてそれは、教室や家族という生き難い場をなんとか生き延びるために必要な態勢でもあったのだろう。

　しかし、一旦大学に入学すると、学生たちはたちまち主体的であるよう迫られる。自ら考える、書く、話す、表現し他者に伝えるなどの能力が求められるのである。近年、大学は教育の転換を迫られ、教員たちもまたFD（faculty development）によって、アクティブ・ラーニングの導入や初年次教育の充実など、さまざまな工夫を求められる。自ら学びを推し進めていくという課題を設定された学生たちは、教室でただ受身的に講義を聞くという従来の学びのスタイルでは済まされない。入学直後のオリエンテーションから基礎的な授業に至るまで、学習意欲への動機付け、スタディ・スキルの習得、生活習慣の向上などに目標設定がなされ、主体的課題の発見や問題解決へのプロセスを他者とコミュニケーションをはかりながら推し進めていくことに具体的到達目標が焦点付けられる。

　しかし、学習意欲や学習習慣、能力的な問題もさることながら、ひたすら目立たないよう受動的に過ごしてきた者にとって、求められる「個としての輪郭」や「主体的態勢」は、ある意味で大きな脅威となる。彼らに違和感やズレ、戸惑いが生じるのも無理からぬことであろう。そうしたズレに戸惑う学生を目の当たりにするにつれ、筆者は教室での授業において、上記のような主体的あり方にしり込みするある種の未成熟さを抱えた学生たちに向けて、心理教育的関わりへの工夫を迫られた。

　その際手掛かりとなったのは、「考えること」や「コミュニケートすること」の基盤となる「感じる力」、すなわち「身体的な実感」である。次節以降で詳しく述べるが、受動的態勢をとりつつ生きてきたがゆえに、本来もっているはずの身体的実感が機能しにくく、欠如とも言えるほどそれが劣化している若者たちは、「感じること」にブレーキをかけてしまう傾向がある。大学入学後、そのような学生たちを一足飛びに「考える」「主体的に動く」「他者とコミュニケートする」などに導くことは、無理があるとも考えられた。

　一方、このような学生たちと接する際には「関わる教員側の身体感覚」も問われることになる。教員自身の「感じる力」「身体的実感」が十分機能することがなければ、彼らと繋がることは困難であろう。低体温的であるとしても、現に生命体として生きている学生たちを全体として理解し、関係を構築してい

くための共通基盤となるのは互いの「身体的実感」にあるのではないだろうか。

　本章では、「隠す」ことに精一杯のエネルギーを注ぐ傾向をもつ現代学生の姿を描き出すと同時に、彼らの「身体的実感」を育んでいくことについて、教室や面接室での実践を示しながら考察を加える。合わせて教員自身の「身体的実感」にも触れながら、現代の学生たちに必要とされる心理教育的支援について考察を深めていきたい。

2　「隠す」関係——傷つかない距離感を図りながら生きる現代の若者

　野間（2012a）は、現代の若者が「自分隠し」へシフトしていると指摘する。20世紀の境界例は、『死』に近づき他者との関係性を変えようと足掻く『自分探し』であったが、そこから痛みと麻痺のなかに自分を消し去る『自分隠し』へとシフトしたと述べている。この「自分隠し」というありようは、筆者が1990年代後半期に気づいた学生たちの質の変化や、他者との関係性における転換、また自分を表さないで生きる姿ともつながるものである。

　傷つきを避け、身の安全を守ろうとして他者との関係そのものを遮断し拒否しようとする現代の若者たち。こうしたあり方の背景には、いじめなど現実に自分の安全性が脅かされた体験、あるいはそうしたことが自分の身に起こるのではないかという怖れや不信感などがあるのかもしれない。「自分を表に現さない」「素の自分を見せない」「感じない」「主体的に動かない」など受動的態勢でやり過ごす若者に、他者との衝突を避け、傷つかない距離感を図りながらも必死で生き延びようとする姿が垣間見えるのである。ここで、筆者が大学で担当する1年次の基礎ゼミナール（小規模クラスで行う初年時導入授業）でのある象徴的な一場面を紹介しよう。

　学生たちに授業の1回を自主的に企画するよう任せてみたところ、他のクラスと「ドッジボール対抗戦」を行なうことに決まった。当日、体育館でいくつかのチームに分かれて試合が開始されたが、その光景に筆者は唖然とした。相手を倒すためには、誰かを狙い鋭く速いボールを投げなければならない。少なくとも、筆者が体験してきたドッジボールはそうであった。しかし、ボールはめったに人に向かって投げられることがなく、そして人にキャッチされること

もなかった。背を向けて、皆がひたすら逃げまどっているのである。偶然ボールを手にしたとしても、本気で人を倒そうという意図をもって投げようとはしない。これではドッジボールにはならない。逃げる姿のぎこちなさに加えて、さらに衝撃を受けたのは、ボールをうまく投げることができない学生が多数存在したことである。筆者の担当したクラスが偶然そうであったのかもしれないが、このような距離感の中で生きている限り、他者との関係性が生まれないどころか、社会を生き抜いていくことは困難であろう。

緩やかなボールがあてどなく人のいない場に放たれ、ただコートの周囲をグルグルと空しく回される様を眺めながら、筆者は「誰も傷つけたくないし、誰からも傷つけられたくないのだ」と気づいた。徹底的に受動的態勢をとりながら生きようとしている姿がそこにあった。

3　身体的実感の希薄さ——「感じない」で生きる現代学生のありよう

学生たちは、生々しい人間関係に対して実に臆病である。ちょっとした意思確認のためのLINEを頻繁にやりとりする一方で、他者に触れたり、触れられることに対して極度に慎重ともいえる。それは、自分自身の生(なま)の感情や実感に触れることを避けることと表裏一体をなしている。

学生たちの対人関係における関心は、個人あるいはグループの中でいかに自分を受け入れてもらうか、いかに場の雰囲気を壊したり傷つけたりすることなくいられるか、人と違わないで「ふつう」であるかに向けられ、面接室で出会う学生たちの心理的悩みの多くもそこから派生している。気づいてしまうと苦しくなるようなネガティブな感情には極力触れまいとするのである。仲の良いグループであっても、互いにそうした感情には触れず、見せないようにしている。生きていく中で抱えざるを得ない暗さや哀しみ、憎しみや憂いといったものは切り離すかのように排除され、あたかもないもののように扱われているのである。

神田橋（1990）は、「感じる」能力について述べる中で、それが具体的に指し示すこととして、「場の雰囲気を感じること、場の流れを感じること、場の中で自分の心身の流れを感じること」を挙げている。すなわち、「感じない」とは「場の雰囲気を感じないこと」であり、「場の流れを感じないこと」でも

あり、「場の中で自分の心身の流れを感じないこと」である。「空気を読まない」「場の雰囲気を察することができない」若者が、巷で取沙汰されていることは周知のとおりであるが、加えて、「場の中で自分の心身の流れを感じない」という指摘は、極めて示唆に富むと考えられた。場の雰囲気も流れも感じ取れない若者が増えているのは確かであるが、それ以上に場の中で自分の心身の流れに留まりそこに目を凝らし、感じ取ることができない。できないまま大学生となり、やがてそのまま社会へと巣立っていく。結果、自身の内に湧き起こる重さ、苦しさ、哀しさ、理不尽さなどに気付くことなく日々をやり過ごし、気付いたときには限界を越え心身共に立ち上がれないほどのダメージを蒙ってしまう。今、社会のいたるところに生じている中年期以降の問題とも繋がる重要な視点である。

　心身の内にある苦痛を回避することは、自分自身の生命の流れからも回避することになるだろう。野間（2012b）は「生命性を回避するとき、その生命性の生起と同時に成立する「エグジステンチア」としてのほかならぬ自分の存在をも、同時に遠ざけてしまっている」と述べている。こうなると、生きていく上での自身の存在までが危うくなっていく。もはや看過することのできない重大な事態であろう。

　一方、反応に薄い学生たちが全く何も感じていないのかというと、そうでもない。感じていないように見えるのは、それをどのように表現したらよいのかがわからない未成熟さが背景にある。また、自分自身の中に蠢くものを誰とも共有した経験がないがゆえに、どのように触れたらよいのか分からないまま未成長の過程を歩んできたともいえる。いずれにせよ、自分の身体の内にある体験の流れへの自覚のなさは、生き生きとした生命力を堰き止め、それが独特の存在感の薄さへとつながっているようなのである。

　あらためて述べるまでもなく、このような能力は、乳幼児期からの母親を中心とする周囲の近しい人々とのさまざまな体験の積み重ねが土台となって形づくられる。母親と乳児との間に交わされ感情への波長合わせを行なう情動調律（Stern, 1985）は、非言語的なレベルでの関係を支え、その後の対人関係の基盤となるものである。それゆえ社会に出ていく一歩手前の大学生に他者との関係性の土台が築かれていないという事態は、相当に深刻であると言わざるを得ない。

学生たちが通過しつつある青年期は、曖昧さに満ちている。そこには高校までの規律が外され、教室での決まった座席といった居場所が失われるなど独特の曖昧さも含まれている。曖昧さを生き抜くこと自体が、彼らの成長にとって重要な課題ともいえるであろう。

　現代の青年期の諸相について、成田（2012）は持ちこたえる能力の欠如を挙げているが、困難な事態に直面した際に、現代の青年たちが心身ともにそれを抱え持ちこたえることができない背景には、感じられないこと、とりわけ「場の中で自分の心身の流れを感じること」に疎い現代の若者のありようが関係しているとも考えられるのである。

4　暗在性（the implicit）から捉える身体的実感

　生命性から遠ざかった空疎で浮遊的な「生命的自己」を実体として把握することは困難だが、私たちは身体的存在であるがゆえにその存在を直接感じ取ることができると野間（2012b）は指摘する。一方、生命的自己を直接的に捉えることができないとき、私たちが地に足をつけて日常を生きていくことは困難となるであろう。それは、宙に浮遊したまま、実感なく日々を過ごすようなものである。体験から遠ざかり、「感じること」が機能しなくなっている現代の学生たちは、このような心身分離の状態で生きているのではないか。もしそうであるならば、私たちは、どのような態度で学生たちに関わっていけばよいのであろうか。

　フォーカシングの創始者ジェンドリンは、漠然としたもの、最初はまだ形になっていない、いわく言い難い「それ」としか言いようのない曖昧なものを暗在的なもの（暗在性、the implicit）と呼び、明在的なもの（明在性、the explicit）と対比させて、その応答が身体の環境との応答であると述べる。（Gendlin, 1997）生命体の生（せい）の基本的ありようでもあるこの理論を示し、さらにそれと身体的実感との関係について説明してみたい。

　ジェンドリンは、心理療法が成功する場合にどのような共通の要因があるのかに関する実証的研究を行なった。その結果、クライエントが心理療法場面でどのような内容を語るのかではなく、身体の内にある体験の流れに直接照合しながら語るとき、その過程に変化が生まれ、クライエントにポジティブな変容が生じることが明らかにされた。そして、私たちが身体の内側で経験するこの

動的過程を体験過程（experiencing）と呼び、「身体」・「体験」・「言葉」に関する「体験過程理論」を構築した。ジェンドリン（2004）は、言語は言葉だけから成り立っているのではなく、自分たちがいる状況（環境）との相互作用の中で「からだ」と「言葉」とが一緒になって1つのシステムを形作っていると述べる。そして、言葉は人間の生のプロセスに暗黙のうちに存在し、言語は我々が相互に作用しあう状況で「からだ」として存在しているそのあり方に深く根ざしているとする。さらにそれは論理的概念によって理解されるのではなく、前―言語的、前―概念的に身体によって「感じられる意味」であるとする。近年、体験過程理論は現象学の流れからも盛んに研究され、その暗黙的機能についてさまざまな観点から深く論じられている（三村, 2011）。

この現象は、体験過程理論のさまざまな文脈に応じて、フォーカシング（focusing）の観点からはフェルトセンス（felt sense）と呼ばれ、それが直接照合されるという意味では直接照合体（direct reference）、また形式以上のもの（more than forms）とも呼ばれる。それらが使用される文脈によって呼称は異なるが、すべて同じ現象であることを村里（2011）は明確に示唆している。

また吉良（2002）は、ジェンドリンによって理論化された体験過程（experiencing）の特徴を以下の3点にまとめている。第1は、体験にはその意味が明示的（explicit）なものだけでなく、暗々裡ないし暗在的（implicit）なものも含まれており、暗在性（the implicit）が重視されるという点である。暗在的体験は、そのものに曖昧さが含まれているため、ぴったりした言葉で言い表すことが容易ではない。しかし言葉以前の前概念的な感覚として、はっきりと具体的に感じられるものである。そして、そこにはさまざまな意味が暗々裡に含まれている。第2は、体験の身体感覚的側面を強調するという点である。体験は曖昧でよく分からないし、言葉にしてもなんとなくしっくりとしないこともあり、うまく言葉にすることが困難ではあるものの、感覚的にははっきりと感じられている。そして暗々裡なものが含まれた「からだの感じ」として捉えることのできる身体感覚的側面をもち、具体的に「ここにある」と指し示すことができ、「それに直接注意を向けること」（direct reference）が可能である。第3は、身体感覚による実感が、それに見合った言葉にされていく過程を重視する点である。暗黙のものがぴったりした言葉になること自体が体験の変化につながるという考え方であり、ジェンドリンはそれを「暗々裡の意味（implicit meaning）

が概念化（conceptualize）されることによってレファラントの移動が起こる」と説明する。暗在的なもの（the implicit）が、それに直接注意を向け、適合する言葉を見つけていくことによって明在化（explicit）され、概念化や象徴化がなされていく連続過程は、暗在的意味と明在的意味との間を行き来しながら進み、変化を遂げていくという。ジェンドリンは、「体験」「表現」「理解」はこのように1つであることを強調し、象徴と体験との相互作用は、「暗在、明在、暗在、明在……」というジグザグを何度も繰り返しながら、意味を創出し進展していくとしている（Gendlin, 2009）。この過程が「体験過程の推進」（carrying forward of experiencing）である。

さらに村里（2014）は、現象学的実践的身体知について、ジェンドリンのプロセスモデル（Process Model）やヴァレラの著書「身体化された心」を引用しながら、次のように述べる。「人間の『経験』は、多くの場合言語で語られるか、記述される。たとえそれがダンスや音楽や絵画等の非言語的な表現であったとしても、その表現を可能にしているのは、日常と作品表現における言語による他者、環境との応答である。そしてこの応答には言語に至る以前の非言語的側面、とりわけ身体的機能が含まれる」（村里, 2014）。ここで重要なのは、いまだ言語にならざる側面に身体的機能が含まれるという点であろう。

ある問題や状況についての身体感覚をフェルトセンスと呼ぶが、これは私たちが生きている以上常に生じ続ける体験の流れでもある。このフェルトセンスから言語化や描画や音楽などの芸術的表現、また身体表現などの象徴化が生起するとき、象徴化のプロセスによって、論理的なものを超えるダイナミックな自己理解と生の進展（carrying forward）が生じるとジェンドリンは述べているのである。

私が今出会っている学生たちには、この生の進展の希薄化が見られるのであり、彼らの主体性の弱さも、その弱さを隠そうとする態度も、対人間の相互作用の豊かさに気づくことなく、それをむしろ傷つけること傷つけられることと感じる彼らのありようから来るのではないだろうか？

5　面接場面から捉える身体的実感と安全な距離感

何らかの傷つきを抱え、誰かに傷つけられるのではという恐れを抱く学生は、他者との違いや異質であることをできるだけ隠そうとしながら生きている。人

と違うことが明らかにされはしないかというおびえを抱えながら、できるだけ目立たず「ふつうに」見られるよう振る舞い続けるのである。

　ある女子学生 A 子との学生相談における面接経過を示したい。

　A 子は、「人が怖い。緊張が強く、昔のいじめが頭を離れない。気持ちが沈みイライラする」と訴えて来談した。表面的にはごく普通の学生で、学業的にも問題はなくアルバイトも行っている。A 子は、当初面接室の椅子を下げて筆者との間に距離をとり、視線を合わせることなく、筆者の存在など眼中に無いかのように独白的な語りを続けた。その語りは A 子自身の気持ちに触れることなく、長い症状の経過と絡み合った事態が延々と述べられるに過ぎなかった。筆者はそれが A 子自身に必要な安全な心理的距離感なのだろうと尊重しながら聴いていたが、しばしば強い眠気に襲われ、A 子が霧の向うにいるような遠い存在に感じられた。以下は、そのような面接が 4 ヵ月ほど続いた頃のある場面である。

　…なんか、ふつうじゃないのかなと。人といると緊張で自分がバラバラになる感じ。内側の私は現実感がなくて他人事。自分がこの世にいるような、いないような。身体はここにあるのに、心がどこかに飛んじゃってる。

　このとき筆者は、A 子がバラバラになるような身体感覚を自らリアルに体感した。「自分の世界を絵に描いて表現してみない」と誘ってみると、A 子は応じた。描かれた絵は独特の構図ではあるが、意外にも生き生きした生命感やある種のまとまり、色のある世界が伝わってくるもので、少し安堵する。小さく描かれた「黄色の小鳥」には A 子らしさが感じ取れたが、一方人々の暮らす世界から遠く離れて生きる姿が伝わってきて、自然や動物の世界により親和性をもつ人なのだろうと感じた。

　「…人そのものを避けてきた。進展したり深まる人はいない。別れた後「今日も何とか乗り切った」って。（面接のあともそう感じるのかな）ここでは良い顔で乗り切っても…それではカウンセリングの意味がないから。…外の自分を作りつつも内側の力がすごく強くなって、考えることもできなくてギリギリ。内側の自分が膨らんで、でも出してはいけないから外と内が離れてバラバラ。真ん中の自分もつなぎとめられない。それで前回の面接で絵を描いた。意外にまとまっていた。家に帰った後もそのまとまった感じは変わらず続いてい

た…」。その後、最近見たという夢を2つ語った。

　その頃A子は、毎回隙のない、太いベルトでギュッと体を締め付けた独特の装いで現れた。真夏に、全身を覆い隠すような毛織りの長そでワンピースを着ていたこともあった。濃いアイシャドーや太いアイラインなど不自然なアイメイクは、歌舞伎役者の隈取りのようで奇妙さが際立っていた。A子の全体からは窮屈さや緊張、怖れが伝わってきて、筆者はA子が必死で身を守ろうとしていることを感じ「電車の中で言葉が入ってくる」などに自我境界の薄さを懸念した。就職活動をしていないにもかかわらず、周囲の学生に合わせ時折黒いスーツを着て外出することもあるらしかった。周囲とは違う立ち位置にいる自分を表に出さないための、A子なりの"隠れ蓑"のようだと筆者は感じた。

　「…大した間違いを犯さずきた都合のいい娘。小さいころから無言の圧力。〈涙を流す〉圧力に耐えらない、今は応え方が一切分からない。毎日が重くて夜中に目が覚める。疲れがとれなくて昼も夢を見ているような状態。今日までなんとかもたせよう紛らわせようと、好きなマンガ、音楽にひたすら浸っていた…」とギリギリの状態が伺える。
　ある日の面接で「体の外と内から心臓が締め付けられるような圧力を感じる、のどのあたりにガードを張っているが、それを薄い透明の膜で守っている」と微細な身体感覚をイメージや言葉で表現し、それを図示した紙を示し説明した。

　A子は次第に自分自身の微細な身体感覚をイメージや言葉で筆者に伝えるようになった。さらに、図や絵に描いて説明してくれた。「人との距離感が脅威と感じられ、意識して人との距離を置く」という語りが何度も繰り返され、それはだんだん近くなってきた筆者との間に感じている脅威でもあるのだろうと思われた。祝日が重なり面接が3週間あいた後には憔悴しきった様子で「この3週間、人に甘えたい気持ちがあるのかもしれないとずっと考えながら過ごしていた」と語った。かつてのいじめられていた子と仲良く話している夢や、最早期記憶が想起された。開始から7ヵ月後、面接では10年前のいじめを今ここでのことのように延々と語っていた……。

　…人を信じちゃいけない気がする。信じたら負け。(私のことも信じられないような、信じるのがこわいような気持ちを感じているのね)恐らく一時の幸せにすぎないって。現実で

ずっとブレーキをかけている状態。どうにもやりきれない状態を、作り物のマンガ・映画・空想・物語で穴埋めしている（ここは作り物ではない生（なま）の場…）そう。生（なま）…近くにいるけど、広い部屋の隅と隅で話している感じ。普段話しているときもこんな感じ」（今はこの距離が安全なのね…でも、いま私がここにいるってことは感じてくれている）ここでは、ちょっとだけ「自分は生きていていいんだ」って思える。エネルギー源。どこかでうっすらつながっている細いつながりが、今は自分の生命線。（…なんだか存在が消えてしまいそう）…大学を卒業する日に死のうと思っていた。死ぬ方法も考えていた…今は少し違うけど」（？）死ぬのはもったいないって…死んだところで楽になるとは思えなくなった…ものには深みがあるって知ったからかも。薄っぺらだった紙1枚ペラーンとあった世界が、折り紙で折った何かになるみたいに。薄っぺらな自分だったら簡単に車に突っ込んだけど、今は生きていたいと思うようになった。（存在が何かひとつながって感じられるようになったんだね）唯一先生（カウンセラー）だけが細い糸でつながっている。…今話して、バーンって何かが弾けて、目の前が開けた。

　筆者との距離が徐々に近くになるに従って、A子に脅威や葛藤状態が生じてきたようであった。面接開始当初、筆者は、A子の脆弱な自我や存在の希薄さから慎重であろうとし、あえてA子そのものに向けて焦点付ける応答は行なわないようにしていた。危うさに対してA子自らが安全な距離感を図っているように感じられたので、それを尊重するよう心がけたのである。A子が筆者との間にかすかなつながりを感じ始め、それは「細い糸でのつながり」と表現された。「うっすらとしたつながり」ではあるものの、筆者自身も目には見えないが糸のつながり感をしっかりと身体の内側で確かめようとした。A子そのものではなく「細い糸」をしっかりと身体的に感じることで、筆者はA子の存在を感じていたと言えるのかもしれない。

　このように面接経過において、当初「隠す」ことに懸命だったA子は、徐々に「感じること」ができるようになり、「イメージや言葉による象徴化」が生まれ、カウンセラー（筆者）の存在も感じるようになっていった。

　その際、重要だったのはカウンセラーである筆者自身が身体的実感に開かれていたことである。筆者の身体感覚が半歩先んじて生じたり、半歩遅れて生じたりする中で、互いの身体的実感に直接照合（direct reference）しながらやりとりすることによって、A子は徐々に相互的関係に開かれ、身体の内にある実感へと開かれていったのである。

　Gendlin（2004）は、からだと環境との本来的関係について、含意（implying）と生起（occurring）という語を用いてその相互依存的機能について述べている。A子と筆者との関係性は、カウンセラーである筆者自身の身体的実感を手がかりとしながら、そこにA子の潜在的可能性を読み取るプロセスが働いていたと言い換えることもできる。ここに見られるのは、A子に含意（implying）されていたものが生起（occurring）する事態とも言えるのである。

6　身体的実感を育む──教室における心理教育的支援への仕掛け

　さらに筆者は、教室で教員として学生たちに関わる中で、思いがけず彼らの微かな身体的実感の蠢(うごめ)きの瞬間に出会うことがあった。それは「何も感じていないのではない。ただ感じることへのためらいやおびえがあるだけなのだ」という期待を生じさせた。

　本節では、長い間封じ込められてきた生き生きとした身体的実感にどのように関わっていくのかについて、新入生を対象とする基礎ゼミナールで展開されたさまざまな「仕掛け」や経過を紹介することから検討したい。他者との関係性の構築に尻込みし、自身を「隠す」ことにエネルギーを費やしてきた学生たちが、身体的実感が育まれることによって他者と「感じあう」関係へと自らを開くプロセスから、学生たちの主体性に関与する可能性についても考えてみたい。

（1）　1年次の基礎ゼミナールでの出会い

　大学1年次の基礎ゼミナールを担当することになった筆者は、教室でまさに徹底的に受け身的な学生たちと向き合うことになった。4月当初、少人数クラスの教室で出会った彼らは、筆者からの問いかけに対して終始無表情で無言。なんらの反応も引っかかりも見せない。授業2回目に、学生相談室主催の「ゼミ単位の訪問」を利用し相談室スタッフによるグループワークを行なったが、そのときのカウンセラーからのコメントには「このクラスは、全員がおとなしくリーダーシップをとる学生が誰もいないことが特徴的。動き出すのは大変かもしれない」とあった。確かに率先してリーダーシップを取ろうとする者はなく、皆が受身的であった。いつも無表情のA。小グループに分かれてもまずもって声を出すことはない。好きなアイドルグループの女性メンバーについて語るときのみ、生き生きとした表情を見せるB、遅刻を繰り返すC、高校を退

学した経緯をもつD……。皆、身を縮め固まっているように筆者には感じられた。大学生活について、あるいはスタディースキルやレポートの書き方を学ぶにしても、そこに大学生としての「主体性」は感じられない。書くこと、語ることの前提には、他者に伝えたいという気持ち、すなわち準備態勢（レディネス）が備わっている必要がある。果たして彼らにその準備態勢（レディネス）があるのだろうかと筆者は確信がもてなかった。しかし徐々に分かったことは、彼らが他者との間で感じあうことを全く求めていないわけではないということであった。それは、授業後の感想文の中に微かな声として記されていた。内面には柔らかく感じやすい"いのちの流れ"（体験過程、experiencing）が、うっすらとではあるが確かに流れていることが筆者には暗黙的（implicit）に感じ取れた。問いかけてもなんら反応を見せない学生たちを前にしながら、目には見えない彼らの内側にこのような小さな動きを感じた筆者は、彼らの微かな身体的実感に向けて「半歩先から」働きかけてみることを試み始めた。

（2） 場の安全への配慮

　筆者が意識的に取り組んだのは、基礎ゼミナールが『安全な空間』になることであった。授業での安全に関する約束を明確に伝えた。それは、①自分の安全は自分で守ること、②他者を脅かすことなくこの場全体の安全を守ること、③体験を通して関わり互いに知り合うことである。

　自分の心理的安全については自分自身が一番よく知っているのだから、危険だと感じたらそれを優先させてよい。そして他者の安全も自分の安全と同様に大切にする。体験的に学ぶ授業なので、できる限り積極的にこの場を活用し、体験から学んでほしいという意味を込めている。何らかの傷つきやおびえを抱える学生たちにとって、この『場の安全感』の確保はとりわけ重要であろう。このようなルールがあってこそ、初めて体験の場が生き生きと機能し始める。互いに他者を傷つけない、批判しないことが最初はルールとして、徐々に自然なものとしてゼミの場に浸透し始めた。時折であったが、ルールに抵触するような発言や姿勢が見られたときには、筆者から明確にそのことを伝えストップをかけた。

（3） 体感をイメージで表現する──「隠したい思い」を認め合う

　ある晴れた5月の授業で、筆者は「今日は教室の外に出てみよう」ともちかけた。課題は「風や空気、自然の中にあるものを全身で感じてくること。そしてそれを色のイメージで表現してみること。ルールは「黙って自分の身体の内側に注意を向けること」とした。彼らは戸惑いの表情を見せながらも、それぞれ外に出ていった。「おしゃべりしない」という約束を守り時間通りに戻ってくると、大きめの画用紙いっぱいにクレヨンの色を重ねたり、端の方に控えめに薄く色をつけたり……さまざまな表現が始まった。色での表現なので、デッサン力も構成力も必要としない。教室には静かな時間が流れた。残りの時間で、筆者は「今日の体験について感じたこと、表現したものをみんなでシェアしよう」と伝え、「作品を見せたい人は見せていいし、見せたくない人は無理に見せなくてもよい」と加えた。一人ひとり立って、体験したことや表現しようとした世界について短く語った。しかし、作品を披露したのは半数以下だった。「見られたくありません」と拒否した者が半数以上いた事実に、筆者はあらためて彼らの「隠したい」思いを突きつけられたように感じた。

　しかし、授業終了後、画用紙の裏に書いてもらった感想には次のような言葉が並んでいた。

「空も木も地面もすべて境界線を越え、混ざり合っている。天と地の境はどこなのか？」
「音のでる木…風があって木から音が出る」
「5月の緑と空と眠気のような感じ…」

　このような記述を見る限り彼らは決して感じていないわけではなかったし、表現できないのでもなかった。実感を表現する独自の言葉さえももっている。しかしそれを他者に見せること、見られることへの躊躇いや怖れがあることを筆者は感じていた。

（4） 体感から選びぴったりくる感触を確かめる──他者との違いを感じあう

　数回後の授業で筆者は「今日は外に出て石を眺めてみましょう。よく眺めて、身体の内側に響いてくる気に入った石があったら10個持ち帰ってください。どんな石でもいいです。戻ってきたら、机の上の画用紙の上に石を並べてみま

しょう。自分の身体の内側で確かめながら、ぴったりくる位置を探しながら一つひとつの石を並べてみてください」と伝えた。

　各自持ち帰ってきた石は、実にさまざまであった。どこから探してきたのか、色も形も大きさも多種多様で興味深かった。このワーク（福山, 2011）には、みな想像していた以上の集中力で取り組み、ぴったりくる石の位置を探そうとしていた。さらに途中で隣の人といくつかの石を交換し、それを自分の石に加えて置いてみるよう指示すると、教室のあちこちから驚嘆の声やどよめきが生じた。他者の石は、自分の拾ってきた石とはまるで違っている。ゴツゴツの石に丸い石。グレーの石に赤味を帯びた石。大きな岩のような石もあれば、おはじきのように小さな石もある。

　そのような中、約束の時間に遅れて戻ってきた上に、1人だけ石を1つも持ち帰らなかった学生がいた。「指示を聴いていなかったのだろうか？　わざと無視したのだろうか？　外に出てただ遊んできたのだろうか？」筆者の内にさまざまな思いが交錯した。何よりも筆者が感じていたのは、挑戦的で試すようなその学生に対する戸惑いであった。真っ向から引き受けて対峙するしかないという気持ちと、胸の辺りがドキドキするような緊張感も同時に意識していた。「どうして課題をやろうとしないの！」という詰問調の言葉を飲み込んで、筆者は何か彼なりの意図があったのだろうと尋ねてみた。

「あれ、どうしたの？　○君、手ぶらだね」
「あ、僕ずっと石を観察してきたんです。だから持ってこなくても大丈夫です」
「画用紙に石を並べるのはどうする？」
「よく観察してきたから、並べないで絵に描きます」

　筆者とのやりとりを、教室中の皆が固唾を飲んで見守っていた。課題に対して「石を拾ってこなかった」学生に教員がどのように対するのか、筆者の姿勢を衆目の中で試されているのだと、瞬間的に感じた。

「○君なりのやり方で石と向き合おうとしたんだね。すごいね。それでやってみていいよ」

　筆者は人とは違う彼のやり方を褒め認めた。誰も何も言わなかったが、教室

中に驚きが走ったことは解った。その日の授業後の感想には、「人って一人ひとり違っていいんだ！」「人と違うことをする人ってすごい！」などの驚きや、他者に拓かれた新鮮さが感じられた。

　また以下の感想からは、石との内的な対話や、石を並べる際に自分自身の身体的実感とのヴィヴィッドな直接的照合が伺える。さらに他者の石と混ざりあったときの新鮮な驚きが、彼らに適度なゆさぶりを与えていることが感じ取れる。

　丸い石を集めていて、全体的に丸い感じの作品になったのが、石を交換して、ゴツゴツしている石をもらったときは、いまいち、どのような形にすればいいか迷ったけど、考えるうちに自分のココロとその交換した石が一体化した感じになったので、いい作品になったかなと思う。…人それぞれなんだなあと改めて気づかされた。なんだかとても新鮮な感じがした。

　私の選ぶ石は総じて地味だった。でも隣の人と石を取り換えた際に、色鮮やかな石をもらい、自分の作品が急に華やいだ。他の作品を見ても、個性が出ていた。私は変に奇をてらおうと意気込むくせがあると気づいた。"いかに人と違うように、でも無難に"そう考えているせいか、なかなかしっくりくるまで時間がかかった。むしろ人から石をもらってから作ったほうがしっくりきた。自分だけで考えるのもいいけれど、たまには人の意見で作品をかえるのもいいことかもしれない。

　…振り返ると、私が何かを主張した記憶があまりない。いつもなんとなく無難にこなそうとばかり考えていたのだ…どうせ自分には無理だろうとすぐに判断してしまい、それを大きな問題としてきちんと向き合っていなかった。私は見えない何かに遠慮し、怯えつづけたまま結局高校まで卒業してしまった。もっと素直に、自分に自信をもっていたらもっと違う景色が見られたのではないか。

　自分の好みの傾向のようなものが見えてきたりして、新鮮だった。並べ方にもこだわりが見えて、これだという位置を見つけたときにはとてもうれしかった。他の人の石を組み込んで作るのは初めは違和感があったけど、やってみた後はなじんでいて不思議だった。自分の石を使ってもらったり、褒めてもらってとてもうれしかった。

　自分の心にあてはまるような石を見つけるのは困難だった。…石をどのように置いたらよいのかとても悩んだが、動かしていくうちに、自分にぴったりな感じを置くことができた。せっかく立てた石が崩れたときには少し悲しかった。相手の石と交換して、もう一度作品を作ったときは、まったく最初の作品の印象と変わって驚いた。…みんなの作品はそれぞれ個性が出ていて、とてもおもしろかった。

（5） 身体的実感を言葉にする──他者との響きあいを楽しむ

　後期試験が始まろうとする頃に、小グループごとに連詩を作るワークを行なった。これは、学生たちの身体的実感を短い言葉（詩）にする試みである。各自が書き出しの1行を書き、直前の1行しか見えない状態でその言葉に込められたものを身体感覚で感じ、そこから捉えた感覚を自分の言葉で表現し次の1行に書き加えながら進めていく。最終的に19の連詩が出来上がった。次の週の授業では、それぞれの詩にパワーポイントで背景をつけ、グループごとの連詩集を作成し鑑賞し合った。図Ⅰ-1に示すのは、その作品の一部である。

　この連詩の試みは、学生相談で長くクライエント自身の「言葉」を見つけ出すプロセスを共にしてきた筆者が、教室で学生たちそれぞれの実感を「言葉」へと導き出すことへのささやかな挑戦であったともいえよう。学生たちは、自分の言葉と他者の言葉が連なっていく不思議さ、相互に響きあう心地よさ、侵入的ではない生かし合う関係性などを感じ取ったようである。筆者自身もこれらの詩から、ある種の喜びや力を得たように感じていた。それは、体験が言葉と繋がり合い響き合うことを通して、表現することや前進への手掛かりを得た彼らの、"体験からの生の前進につながる喜び"に筆者自身も連なる生き生きとした喜びであったように思われた。

（6） 実感を漢字一文字で表してみる──体験の連なりを味わう

　後期授業の最終日に、「漢字フォーカシング」をアレンジしたワークを行なった。クラス全体を身体感覚として感じ取り、一人ひとりが漢字一文字を選んで、表現する。このようにして創出された漢字を味わいながら受け取ってみたのである。

　池見（2012）は、ジェンドリンの哲学と心理療法において示された体験の暗在的側面と明在的側面との相互作用からの意味の創出に着目し、言葉に含意される暗在的な意味の感覚を用いた「漢字フォーカシング」を考案した。これは、漢字のもつ象徴形式が未完かつ暗在的であることを活用したものであり、体験過程に触れ状況の新しい意味を見出す方法とも言える。

　結果、次の20個の漢字が立ち上がってきた（図Ⅰ-2）。

空　多　穏　土　散　考　希　大　進　融　交　間　静　個　繋　成　優　混　表　違

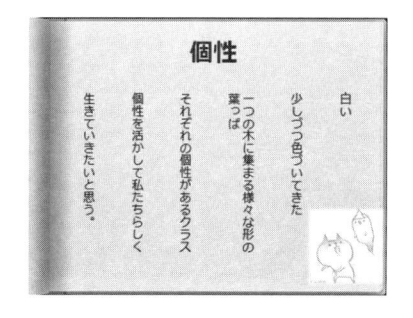

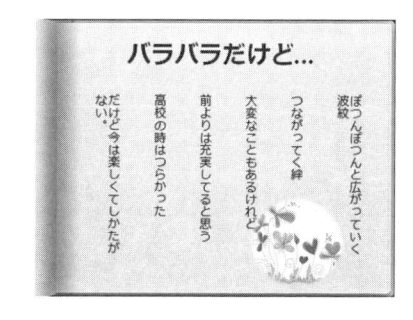

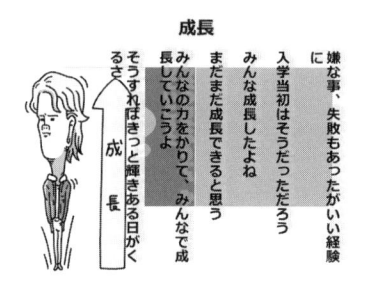

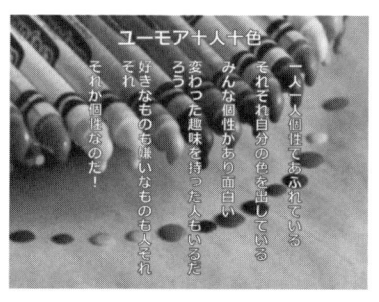

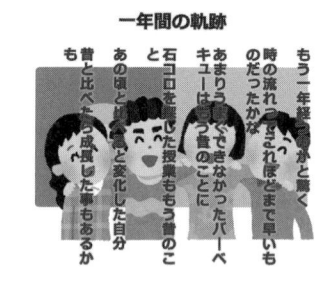

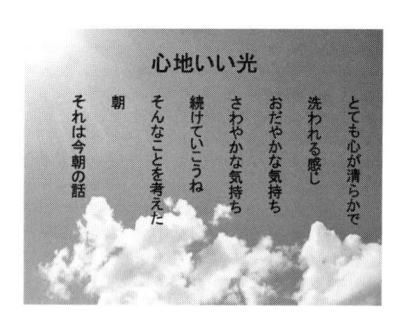

60　第Ⅰ部　学生相談経験からみる現代の学生像

個性

白い
少しずつ色づいてきた
一つの木に集まる様々な形の葉っぱ
それぞれの個性があるクラス
個性を活かして私たちらしく生きていきたいと思う。

バラバラだけど…

ぽつんぽつんと広がっていく波紋
つながってく絆
大変なこともあるけれど
前よりは充実してると思う
高校の時はつらかった
だけど今は楽しくてしかたがない。

成長

嫌な事、失敗もあったがいい経験に
入学当初はそうだっただろう
みんな成長したよね
まだまだ成長できると思う
みんなの力をかりて、みんなで成長していこうよ
そうすればきっと輝きある日がくるさ

ユーモア十人十色

一人一人個性であふれている
それぞれ自分の色を出している
みんな個性があり面白い
好きなものも嫌いなものも人それぞれ
変わった趣味を持った人もいるだろう
それが個性なのだ！

一年間の軌跡

もう一年経ったのかと驚く
時の流れこうすればほどまで早いものだったかな
あまりうまくできなかったバーベキューは昔のことに
石コロを無視した授業ももう昔のことに
あのほろ苦い給食と変化した自分
昔と比べたら成長した事もあるか

心地いい光

とても心が清らかで
洗われる感じ
おだやかな気持ち
さわやかな気持ち
続けていこうね
そんなことを考えた
朝
それは今朝の話

出会い

たくさんの人と出会った
良い出会いもあった
よかったね
そう思う気がする
あっやっぱり
私は間違いでなかったんだ

ゆれる

驚きの連続
うれしかった？
そうでもない
いや、そうかもしれない
ゆらぐ心
ゆれている

図Ⅰ-1　身体的実感を言葉にする　連詩の作品

第3章　身体的実感を育む　61

図Ⅰ-2　実感を漢字一文字で表現する　　図Ⅰ-3　体験過程の響きあい

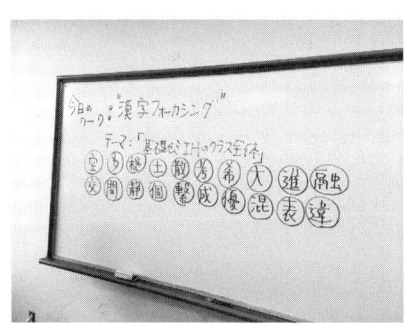

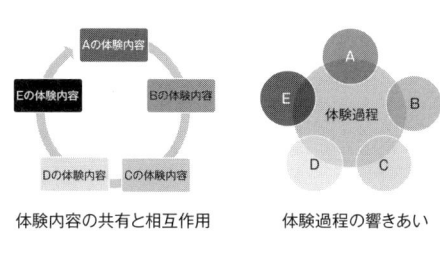

　教員である筆者も含めてその場にいた20名全員が異なる漢字を選び、一つも同じものがなかったことは驚きでもあった。それぞれの漢字には、多義的意味が込められている。そして、一つひとつの漢字に含まれる暗在的意味が、それぞれの思いと重なり合って、不思議な調和をもたらし響き合っていた。これらは各自の体験の内容ではなく、一人ひとりの身体的実感からもたらされる体験過程における響きあいが生じたものと考えられる。（図Ⅰ-3参照）

　このような一連の体験によって、自分の身体を通して感じること、感じたことを表現してみること、それが他者と共有されさらには響きあう体験が、再び身体的実感となって相互に重なりあい、連環することが分かった。いわば、他者と感覚を共有できることが、自分の感覚への信頼感をさらに形成することにもつながっていく（野間，2014）のである。

　基礎ゼミでは、このように1年間を通してスタディ・スキルの習得、生活習慣、パソコンを用いた情報検索など大学生活を送る上で必要となるスキルを扱いながら、並行してさまざまな体験的ワークが実践された。いずれも、そこに「体験過程の響き合いのプロセス」が伴っていたという意味で、意義深かったのではないかと考えている。そして、このようなプロセスを経て筆者は基礎ゼミナールの授業概要（シラバス）の冒頭に掲げられた「大学では主体的に学ぶ姿勢が求められる」という一文にようやく手が届きかけた思いがしたのである。

　このように、学生たちの「主体的に学ぶ姿勢」を賦活させていくためには、彼らの身体的実感を育むことが重要である。さらに、教室でのさまざまな心理教育的仕掛けを行なう際には、教員自身もまた身体的実感に開かれ、自らの体

験過程に注意を向けながら学生に対峙する姿勢が求められるのである。

7　身体的実感を育む心理教育的支援の可能性

　含意されたものの、しかし生起しなかったことをからだは含意し続けるという（Gendlin, 2012）。学生たちにとって、意識の及ばない遠い場所に置き去りにされたままになっていた生のプロセスは、さまざまな実体験の積み重ねや他者との相互作用におけるやりとりによって、徐々に賦活されていくのだとも言えるだろう。そこには、受動的態勢から主体的態勢への転換に伴って「主体性」の恢復が生じる可能性を含んでいる。しかし、それは時に危機的状況や痛みも伴うのかもしれない。A子の学生相談での面接過程はそのような困難を示唆しているとも思われる。しかしそうしたものを超えることができたとき、若者たちは「実感」を伴う新たな、そして本来の「生（せい）の推進」へと向かうことができるのではないだろうか。

　そのために、教員や援助者側が学生たち自身も気付いていない暗在的な（implicit）事態を身体的に感じ取る必要があるだろう。斎藤（1994）は看護の立場から、「誰かの『いのち』がきわめて微妙な状況におかれているときに、その人の『いのち』を深いところでささえていくためには、渦中の人たちの『実感』（ときに危機感・問題意識・要求など）を的確にくむ力量が必要となってくる」と指摘し、「いのち」にかかわる者が自身の「実感」から支えていくことを強調している。現代の若者を支える教員や学生支援担当者には、とりわけ自らの心身を提供しながら、その身体的実感を手がかりとしていくスタンスが求められるのではないだろうか。あたかも低体温状態で冬眠しているかのごとく見える学生たちに微かに蠢（うごめ）く可能性を、彼らに半歩先んじて感じ取る視点が期待されるのである。

8　おわりに

　青年期という過渡期に生きる学生たちは、さまざまな質の曖昧さの中に生きている。その曖昧さから生じる違和感を排除することなく自ら抱えること、そしてその状態に留まることのできる能力を育んでいくことは、治療的観点からだけでなく健康的な育みを促進していく予防的観点からも取り組むべき重要なテーマである。それは学生支援を担う者すべてに課せられており、大学教育に

あって、今後ますます必要となっていくであろう。

 さらに、現代の学生たちにとりわけ重要なのは、個人としてその成長・成熟に関与してくれる人（大人）の存在と、同時に同世代の学生との間で「横並びの関係（side by side stance）」を体験することにあると思われる（鍋田, 2007）。筆者自身1990年代終わりから学生相談の場で、小集団を用いたグループワークを企画し実践してきた（高橋, 2003）が、その実践において求められたのは、「個への見立ての確かさ」や「関わりにおけるブレのなさ」であると同時に、集団をマネージメントし、「揺さぶりつつ抱える」ことのできるスタンスであった。これこそが、学生相談カウンセラーに必要とされるものであり、同時に今日大学教育の場にあって教職員に求められるものなのではないだろうか。そういった場の1つである小集団としてのゼミナールをどのように用いていくかについて、今後とも検討されなければならないと考えている。

 最後に、1年に渡る基礎ゼミ最後の授業で書かれたある学生の感想を提示して、本稿を終えたい。

「新しい環境の中で自分の意見を積極的に出していくということは、とても難しかった。いろいろとワークをやっていく中で、石集めが印象に残っている。あんな風に、自分の好きなもの、関心のあるものを探していくのが大学なのだろうと思う…」

参考および引用文献
福山清蔵　2011　対人援助のためのグループワーク. 誠信書房
Gallagher, S. & Zahavi, D.　2008　*The Phenomenological Mind: An Introduction to philosophy of Mind and Cognitive Science*（石原孝二・宮原克典・池田喬・朴嵩哲訳　2011　現象学的な心―心の哲学と認知科学入門, 勁草書房.）
Gendlin, E. T　1962・1997　*Experiencing and the Creation of Meaning*. Evanston. Northwestern University Press.（村瀬孝雄訳　1981　体験過程と意味の創造. ナツメ社.）
Gendlin, E. T　2004　*A Proses Model*. New York: The Focusing Institute.
Gendlin, E. T　2012　*The Theory of the Background in Philosophy of Mind*: in Z. Radman（Ed）Knowing without Thinking.
池見陽　2012　漢字フォーカシング：暗在に包まれた漢字一字と心理療法　臨床心理専門職大学院紀要 2, 1-11.
神田橋條治　1990　精神療法面接のコツ. 岩崎学術出版社.
京都大学高等教育研究開発推進センター編　2012　生成する大学教育学. ナカニシヤ出版.
三村尚彦　2011　志向的含蓄と体験過程―フォーカシングという現象学. アルケNo.19. 関西

哲学会.
森岡正芳　2002　物語としての面接. 新曜社.
村里忠之　2009　TAE (Thinking At the Edge) とは何か？諸富祥彦・村里忠之・末武康弘編著　ジェンドリン哲学入門 フォーカシングの根底にあるもの. コスモスライブラリー.
村里忠之　印刷中　質的研究の哲学的基礎について―こころの哲学と現象学は質的研究をどのように基礎づけることができるだろうか. 諸富祥彦他編 「主観性を科学化する」質的研究法入門. 金子書房.
鍋田恭孝　2007　かわりゆく思春期の心理と病理. 日本評論社.
中村博幸　2009　ゼミを中心としたカリキュラムの連続性～学生が育つ授業・学生を育てる授業―教員と学生が授業をつくる. 嘉悦大学研究論集, 51(3), 1-13.
成田善弘　2012　昨今の若者について　現代思春期・青年期論. 精神療法, 38(2).
日本学生相談学会50周年記念誌編集委員会編　2010　学生相談ハンドブック. 学苑社.
野間俊一　2012a　解離する生命. みすず書房.
野間俊一　2012b　身体の時間. 筑摩書房.
斎藤慶典　2014　生命と自由. 東京大学出版会.
斎藤有紀子　1994　「とき」を提供する. 森岡正博編著「ささえあい」の人間学. 法蔵館.
Stern, D. N.　1985　*The Interpersonal World of the Infant: A View from Psychoanalysis and Development Psychology*. Basic Books（小此木啓吾・丸田俊彦監訳　神庭靖子・神庭重信訳　1989　乳児の対人関係　理論編. 岩崎学術出版社.）
高石恭子　2009　現代学生のこころの育ちと高等教育に求められるこれからの学生支援. 京都大学高等教育研究, 15, 79-88.
高橋寛子　2003　学生相談における"つなぐ場"としての役割―対人関係に障害をもつ学生とのかかわりから. 学生相談研究, 23(3), 253-263.
高橋寛子　2012　心理臨床における'曖昧さ'とそこにとどまる能力―'Negative Capability' と'暗在性' (the Implicit) からの考察. 京都大学大学院教育学研究科付属臨床教育実践研究センター紀要, 16, 65-76.
高橋寛子　2013　「見えるもの」への関わりと「見えないもの」への関わり―学生相談カウンセラーの「身体的実感」を手がかりとして. 法政大学学生相談室年報, 44, 38-46.

第4章
否定をくぐり、経験する自分をつくる

田中健夫

「いまじゃなにもかも変わってしまったんだよ。でもいまはそれを説明してられないんだ。見ればわかるだろ、ここがどんなふうか！」

「でもどうして子どもたちは来なくなったの？」と、モモは強情に質問をつづけました。

「めんどうを見てくれる人のない子どもはみんな、〈子どもの家〉にあつめられてるんだ。子どもだけですきなことをするのは禁止されたのさ。そのわけは…まあ、ようするに、子どもたちはいまじゃ保護されてるんだ。」

「あたしの友だちも？ほんとうにそんなことをしてもらいたかったのかしら？」とモモは、どうしても信じられずにききました。

「してもらいたいかどうかなんて、問題にされやしなかったさ」とニノはおちつかなそうにレジスターのキーにあちこちさわりながらこたえました。「子どもには、そういうことに発言権はないんだ。道路をうろうろしないようにされたのさ。けっきょくそれが、いちばんかんじんなことじゃないか、え？」

モモはそれにはなにもこたえずに、ニノをさぐるようにじっと見つめただけです。

（ミヒャエル・エンデ（大島かおり訳）『モモ』第14章　食べものはたっぷり、話はちょっぴり　より）

1　はじめに

　学生を人生の生活者として「学生期にある人間」として位置づけ（藤原，1998）、「学生生活サイクル」（鶴田，2001）を手がかりに学生相談で蓄積されてきた知見は、もっと広く共有されてよいだろう。学年の進行にともなって心理発達的な課題は変化し、それは前後の時期とつながりをもつ1つのサイクルを描いているという学生時代の理解である。入学期、中間期、卒業期の心理的特徴や主題として整理されたのは、各時期にクリアすべき発達課題のような性質をもつものではなく、大学生として過ごす期間にたちあらわれうる、個々の学生にとって意味のあるテーマの継起である。学生期は、4年間のまとまった時

間があること、始まりからその終わりが予定されていること、どう過ごすかについての制約の少なさ[1]に特徴づけられ、それは「役割実験」（エリクソン，1959/2011[2]）という言葉が示す自由な試行錯誤や、失敗の許容、破壊と創造と相性がよい。大学を出ることの意味には、専門的な知識の修得にとどまらない、こうした期待がいまなお込められていよう。

　ところで、子どもの成長に必要な"三間"（「時間、空間、仲間」）の喪失が言われて久しい。今の大学生の親は、すでに三間が失われつつある余裕のない子ども時代を生きてきた世代と言えよう。むしろ現在の方が、異年齢集団での体験活動を保育園や小学校が取り入れたり、放課後の居場所づくり、郊外での冒険遊び場づくり、遊び環境を保障する住民のネットワークなどが広がり、三間の縮小を補う工夫がなされている。時間、空間、そして仲間は、人生にとって大事な経験の基盤となるものであり創造性の源である。現代社会が懐を浅くする中で、縮小した三間が実質的に残っている可能性への期待が、大学生活にもちこされているようにも感じる。大学生活の中にこそ（現代的な、ではあるが）「時間、空間、仲間」はあり、いまも4年の間を経て学生たちは大きく変容していく。

　その一方で、自分についての悩みを抱えやすい青年期にある大学生が、悩まなくなってきたという指摘がある（苫米地, 2006；高石, 2009他）。落ち込んだり、身体化・行動化することはあっても、葛藤を抱えて自分の感情と向かい合って悩むことができないという。これは悩みを悩むための前提条件となる三間の縮小による影響というだけでは説明できない質的な変化の指摘である。教育社会学者は、大学生の「生徒化[3]」（伊藤, 1999）や、「要領のよさ」（島田, 2001）という視点から読み解いている。「過剰適応的な青年」（杉原, 2001）や、面倒を避けるための適応的なスタイルの行き詰まらなさ（田中, 2011）は、問題とし

---

[1] 経済的な困窮のもと、過重なアルバイトに生活が縛られている学生が増加している現実は重く見ていく必要がある。

[2] エリクソン（1959/2011）は、「役割実験」というテーマは〈自主性〉と〈罪の意識〉との対立という児童期に顕著になる葛藤と関係していることを述べている。役割実験ができないとき、硬い（エリクソンによると「否定的な」）アイデンティティの選択が自主性を保つ唯一のかたちとなる。

[3] その対となる「大学の学校化」も著しい。

て顕在化されることは少なく、それは、まじめでそつがない平均的な大学生像かもしれない。これらの言説は、否定的な現れとして現象を述べているものではなく、学生と共同するための現状認識の蓄積であり、またこうした傾向は社会の要請や「（大学）教職員を含む周囲との関係の中で強化されている」（田中, 2011）ものでもある。濱野（1998）は、「むしろ大多数の新入学生が本来的な主体性をもって大学に進学してきてはいないという現実をわれわれがしっかりと認識できているかどうか、それを振り返ることこそが肝要」と述べ、自分自身に固有の道に一歩踏み出すという"学生になる"プロセスを通した"生きるスタイルの変換"を支える、という大学教育の視座を提起している。

本章で取り組みたい問いは、大学での新たな経験が学生自身にとって意味のある、内的な必然性と結びついたものとなるための条件は何か。変容はどのように起こるのかというものである。行き詰まり、葛藤し、主体的なものが生まれていく過程について、「時間・空間・仲間」の保障を手がかりにして考えていきたい。

2　時間を自分のものにするという恢復

大学生として過ごすことが価値をもつ、そのベースにあるのは自由に使えるまとまった時間の存在にある。それは高校までの、目標が明確にあり（あるいは目標を設定し）、そのために有意義な毎日を送ろうと時間を細分化していくのとはまったく異なるものであり、学生に戸惑いを起こさせるものとなる。英国で定評のあるスタディ・スキルの本（Cottrell, 1999）では、「大学生に求められること」として"自分で動機づけを高めること（Self-motivation）"や"いつ、

図 I-4

どこで、どうやって学ぶのが最もよいかを見出す能力"が挙げられている（Cottrellを参照してイラストを作成：図Ⅰ-4）。こうした狭い意味での時間管理から4年間の使い方に至るまでが、学生自身の手に委ねられていく。「時間を有意義に使う」「時間をマネジメントして有効に過ごす」という意味が、高校までと大学とでは違うものとなる。自由な時間設定において、多くの選択肢から何かを選び取り、それを自分で推し進めていくことが求められる大学では、受身的で要領のよいスタイルは本来的にたちゆかなくなり、主体性の発動を問われる局面が好むと好まざるとにかかわらず訪れよう。

　これは、学生期という発達的な意味をもつ時期ならではのテーマである。大学生の主体性の欠如、高校教育からの転換の難しさは、すでに1960年代にも指摘されていた。村松（1967）では、休講にいらいらして、授業料を時間数で割った1時限あたりの「また60円ソンしちゃった」と不満を言う学生や、判断力の欠如、「"先生、ボクどうしたらいいんでしょう"という」受動性、「彼らは考えない」ということが、学生の大衆化・小市民化に関連づけて描写されている。半世紀前にもそのように評されていたわけであり、大学生活を主体的に過ごすための質的転換はいつの時代でも容易ではない。1960年代と決定的に違うのは、キャンパスの文化にうまくなじめずに立ち止まったり不満を言う学生たちを、現在は大学側が放っておかないということであろう。就活から逆算してのインターンシップや資格取得講座をはじめ、大学生活でのあらゆることが発達課題的に提示されていく。学生のペースで自分なりの必然性をもって出会うというよりは、やることはすでに順に用意されている、とさえ言えるかもしれない。

　大学側がきめ細やかに提供し、つまずかないようにサポートをするという「手取り足取りの学生指導」（朝日新聞，2004.1.22夕刊/2005.10.16夕刊[4]）は、もはやこのラベリングが揶揄だとは感じないほどに大学文化になじんでいる。大学の面倒見のよさが競われ、学生の感覚の中にも世話をされることの期待は浸透している。学生が必要としているのだから細やかに面倒みるのがよいとするのは、入学定員を確保しようとする大学側の思惑に加え、教職員が、学生

---

[4] 記事では、教員との交換日記や、中間成績表をもとにした学期途中での早めの助言態勢の整備などが報告されている。

が抱えるべき不安―その内実は、移行に布置されている喪失がもたらす抑うつ感の投影―にもちこたえられないことのエクスキューズにすぎない。大学側は、学生からの自発的な動きを待たずに、何かを提示すること（doing）をし続ける。こうした動向に、「どうして大学がそこまでするのか」と違和感をもって「手取り足取りはしない」とする教職員はいるし、問題意識をもち反発する学生もいることだろう。学生相談の取り組みでは、たとえば大倉・和田（2007）は、主体的でないという評価枠組みがつくり出す悪循環を回避するために学生を一個の主体として受けとめ直し、成績不振者に対して、その問題に具体的にどのように対処するのかを問いかけるという実践を報告している。「一緒に考えていきたい」と根気強く伝えることを通して、強制・管理しようとしない他者の〈まなざし〉を学生が再発見（大倉らの言葉では「回復」）する、そのことが主体性へとつながると大倉らは述べる。みずから時間と主体性を取り戻していく過程は、『モモ』に示唆されている恢復を思い起こさせよう。

　実際のところ、時間は学生の手の中にあるのだろうか。次節では、学生相談の事例 ―就活の段階でいったん自動的に進んでいく自分を止めて、動かせない自分と苦しみながらも向かい合っていったという例― を通して、このことを考えてみたい。学生相談での定期的な面接は、顕在化してきた問題を来談学生とともに考えていく作業であり、そうした探索の中で見えてくる事柄は、つまずかずに進んでいる多くの学生が潜在的に抱えている困難の本質を照らし出すという側面をもつ。学生の内側で何が起こっているかを、この方も面接を通してゆっくりと表現していった。なお、これはだいぶ以前の関わりであり、情報を省略して提示するとともに、公表について本人の承諾を得ていることを書き添えておきたい。

3　不全感はあるがとにかく現実生活を回していく、という併立した自分のあり方

　大学3年の女子学生が、後期の授業が始まるとすぐに学生相談室を訪れた。落ち込んだ様子で、「考えるのがだるい」「億劫で感情が無くなっている」と語り始めた。相談したいことは、就職活動が本格化する時期に入って、今までのように自分を動かしていくことができないというものであった。休学して1年遅れで卒業することを選択した彼女との、最初の半年余りの面接経過をまず示

すことにする。

　3年の秋から冬にかけて彼女は、授業で「以前のようには頑張れなくなった」と面接で何度も語った。休むと同じゼミの学生に迷惑をかけてしまうと言うが、実際には最小限の授業とゼミには出席していた。苦しそうな表情で、「（課題を）とにかく頑張ることで解決する」ことができなくなった、とつぶやいた。「自分にとっての意味を考えて取り組むのは横に置いておきたい。でもそれは無理だけど……」とも語った。
　翌年度になると、しばらく休むということが具体的に話題になってきた。そして、「人といると疲れる。いつもはさりげなくパターンで返事ができるのだけど、そういうことができなくなった」「コンパやゼミの打ち上げとかもすべて欠席している」と話す。しかしただちに、「まあいろいろあるけど、とにかく現実的に考えるようにしている」と振り切ったように、しかし重々しく話を区切った。こうした面接が続く中で、どちらにも決められない、うまくいかない漠然とした感覚のみが私には伝えられてきた。それからしばらく経って彼女は、自分の中にある2つの気持ちのギャップを、次のような図を描いて説明してくれた。現実を動かそうとすると、いつもその下には「現実'」を感じる。表面では動かせる自分（「現実」）がいるけれども、その下というか奥には進みたくない大事な気持ちがあるようだ、という（図Ⅰ-5）。
　もう少し具体的に尋ねると、「現実」とは、たとえばゼミでの発表準備をするときに「とにかく準備はしないといけないからと割り切って淡々とこなす」ことや、就活のセミナーに営業モードで出席して「就職先を決めてしまえば後は何とかなる」と進めていくことなのだが、それが、下にあるもの（「現実'」）によってできないのだという。それでも上の「現実」をやっていくしかないと語り、それぞれの気持ちを表現することが続いた。上下ではないようだと言って、あらためて図Ⅰ-6を描いた（この詳細を話し合ったのは面接の後期に入ってからである）。左側の自分は、「死んでいて"穴"が開いているような自分だが、どうしても感じてしまう大事な自分」だと語った。

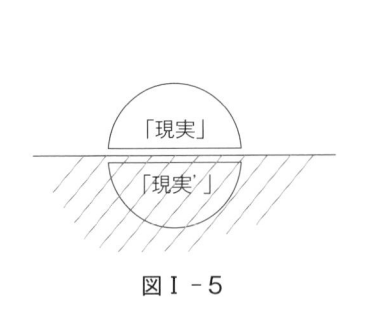

図Ⅰ-5　　　　　　　　　　　図Ⅰ-6

ここまでの経過を振り返ってみたい。

まず彼女は、表面では動かせる自分と、進みたくない自分がある 2 つの時間を感じていた。対外的にはある種の型をつくって（「割り切って淡々とこなす」「営業モード」）、その部分に乗っかってしまえば自動的に動かしていける。そう語りながら、下か奥にある「進みたくない大事な気持ち」についても言及していった。そして彼女は、後者を無視して生活を送ることはできなくなっていた（「下にあるものによってできない」）。

次に注目されるのは、図Ⅰ-5の上（「現実」）は具体的に述べられているが、下（「現実'」）については言葉で捉えられておらず、重たさの感覚は非言語的にコミュニケートされたことである。言語化されたのは「頑張れない」「人といると疲れる」くらいであり、「現実'」の内実が語られていくのは、面接者とその重々しさが十分に共有されて図Ⅰ-5を描いた以降であった。

さらにこの場面では、決めてしまって淡々とこなすという、すでに限界を感じているやり方に結局は立ち戻り、それを強化し行動することで不全感を解消しようとしていたことにも着目しておきたい。

以上にみてきたような、2 つの自分を併立させたまま過ごしている大学生は少なくないのではないか。苦しさや不全感はあっても、行動によって逸らせている限りは何とかなるだろう。しかし、彼女との面接経過では、余裕のなさと苦痛感を面接者は強く感じるようになり、進みたくない気持ちを大事にすることを（彼女自身も）迫られていった。それでは、行き詰まりをしっかりと経験し、そこから変化が生まれていく条件はどこにあるのだろうか。

4　行き詰まることのできる心的空間をいかに保障するか

(1)　未知性が必然的につくりだす壁

大学生活には、高校までの経験とは質の違うものがたくさんある。ゼミや卒業研究（自分を表すこと）、友人や異性との関係（親密性の課題）、ボランティア、バイト、インターンシップなどの社会との出会いである。高校までの経験を狭く規定するつもりはないが、自発的な探索と終わりなき変容に向かって、"大学から無限の人生が始まる"と言うことができよう。しかし、新たな経験には未知 not knowing という要素が含まれている。そのことに自分の持ち札で対処できるかもしれないし、うまくいかないかもしれない。あるいは突破して思

わぬ自分を発見するかもしれないが、どうなるかは誰にもわからない。つまり"未知"が意味するのは、いままでのやり方では対応できなくなって壁にぶつかる可能性であり、不安は経験しない限り取り除けないということだ。不安にたじろぎ、新しいものに開かれていかない自分をひそかに感じ続けるか。不安の体験へと入っていくならば、そこにある困難のパーソナルな意味合いが現れ実感されていく。

　両立しない心のあり方がぶつかって、どちらにも進めない行き詰まりの状態を通り抜けてこそ、新たな心の布置が生まれると言えよう。それは未知の体験に身を委ね、内側に入り込んできた"異物"とかかわりながら自己を形成すること、いかに"壁"を乗り越えるかというテーマであるが、受け入れて乗り越えるか否かという平面的なイメージに回収されてしまいかねない。

　そこで、「否定」[5]を経ての変容という弁証法の文脈で捉え直してみたいと思う。

（2）"否定"と出会う

　弁証法的発展のフェーズを整理すると次のようになる。まずは「否定」の産出・構成があり、「区別」「対立」の認識（「矛盾」の前段階）、「矛盾」を内側で抱えて葛藤し、新たな論理空間に出会う／置き換えられ、止揚（矛盾の解決）が起き、矛盾の解決はまた新たな「否定」を内包する、との展開である（主に中埜［1968］と栗原［2004］を参照した）。自分の中から必然的に「自分の否定」が産み出され、両立した矛盾の持続は不可能となり、自己否定はもう一度否定されて、矛盾はいっそう高次の段階に移行することで克服される、とするのが弁証法の想定する自己運動である。

　では、こうした変容につながる条件と関与の手がかりは何だろうか。壁となるものや異物（「否定」）はどのように生成されるのか ──これまで、学生期の発達課題とキャンパスがはらむ未知性のうちに「否定」は内包されていることを見てきた。鶴田（2001）が整理した中間期を例にこのことを考えてみたい。鶴田は、大学生活への初期適応が終わって将来に向けての選択が次第に近づい

---

[5]　「否定する」という動詞ではなく、現在の自分のある部分を否定することにつながる壁や異物という意味を込めて今後は使っていく。

てくる2～3年生（中間期）について、「あいまいさの中での深まり」を学生の心理学的特徴として指摘した。「これまで、人と比べることによって自分らしさを確認してきた人が、新しい課題が比較的少ないあいまいな枠組の中で、自分の心に目を向ける」「対人関係でのつまずきなどをきっかけに、自分とは何かを考え始める」（同書 p.27）と述べ、さらに「さなぎ」の時期というイメージを用いて解説を加えている。学業でみるならば、ゼミの場で自分の考えをあらわすことや、研究を自分で推し進めるということが、ある個人にとって固有の困難（発達課題）として立ち現われてくる。指示してもらい、他者による保証を得ながら、目標に向けて課題に取り組むというスタイルからの転換がいよいよ問われよう。また、この時期の「あいまいさ」や「中だるみ」という特徴にも、否定の生まれる素地がある。あいまいな枠組みの中を主体的な選択によって過ごすという体験自体が未知のことであり、不安を引き起すものとなる。このときの周囲の関わりについて、鶴田が、「学生が"沖に向かって泳ぐこと"、自分を見つめることを支え、そのような時間を保障することが意味をもつ」と述べているように、とくにこの時期に学生が内面的世界と深く向き合うこと、そして教職員の側にも「（学生が呈する）避けがたい不安に対する心の準備ができていること」は大事である。

　"異物"を内に入れない、つまり漠然とした「否定」の気づきをないことにして過ごす、ということは現代社会の中で多く取られる方略でもある。つまり、傷つきの予感によりその場から退いてしまったり、相手に「キョヒられた」と言って関係を拒否したりする、いわば水際作戦である。「否定」の気づきは、それが曖昧なものであっても痛みがともなう。本来自分の内側にあった違和感は、他者（社会）と自分との対立として経験され、外に追いやったまま外側の問題とされるかもしれないが、それでは新たな体験の吸収と循環ができないために、心の栄養失調へとつながる。他者と自分のあいだに生じた対立は、西（1995）が指摘するように、相互承認を通して自分の内部にあるもの同士の対立に転化しうる。相互承認とは、かたくなに自己を正当化しようしていた態度に気づき、共同的な存在であろうとする意志が生みだすものであり、そこでは言葉こそが自己意識と自己意識の間に和解をもたらすのである。

　先に提示した事例で考えると、「現実'」によって日常の行動を進められないという漠然とした否定の自覚や、「現実」と「現実'」の区別（図Ⅰ-5）は早

い時期からみられた。「現実」の要請に応えるやり方を強化するほどに、否定は深まりそれをないことにはできなくなっていった。否定が引き起こす感覚が他者（この場合は面接者）によって十分に受け取られる対話の繰り返しにより「相互承認」の基盤づくりがなされ、そうしてやっと否定の内実が把握されて（図Ⅰ-6以降）、矛盾が成立していったと考えられる。

（3） "矛盾"からの展開

否定が言語によって捉えられて意識化されると、それを矛盾のまま抱え続けることはできなくなる。行動によって解消したり既存の枠組みの中に同化させて否定をないものにしたりするが、ある方法が強まって一面的になるほどに反対の立場への移行が促される。〈棚上げ〉でも〈喧嘩両成敗〉ですべてを否定したりするのでもなく〈調停〉が図られる（栗原, 2004）。新たな論理空間に置き換えられて、つまり枠組みがいったん壊され超越されて、矛盾の解決が押しだされていく。これは、考え（thoughts）を取り扱うにはそのための装置（thinking）の発達が不可欠だとするビオン（1984/2000）の理論に重なるものである。弁証法的対話についてオグデン（2001/2008）は次のように述べている。「（心理的な作業には、）無意識的体験と前意識的体験、「それ-性」と「私-性」（主観性）、生（なま）の感覚体験と言語で媒介された体験、これらはみな、それぞれにもう一方との関係を抜きにしては意味をなさない。そして、いったん他方から分化すれば、それらは命のつづく限り、もう一方を創造し、否定し、維持し、活性化しながら、お互いと語らいつづける」。相互の関係性を維持する能力を再建しつづけ、あいだに可能性空間が創造されて、このプロセスはまた新たな弁証法的緊張を生み出していくのである。

こうした弁証法的発展について、発達心理学者の日下（1995）は児童の認知発達をピアジェの保存課題の実験により検討している。そして、発展の各フェーズで困難に出会い、その困難さゆえに児童独特の判断・推理が現れることを見いだした。そのとき、それぞれの困難さを乗り越えさせる条件を整えること、すなわち「否定」を生み出しうるシェマ（認識の枠組み）を形成・強化

---

[6] 反対暗示とは、対立する判断（否定）を生み出すような暗示や示唆を与える方法によって矛盾事態を作り出すことである。

し、意識化の促進による矛盾解決のために言語教示を積極的に行うのが有効であることを明らかにしている。反対暗示[6]だけでは、保存の法則が未獲得の児童に、異なるシェマを働かせた自発的な否定の産出はできないという知見や、他者による言語的な援助の工夫などは興味深い。

5 学生が変容をしていく機序

（1） 学生相談の例のつづき

潜在していたが言葉では捉えられていなかった「否定」が矛盾となるように顕在化し、内的必然性とともに捉え直されていくプロセスについて、学生相談のその後のやりとりを通して考えることにしたい。

彼女は「現実」の動かし方についての迷いを述べた。「就活を来年に延ばすともっとハードルが高くなるから、ベルトコンベヤーに乗ってしまった方が楽だと思う」「流れに乗ろうと留学生のチューターを引き受けた」と報告するが、日常生活の様子を尋ねると抑うつ的な苦しさが強まっていた。私（面接者）は、チューターを引き受けたのは、前に進めようとする工夫であるとともに、過重な役割をひきうけて混乱を生んでしまったのではないかと伝え、たちゆかなくなっている事態を一緒に整理していった[①]。すると、「授業では暖房がききすぎだったり、私も風邪っぽかったりして、ゼミを久々に休んでしまった。自分でもどうしていいか考えられない」と言い、「動けないので（来談できない）」と面接キャンセルの電話も入り[②]、私はとても心配した。キャンセルを通して、心の中の葛藤のバランスが"動けない""現実'"に傾いていることを伝えてきているように感じた。

冬休みを挟んだ1月中旬の彼女の語りである。「この1か月くらいはほとんどお金を使わなかった。とにかく定期試験だけは受けようと、それをきっかけに、やっと昨日動き出して家賃を振り込みに行ったところ[③]です」と話した。私は、〈外との出入りがなくて、ひとりで途方に暮れていたのですね。そういうあなたの状態に、私に気づいてほしいと思っていたのでしょう〉と関係がつながっている実感をふまえて返すと、彼女は肯定し、「さびしいと思っていたと思います。自分ではそういうときには、なかなか動きが取れないです」と言い、孤立感と無力さを表現した。その数回後、「以前に高校の担任から『病院に行った方がいい』と言われたことがあった。それは、私のことを扱えないということだと思った」という話をした[④]。動けない苦痛な部分は彼女自身にとって手に負えないし、それは高校の担任も扱えず、面接者にもどうにもできないのではないかという不安として理解され、このことは何回か話し合われた。今の枠組みで考えていくことの困難と限界を感じてきていた。

「現実'」を意識的に否定する行動（チューターをひきうける）をとるが、実際

は抑うつ的になって動けなくなっていた。面接者はその事態を一緒に整理していこうとした（①）。彼女は、自由に動けない心の部分を表現し―暖房の例にある、外が自分の内側のあり方と合わないから動けないという感覚や、風邪っぽいという身体的不調の自覚を伝え、あるいは面接を休むという行動であらわし（②）、それらは面接者とゆっくり共有されていった。彼女自身のペースで、いくつかのチャンネルを通して伝えられることが必要なようだった。いままでのスタイルではやれないことは、この生活を止めてしまうような喪失であり（③）、誰も対応できない病気のような自分に向かい合う途方に暮れることだ（④）ということも、実感としてコミュニケートされた。この間、面接者とのつながりの感覚はかろうじて維持されていた。しかし、行動で解消できなくなったことにより本格的に行き詰まり、以前の枠組みでやっていくのは困難だということが顕在化してきた点にも注目される。

　彼女は、2月から3月にかけて、「置き去りにしてきた」という実感のある6歳の自分―図Ⅰ-6の左側についてイメージを広げ、言葉にしていった。それは、わがままで乱暴で、ときに子どものようになっているものだ。温めてほしい、依存しようとする部分がものすごい現実となってきているとも語り、そのイメージと喚起される情緒に圧倒された。彼女はときにストレートに感情をあらわし、あるいは図に書いて示した。彼女にとって大切な"非現実"に含まれるものを面接担当者は共に味わいながら区分けようとしたが、追いつかないほどに"非現実"が面接の場に影響をしていった。その内実についての話し合いがある程度なされた後に、休学して彼女は1年遅れて卒業することを選択した。

　置き去りにしてきた部分を認め、感じ直し、それを徹底的に大切にするのは情緒を大きく揺らがすものだったが、そのプロセスを経て、休学という別の枠組みが選び取られていった。他者（面接者）がイメージの世界に入ってそれを共有していく中で、"非現実"の内実が表現されて言葉で捉えられていった。表現されたイメージの圧力によって「考えを取り扱うための装置」が発達していったと言うことができるものである。それは休学という1つのかたちを用意し、また壊されて場は移行していくと考えられる。

　このようにみてくると、教職員がどのようなバランスでこうした一連の過程に関わるのかは重要である。とにかく動いていることを是とする大学文化の中で、とどまって体験し、学生自身のペースで表現できる場と関係をいかに保持

するのかが問われてくる。相互承認を基盤とした扱う枠組みがつくられることにより、内面の情動を言語化する力は育つとも考えられる。

（2） 専門ゼミのヴィネットから：仲間の力を借りる

次に3年生のゼミの場面を提示しよう。

子どもの心理面接のテキストに沿って、毎回1事例ずつ読んでいく心理学の専門ゼミであり、「心理相談のベースにある精神分析の理論を学ぶ」「症状や問題行動の背後にある不安や空想をいかに理解し関わっていくかについて自由なディスカッションを行なう」ことが授業内容として提示されている。ゼミは文献の輪読というスタイルではあるが、リフレクティング・プロセス（矢原・田代, 2008）を参考にして進められた。報告者が事例概要と疑問点の呈示をした後に、司会と教員を入れた3名で自由に話し合い、次に残りのメンバーで先ほどの「話し合い」を話し合う、そして全体でディスカッションをするという過程をたどった。リフレクティング・プロセスは、相互に観察し合う中で自分自身を客観視する機会を得るための方法であり、メンバーには「話し合い」の聴衆として観察に徹する機会が設けられる。

これまでの文脈をふまえて、こうした方法の意義を受講生の感想を提示しながら整理してみたい。

ⅰ）最初に先生、発表者、司会者の3人で発表の後にディスカッションすることが何より新鮮であった。前の3人が話しているときには他の人は発言できない。途中で発言したくても発言できないというのがよかった。3人の話を聞いていると、自分が考えていた、疑問に思っていたことを話し合いしているときがある。そのときは、3人に混ざってディスカッションに参加したいとも思うが、時々、考えもしなかった場所の指摘をしているときがある。その時には、3人が話しているときにその部分について考えることができ、その後のグループでのディスカッションでの話題にもつながった。

ⅱ）発表者の発表の後、先生、発表者、司会者の3人だけでディスカッションをし、その間それ以外の人は3人の話を聞いているだけという形に、何の意味があるのだろうかと疑問をもっていた。しかし、3人のディスカッションを聞きながら、自分1人で症例を読んでいたときには注目しなかった箇所についても自分で考えることができた。さらに、その後の小グループでのディスカッションでは3人のディスカッションで話題になっていた事柄について話題になることも多く、積極的なスムーズなディスカッションを進める役割もしていたのではないかと思う。

このⅰ）ⅱ）では、他者が立てた問題と自分の着眼点との異同の認識について述べられ、他者の問いがどう扱われていくかをただ観察することへの戸惑いが表明されている。しかし、観察することが仕掛けとなって、違う考えが自分の中に迎え入れられていく。

ⅲ）どんな些細なことでも、答えの見つからない問いでも、他者の意見として非常に興味深く感じられた。誰でも思っている無難なことだけでは、充実したディスカッションの場は得られなかったかもしれない。
ⅳ）今まで経験したゼミでは、担当者によるレジュメの発表→司会者の進行で全体的にディスカッション→先生によるまとめ、という流れが多かった。そのため、受講者ははじめから個人で発言しなければならず、よほど自信のある意見をもっているか、司会者に指名されない限り、なかなか発言しなかった。けれども、このゼミではグループディスカッションを間に挟んだことで、個々の発言のしにくさを防ぐことができたのではないだろうか。実際全体に発表するほど自信があるわけではない意見でも、少人数の中では言いやすいと感じた。そして、その意見が意外と重要であることに、発言してから初めて気づくこともある。どんなに些細で、自信のない考えでも、周りと共有することが大事であるとあらためて感じた。

「些細で自信のない考え」や「答えの見つからない問い」が発せられ共有されることが、無難なだけではない充実したディスカッションの場を生み出したことが振り返られている。共有されることで新たな興味が創造され、超越した視点が生みだされよう。どのように疑問や意見が語られていくかという「How的観察」（矢原・田代, 2008）は、ディスカッションの活性化にとどまらず、他者の考え方への興味へとつながり、考えるための新たな枠組みの形成を促すものとなる。

ⅴ）今までのゼミは発表からすぐにグループディスカッションではなく全体のシェアに入るパターンが多かったので、今日のように些細な疑問点について話すということがあまりできませんでした。ただ、一度気になっている部分について話してみると同じことを考えている人がいたり、別の視点から話をつなげてくれる人がいたりと、小人数体制の良さを実感しました。臨床で、特に子どものケアについてここまで細かく一連の流れを追う機会はなかったので、小さなことでも広げて推測していく力や、他と結びつけて考えていく力がついたと思います。
ⅵ）改善点としては、その後のグループでのディスカッションを経たあとに、それぞれのグループで出た点を黒板などに挙げ、その中で今回の症例で重要な部分になってくるところを

皆で検討することができたら、面白かったのではないかと思う。今回のゼミでは発言機会が多くあったので、人前で自分の考えを述べることに対する抵抗感がなくなり、とても面白く、そして楽しく授業に参加することができた。自分が考えてもいなかった考えを聞き、なぜそのように考えたかを聞くことができる、自分の意見を聞いてもらえる、という環境は私には居心地がよかった。

　共有しようという意志をもった場が形成され、「別の視点から話をつなげてくれる」ということの、また、些細なものと感じられた疑問や連想が拡張されていくことの意義が記述されている。加えて、問題意識をじっくりと共有するための工夫（「黒板に書く」）や、些細な疑問点が交わされる隙間のような時間をはさむことの必要性が示唆されている。
　以上はまだ模索中の方法であるが、事前の準備（予習）で各々の中に生まれた「否定」の萌芽が、他者の力を借りて顕在化していったプロセスとして以上の例をみることができるだろう。

（3）　自分にとって意味のある否定と出会うために

　相談場面と授業（ゼミ）の感想をこれまで提示してきた。個々の学生にとって必然性のある「否定」をもたらす体験を提供するような授業の仕掛けとはどのようなものか。こうした問題意識をもとに授業実践を展開している教育心理学者に白井利明がいる。白井（2008）は、青年個人の内部矛盾（対象と自己との間にある矛盾が自分の課題として受け止められている状態）の自己運動に注目して学生の変容[7]の過程を検討する方法として、試行錯誤をしながら「変容確認法」をデザインした。現在の状況を克服する萌芽は現在の条件の中に内在しており、発達の契機をみいだして対立を矛盾関係に転化すれば発達が促されるとし、そうした契機を教育場面で人為的につくりだすとともに、学生自身が変容を確認するという実践研究である。授業やゼミによる短期的なプロセス研究が4本紹介されている。ズレの提示だけでは矛盾を認知的に解消してしまうこと（研究1）をふまえ、日下（1995）を参照して矛盾となるために解決の方向づけを示唆する活動を組織した授業実践を展開した。学生自身が今までの思い込み

---

[7]　白井はここで「発達」ではなく「変容」という言葉を選択する理由として、「変容には高次化のみではなくマイナス方向も含む多様な変化」を想定しているためだという。

と事実との間のズレに気づき、多様な他者との「語り合い」という共同の活動を経て、あるいは教員の側も学生からのフィードバックをふまえた枠組みの修正を行なうことにより、自己内の対話は矛盾となり他者との間に開かれて示されていく。学生自身にとって意味のある矛盾となるための仕掛けがなされているが、それが青年の主体的発達に関係する本質的な矛盾となるかどうかの分析はまだ不十分だったと考察されている。こうした方法は、大講義よりは少人数のゼミでの教員との交流において発展の可能性があるだろう。

　学業に限らず、たとえば進路決定の支援においても似たような指摘がある。本多（2008）では、進路決定の悩みを信念という視点から検討している。学生は、決定は一度きりで社会的評価が決まってしまうというプレッシャーを背景にして自信がもてない自己への悩みがあり、また、周囲の環境との間で適切にやっていけるか分からないという悩みを抱えていた。そこでは、信念にとらわれている自分への気づきと、主体的な決定過程が支えられることが鍵となることが考察されている。

　学生自身にとって意味のある否定が、その人らしさを形づくってきた有効な方略と対応するものであるならば、それを捨てる／失うという"喪の作業"の苦痛に目を届かせねばならない。失えなさ、そのときの不毛感、躁的なやり方で否定をみないようにする──これらを十分に共有しようとする他者として、そして時間と空間を保障する環境としての役割を担うものとして，教職員が学生に関わり続けることが求められている。

6　おわりに

　本章で論じきれなかった問題意識に、学生が内側で感じていることと表出とのズレという問題がある。「はじめに」で挙げた異年齢集団での体験活動を例にするならば、担任が今は自分のクラスの児童と深く関わることが大事だと思っていたとしても、縦割り遊びや活動を組織しなければならない。計画され決まっていることだからと活動をするが、そこにある担任自身の本当の気持ちは置き去りにされたまま、形式化したやり方や無意味のような感覚が子どもたちには伝わっていくかもしれない。自分にとってしっくりとこない指導をせねばならない、そういった大人との関係が繰り返されるならば、子どもは、感じていることと表出との間の亀裂が深まり、表面的に合わせるほどに自分の感じ

ていることがわからなくなっていく。冒頭に引用した「ニノ」はそういった事態に絡めとられている。感じることを回復するというテーマは第3章で扱われているが、自分の中にあるもの、感じていることは、他者との関わりを通して実感をもってとらえられていくと考えられる。

　もう一点気になることとして、最近とみに、見えるものだけを見ればよしとする、もっと正確に述べるならば"見たいものだけを見る"という趨向が強まっているのではないだろうか。懐を浅くする時代の雰囲気の中で、自由な思考と表現は自己規制をかけてしまいかねない。学生自身も、苦しいことや、底が抜けてしまうかもしれない不安は見たくない。しかし学生相談や心理臨床に携わっている者たちは、学生のこころが、見たくないものも感じ、認識しており、どこかでそれが大事だと気づいていることを知っている。可能性や変化というものに同居する不安を学生が教職員に向けておそるおそる表現したとき、それの行く末は、受け取り手に委ねられる。そのなかみが探索され、変容の場となるものが2人の間につくられていくか、ないものとされるかである。一見滑らかに推移する関係ではなく、「否定」に立ち止まり、未知に共に身を置きながらそこから離れないこと。学生が抱えるべき不安を学生に返し、移行の苦しさを先取りして解消してしまわないことである。問われているのは、大学人なのだろうと思う。

参考および引用文献

ビオン, W. R.　1962/2007　考えることに関する理論. 松木邦裕監訳　中川慎一郎訳　再考：精神病の精神分析. 金剛出版, 116-124.
Cottrell, S.　1999　*Thestudyskillshandbook*. Macmillanpress. London.
エリクソン, E. H.　西平直・中島由恵訳　1959/2011　アイデンティティとライフサイクル. 誠信書房.
藤原勝紀　1998　学生相談の大学における位置と役割—これからの学生相談像を求めて. 河合隼雄・藤原勝紀編　学生相談と心理臨床. 金子書房, 11-21.
濱野清志　1998　学生相談の大学教育としての学生への関わり—相談から授業へ. 河合隼雄・藤原勝紀編著　学生相談と心理臨床. 金子書房, 59-67.
本多陽子　2008　大学生が進路を決定しようとするときの悩みと進路決定に関する信念との関係. 青年心理学研究, 20, 87-100.
伊藤茂樹　1999　大学生は「生徒」なのか—大衆教育社会における高等教育の対象. 駒澤大学教育学研究論集, 15, 85-111.

栗原隆　2004　ヘーゲル：生きてゆく力としての弁証法. NHK出版.
日下正一　1995　幼児期から児童期にかけての認識発達における矛盾の意識化と解決に関する心理学的研究. 風間書房.
村松喬　1967　大学は揺れる（教育の森第8巻）. 毎日新聞社, 7-47.（リーディングス日本の高等教育③大学生：キャンパスの生態史（2010）橋本鉱市編　玉川大学出版部, 30-45. に再録）
中埜肇　1968　ヘーゲル：理性と現実. 中公新書.
西研　1995　ヘーゲル・大人のなりかた. NHKブックス.
オグデン, T. H.　大矢泰士訳　2001/2008　夢見の拓くところ―こころの境界領域での語らい. 岩崎学術出版社.
大倉得史・和田修　2007　大学の修学支援室における成績不振者への関わりとその成果. 学生相談研究, 28(1), 38-50.
白井利明　2008　青年心理学研究方法論としての変容確認法の発展―発達主体として青年を捉えるアプローチ. 青年心理学研究, 20, 71-85.
島田博司　2001　大学授業の生態誌―「要領よく」生きようとする学生. 玉川大学出版部.
杉原保史　2001　過剰適応的な青年におけるアイデンティティ発達過程への理解と援助について. 心理臨床学研究19(3), 266-277.
高石恭子　2000　ユース・カルチャーの現在. 小林哲郎・高石恭子・杉原保史編　大学生がカウンセリングを求めるとき　ミネルヴァ書房, 18-37.
高石恭子　2009　現代学生のこころの育ちと高等教育に求められるこれからの学生支援. 京都大学高等教育研究, 15, 79-88.
田中健夫　2011　心理臨床からみた未来を創る主体としての学生との関わり. 心理科学, 32(1), 30-37.
苫米地憲昭　2006　大学生：学生相談から見た最近の事情. 臨床心理学, 6(2), 168-178.
鶴田和美編　2001　学生のための心理相談―大学カウンセラーからのメッセージ. 培風館.
矢原隆行・田代順編　2008　ナラティヴからコミュニケーションへ―リフレクティング・プロセスの実践. 弘文堂.

第 5 章
主体をかたちづくる
――現代学生の自己形成の特徴と学びへの支援

高石恭子

1　はじめに

　近年のわが国の高等教育現場では、「主体」「主体的」「主体性」といった言葉がさまざまな文脈で用いられ、学生がそれらを獲得することが重要だと喧伝されている。おそらく、それは戦後の学生運動の末期（1960年代末～70年代初期）以来の第二のブームと言ってもよいのではなかろうか。当時、激動する社会との関連において自分は何者であるかを問うという意味で、個々の若者の「主体性」が問題となったのだが、21世紀を迎えた今日の私たちがよく耳にする「主体」とは、いったい何を意味しているのだろうか。

　「主体」をめぐる昨今の言説の特徴は、何といっても「主体性がない」「主体的でない」「主体が育っていない」という否定形で語られるということだ。それらの言説からは、あるはずのものがない、衰退している、失われつつある、という危機感がなんとなく伝わってくる。日本経済団体連合会（経団連）が2000年から毎年実施してきた加盟企業への「新卒採用に関するアンケート調査」でも、「企業が学生の選考にあたって重視した点」について見ると、1位の「コミュニケーション能力」はほぼ変わらないが、「主体性」が2010年に3位から2位に浮上して以来、その順位が定着している。つまり、今日の企業が若者に最も求めるもの、不足していると困るものとして注目する重要な条件の1つが、「主体性」という言葉で示される何かということなのだ。

　こうした社会の要請に呼応してか、高等教育の今後を考える第6期中央教育審議会（中教審）は、2012年8月に「新たな未来を築くための大学教育の質的転換に向けて～生涯学び続け、主体的に考える力を育成する大学へ～」という答申を行なった。それ以来、学生をどのように「主体的」に学ばせることができるかという観点から、大学での授業方法の改善や学修時間の確保などが熱心

に議論されるようになっている。

　それ自体は悪いことではないと思うが、そもそも「主体的」な学びを、文部科学省主導で、あるいは大学の方針として一斉に与えられることと、個々人の主体性が育つことは両立しうるのだろうか、という疑問が湧く。かつて「個性を生かす教育の充実」が学習指導要領に盛り込まれ（1998年改訂）、初等・中等教育現場において「個性」という言葉がクローズアップされたとき、上意下達の「みんな個性的に」という理念が、結局は「みんな均質に」という現実の方向を助長することになってしまうというパラドックスを経験したはずだ。今回も、その轍を踏もうとしているのではないか。そんなもどかしさを感じてならないのは、私だけではないだろう。

　もっとさかのぼって、「主体」「主体性」「主体的」といった言葉が何を意味しているのか、企業社会や教育現場とそれ以外の領域の人々にとって、その意味は本当に共通理解がなされているのかと問うと、それさえも定かではないように思えてくる。

　そこで本章では、まず「主体」という日本語がどのように生まれ、用いられ、変化し、今日に至っているのかを、歴史文化的背景も含めてたどり、理解することから始めたい。また、その時代背景のもとで、なぜ今「主体性」の育成がこれほど声高に叫ばれるのかの要因を探ってみたい。次には、それが「ない」ことが問題視される今日の子どもや若者の育ちに何が起きているのか、母子関係や家族のあり方の変化、情報化社会のもたらした変化などから現代学生の自己形成の特徴について論じる。さらに、私たち学生相談カウンセラーの専門性の基盤をなすカウンセリング・心理療法の領域では近年「主体」や「主体性」をめぐってどのような議論がなされているかを概観し、「主体」という言葉が、今日のわが国で共通理解としてもちうる意味について、考察してみたい。そして最後に、学生の主体をかたちづくる（あるいは主体性を育てる）ために、私たちにどのような教育実践ができるか、その試みの一端を紹介してみたい。

2　主体とは何か

　「主体」とは何か、辞書的な共通理解として、たとえば手元の日本語大辞典の初版（1989）を引いてみると、こう書かれている。①他に働きかけるもとになるもの。②性質・状態・働きの基になる本体。知・情・意の働きの統一体と

しての実体。

　また、「主体性」は、①行動の中心になるものがもつ自発的な能動性。②考え、感じ、体験し、行動する自由をもっている、人間の自主的、能動的な性質・態度——とある。

　「主体性」の説明は、主体のもつ性質として理解できるが、「主体」のほうは、なかなか解読が難しい。どうやら、①は自―他として相対的に捉えうる何か、②は「本体」「実体」と言い換えられている通り、それ自体独自に存在する何かを意味しているようである。しかも、「統一体としての」と限定が付き、そこには統合された1つの何かが想定されている。では、「本体」とは何か、「実体」とは何か。突き詰めていくと、まるで禅問答のようになってくる。

　私たちが日常、特別な意識なく使っている言葉には、実は近代（明治以降）になって欧米から輸入された言葉の翻訳語が意外に多く含まれている。「愛」はその代表格であり、「主体」もその1つである。容易に想像できることだが、前近代の士農工商という階級がはっきりしていた封建的な時代に、また庶民は長屋でプライバシーもあまりない生活をしていた時代に、一人ひとりの人間の主体性（自由、自主、能動性）などは重視されようがなく、それを表す言葉も必要なかっただろう。「主体」は、subject（英）、Subjekt（独）、sujet（仏）というヨーロッパ語の訳語として、上掲の辞典からほんの百年ぐらい前に生まれた、近代の新しい概念であったのだ。もっとも、subjectといえば、今日の学生がまず思い浮かべるのは、主体よりむしろ「主語」「主題」「科目」「被験者」（時には「容疑者」）といった訳語だろうけれども。

　なぜ「主体」なのか。哲学者であり、精神病理学の視点からも近代以降の日本人のメンタリティを分析してきた小林（2010）は、このsubjectという言葉の歴史をたどる中で、面白い発見をしている。

　subjectの語源はラテン語のsubjectusであり、「下にsub・投げるjectus」あるいは「下に・投げられてあるもの」という2つの語が合わさってできている。さらにその語源のギリシャ語hypokeimenonは、「下（元／基）に位置するもの」を意味するという。つまり、すべてのおおもとにあり、それ自体は決して記述しえない何かを表す言葉だったということである。そして中世までのヨーロッパ世界では、そのような究極の実在は「神」のみを指しており、今日の私たちが「主体」や「主体性」という言葉から思い浮かべるような、人間的

な要素は含まれていなかったと考えられる。

　決定的な変化が起きたのは、よく知られたデカルトの「我思う、ゆえに我あり」という宣言によってである。何もかも疑っていって、最後に残る「思惟する我」こそが唯一の確かな実在であるというこの17世紀のヨーロッパ思想は、その後の近代社会（神ではなく人間の主観を中心に置く世界）への展開をもたらした。subject は近代になって、内省する「我（私）」としての、能動的な個人を指すようになったのだ。さらに、近代国家が成立すると、subject は自らの権利を国家に譲渡した「臣民」という意味をもつようになる。臣民とは支配されるもの、受動的な人間である。なぜ1つの言葉が、現代の私たちにとっては真反対に思える意味を同時に包含するのか不思議だが、この言葉がたどった歴史的変遷を理解すれば、謎はいくらか解けてくる。

　哲学・倫理学の視点から看護学の研究を行なう望月（2013）も、倫理の主体について論じる中で、この言葉の奇妙な二重性に注目している。たしかに、subject という言葉は subjection（服従）、be subject to（従う、被る）のようにも用いられ、今日でも受動的な意味をもつ。彼女によれば、subject とは、権力に従うこと（受動）によって初めて成立する能動的な何かであり、デカルトが宣言したような、最初から存在する精神的実体ではない。ここで言う権力とは、教会や国家の法であり、また一族や親であり、個々人に言葉で呼びかけるものを指している。さらに言えば、内在化された他者（良心、超自我、内的権威などさまざまに名づけうるもの）も含まれる。

　私たちは、生まれる前からすでに民族や一族の名前を通して呼びかけられ、生まれてからは個人の名によって（文字通り）呼びかけられ、それに「言葉」で応えるという相互作用のなかに subject ＝主体が成立する、と彼女は言う。前掲の辞書的な意味でいえば、①にあたる理解と重なるだろう。「他にはたらきかけるもとになるもの」とは、つまり「他」があることが前提不可欠だということを意味している。今日的な共通理解としての「主体」とは何かを考えようとするとき、この相互作用性の観点は最も重要である。主体とは、単独でどこかに実在する何かなのではない。まず他者があり、他者との関係の中で自分が生まれてくると考えると、主体とは、動的なその関係性の文脈の中でのみ意味をもつ概念だと考えられるのである。

　さて、ここで「主体」が近代の翻訳語であるという点に戻り、なぜ「主」と

「体」なのかにもこだわって考えてみたい。

　小林（2010）によれば、幕末から明治初期にかけて欧米に学んだ思想家たちは、最初から subject に主体という訳語を充てたわけではなかった。この言葉と最初に格闘したのは、啓蒙思想家・教育者で中央官僚も務めた西周だが、彼は文脈によって「此観」「主位」「主格」「主観」などと使い分けていた。此観（しかん）は彼観（ひかん）の対語、主位は属位（述語のこと）の対語、「主格」「主観」は「客格」「客観」の対語であり、途中から「主（あるじ）」と「客（きゃく）」という日本人にはなじみの深い対概念が組み込まれ、やがて一般にも定着していったようである。ただし、この段階では、まだ「対」の関係性が重視された翻訳だという特徴が指摘できるにとどまる。

　一方、同じく小林（2010）によれば、subject の訳語に「体」を初めて用いたのは、中央の思想家や哲学者の動向とは別に、ドイツ法学をわが国に導入した19世紀末の学者たちだったという。法学における subject とは、「被疑者」「容疑者」と訳されるように、法を守る主体であると同時に、属する共同体のルールを犯したときに責任を負うべき主体（個人、組織、国家など）を指している。そして、法における subject は「ひとまとまりの、一貫性をもつもの」であることが強く求められる。たとえば今日でも、重篤な精神病に罹患した人が幻聴に支配されて殺人を犯したような場合、その人は「心身喪失」「心神耗弱」などと判断され、罪を問われないか軽減されるのが普通だ。つまり、主体が機能していない、損なわれている、失われている、と認定されるわけである。1970年代後半以降になると、多重人格障害（現在では解離性同一性障害）の患者の責任能力の有無を問う裁判もわが国のメディアで取り上げられ、一般に知られるようになった。ばらばらな別人格を多数抱える人の主体をどう考えるかは、いまだ十分な共通理解に至っていない課題であろう。

　法的な主体を論じるのが本章の目的ではないので深くは立ち入らないが、ここで私が言いたいのは、「体」という日本語が含む意味内容が subject 理解に与えた影響についてである。「体」は第一義的にからだ（身体）を指すことからも、1人に「ひとつ」、ひとまとまりでしかあり得ない。また、他から刺激を受け取り、反応し、行為するという直接的相互的経験も、からだ（身体）なくしてはあり得ない。明治後半から昭和初期の哲学思想界を牽引した西田幾多郎は、最初は「主観」と記述していたが、晩年にはもっぱら「主体」という表

現を用いるようになったという。そこに込められた意図までは分からないが、その言葉に「ひとまとまりのからだをもったもの」という日本語としての意味が暗黙の裡に賦与されていたと考えても不自然ではない。

　その後、第二次大戦下の空白を経て、戦後のわが国では、国家の専制から解放された個々の人々がどう生きるかという切実な問題と相まり、再び文学や思想の領域で「主体」をめぐる論争が盛んになったが、教育や心理学の領域では「科学的」であることが第一に求められ、主観的内省を通じてしか探究できない「主体」なるものは、次第にアカデミズムの舞台から姿を消していった。と同時に、学生運動の末期に明らかになったことは、観念的に「主体」とは何かを突き詰めていくと、自己批判、ひいては破壊的な集団リンチのような悲劇にたどり着くしかないという不幸な事実であり、「主体」や「主体性」といった言葉自体が何かタブーの雰囲気をまとうようになっていったのである。

　私は何者なのか、を問うことから生まれたエリクソンのidentityという概念は、今日では「アイデンティティ」とそのままカタカナで表記されることが多いが、彼の著書 identity : youth and crisis（1968）が翌年初めてわが国に紹介されたとき、identityは「主体性」と訳された。当時の若者や知識人にとって、私は私だと宣言できることは、主体があることと同義だったのだろう。しかし、その数年後には「自我同一性」「アイデンティティ」などの訳語に変更されていき、主体性という訳語は消えていく（これも前述の「タブー」ゆえであろうか）。こういった流れからも、subjectの翻訳から始まった近代の「主体」という概念は、このころにいったんその生命を終えたと見ることができるのである。

　その後、同様の探求は「アイデンティティ」という言葉（自己の統合性・一貫性に価値を置く心理‐社会的概念）を用いることがしばらく主流になったが、近年ではそのブームも去ったように感じられる。そして、21世紀の今日、再び「主体」という言葉が社会の表に登場してきているのだ。しかし、この言葉が示すべき内実は、明治以降に語られてきた「主体」とは同じではないことをしっかり見ていく必要がある。

　今日の社会が、これほど「主体」「主体性」「主体的」という言葉をめぐる言説を流すのは、私たちが何かこの時代に生じている新たな偏向を感じ取り、そのバランスを回復しようとしているからなのかもしれない。今日的な「主体」の意味を考えていくとき、第二の重要な観点はこの「体」＝身体性というとこ

ろにあるのではないか。そのことについても、本章の後半でもう少し触れてみたい。

3 今なぜ主体なのか——高等教育における「主体」の位置

さて、このような歴史をもつ「主体」という言葉であるが、教育の領域において、子どもの主体性をどう育てるかが問題となったのは、近年に始まることではない。学生運動の終焉期でもある1971年に出された中教審の答申「今後における学校教育の総合的な拡充整備のための基本的施策について」にはすでに、「すべての個人が、今日の時代に、主体的な人間として充実した生き方ができるようにすることが、いっそう切実な問題になってきた」という表現が出てくる。

1970年代初期がどのような時代かというと、ちょうど戦後の高度経済成長が一段落し、物質的な豊かさが庶民にも行きわたって、近代という時代の1つの大きな区切りを迎えた時期である。その豊かさの象徴は、俗に「新・三種の神器」と呼ばれた3C（カラーテレビ、車、クーラー）の所有であったりした。みんなで1つの目標に向かって懸命に学び、働き、物を作ることが、みんなの幸福につながると信じられた時代だったのである。ここでは、みんなで力を合わせること、すなわち協調性や同調性が何よりも重視され、また大量に着実に物を生産するための、基礎学力や知識技能の習得が教育目標となった。

しかし、一定の物質的豊かさが実現され、次は一人ひとりが個人的な価値を追求するようになると、教育の目標も変化していく。集団よりも個人、同調性よりも個性に、新たな価値を置かざるを得ない時代の到来である。ここで中教審が「主体的」と謳った言葉が含蓄するのは、時代背景から考えて、自我のもつ統合性を前提とした近代的主体であろう。個々人のアイデンティティ＝主体性を育てることが、個々人の幸福をもたらし、その結果精神的に豊かな社会が成立するという理念が掲げられたのである。

このような社会の変化は、先進諸国と言われた世界のあちこちの国でほぼ同時期に生じた。「新自由主義」「後期近代」「ポストモダン」などと名づけられているが、教育社会学者の本田（2005）は、この新たに到来した時代を、さまざまな研究者の抽出した言葉を用いて、「情報化」「消費化」「サービス化」「個人化」「リスク化」「流動化」「再帰化」「グローバル化」が近代よりもはるかに

高まった社会である、と特徴付けている。この社会から求められるのは、刻々と変化する世界環境の中で、膨大な情報を読み解き、個々人のニーズに合わせて多様な価値とサービス（目に見えない快適さ、便利さ、幸福感など）を提供し、享受できる能力であり、他者の内面を想像し、未来を推論する力である。1971年の中教審の答申は、このような新たな力を育成するために、わが国の教育が大きく転換しなければならないことを宣言したものであった。

　しかしながら、その後わが国はバブル経済の時代に向かっていき、一般の人々の意識は高度経済成長時代の延長線上にあり続けた。そもそも、聖徳太子の時代から「和」を重んじ、協調や同調に親和性の高い日本人にとって、「主体的」になるということがどんなことを意味しているのか、実感として理解し難かったのではなかろうか。教育者とて同じである。また、おそらくは、前節で述べたように「主体」や「主体性」という言葉へのタブー感、警戒感もあって、このときの教育改革への意識はあまり浸透していかなかったものと考えられる。

　その後二十余年を経て、再び教育の領域で「主体」という言葉が脚光を浴びたのは、1990年代初期のバブル崩壊後のことである。さまざまな領域で「官から民へ」という権力の移譲が行なわれ、競争的環境の中で自己責任において何かを成し遂げることが求められるようになった。1991年には大学設置基準が大綱化され（すなわち規制緩和され）、高等教育の領域においても例外なく、それぞれの大学が自主的な改革を行ない、結果についての説明責任を問われるようになった。

　1996年の中教審答申「21世紀を展望した我が国の教育の在り方について」（第一次答申）は、経済危機を境に、社会から教育改革を切実に迫られる状況の中で出されたものである。サブタイトルには「子供に［生きる力］と［ゆとり］を」と掲げられている通り、この答申からは、近代の教育観から根本的転換を図り、教育において授けるべき新たな力を、何とかして新しい言葉で表現しようとする苦労が伝わってくる。あまりに漠然とした「生きる力」という標語だが、ここでの定義は「いかに社会が変化しようと、自ら課題を見つけ、自ら学び、自ら考え、主体的に判断し、行動し、よりよく問題を解決する資質や能力」と書かれている。これからの社会は、主体的でなければ生きていけないのだ、という強烈なメッセージでもあろう。この答申を基点にして、1998年以

降の学習指導要領には「主体性」「主体的」というキーワードが明示されるようになり、またいわゆる「ゆとり教育」が開始されていった。

　ちなみに、学力低下の現象が社会から問題視され、初等・中等教育での本格的な実施後10年ほどで終息してしまった「ゆとり教育」だが、私は今でも、本当に子どもの主体性なるものを育てたいのであれば、「ゆとり」は必要な教育環境だと考えている。「自ら課題を見つけ」られるようにするためには、そのための一定の時間と空間を準備し、待つことが必要だろう。ゆとり教育は、実は教育する側の主体性が深く問われる壮大な教育実験であった。多くの場合、教育する側にゆとりがもてないまま制度の改革が先行し、結局どの学校でもどの教室（教師）でも似たような総合学習が一斉に行なわれて、当初の理念に近づくことができなかったのではないか。教育する側が、主体性、主体的とはいったいどういうことなのか、そこを追究しないままに進んでしまった結果、今度はまた新たな社会からの要請に従い、右往左往する事態が生じているように感じられるのである。

　この点については、教育の領域から警鐘を鳴らす人もいる。澤田（2014）は、「私たちは、好むと好まざるとにかかわらず『主体的』であることを求められる社会を生きている」と述べ、時代社会の要請に抵抗することは無理であり無意味であることにもっと自覚的になるよう促す。しかし、それと同時に、教育は社会から要請される、いわゆる適応主義的な主体性のみを育てることに汲々としていてよいのか、とも問題提起する。今日の新自由主義社会ないし後期近代社会も、いずれは次に来るべき社会に取って代わられるものである。そのときどきの時代社会に適応できる人間を育てることだけが、教育の使命ではないだろうと彼は問いかけている。

　ここには、重要な観点が含まれている。すなわち、時代社会が求める「主体」と、教育がその学問的基盤のうえに構築する、育てるべき「主体」とは、一致するのか（させるべきなのか）という論点である。教育を、「哲学」や「心理学」と置き換えても同様だと思うが、それぞれの領域には独自の価値体系や理念があってよいはずだ。学問が時代社会と無関係ではありえないことは確かだが、無自覚に引きずられ、吸収されてしまうような位置にあってはならない。澤田（2014）は自身の民主主義教育を重視する立場から、「より望ましい社会の実現に資する主体性」を追究し、教育することを目指している。それは、今

の社会に適応するための主体性ではなく、今を批判し、未来を志向する主体性とも言えるだろう。

　高等教育界の動向に戻ると、1990年代の新たな社会からの要請を、もっとも直接的に突きつけられたのが高等教育の現場であった。大学その他の高等教育機関は、社会に出る前の最後の教育の場として、変革を迫られる社会の即戦力となる人材を育成することが急務の課題となったのである。さらに、18歳人口の減少という、高等教育機関の運営に直接的影響を与えるわが国特有の状況も重なり、2000年代には大学改革の嵐が吹き荒れることになった。2004年の国立大学の独立行政法人化、株式会社立の大学の新設などはその最たるものである。そして2005年には大学と短大を合わせた進学率が初めて50％を超え、わが国の高等教育が「ユニバーサル・アクセス時代」（トロウ，2000）を迎えた。これらが意味するのは、過半数（地域によっては大半）の若者が学生になり、さらに学生になったそれらの若者たちは、社会から次々とやってくる要請を、ほとんど猶予（モラトリアム）なくその身に受け止めなくてはならないという、さらにゆとりのない現実である。

　こうして、「生きる力」に始まった、子どもに育成することが求められる新たな力は、2000年代半ば以降になると、「リテラシー」「コンピテンシー」といった国際的な概念で説明され、高等教育の領域では「学士力」「就業力」「汎用的技能（ジェネリック・スキル）」、職業教育の領域では「社会人基礎力」などというさまざまな新しい造語で掲げられるようになった。荒っぽく要約すれば、それらは、IT（情報テクノロジー）を使いこなし、コミュニケーション力や自己管理力を十分に備え、自律的に行動し、チームワークが組め、未知の問題を解決していける力のことである。松下（2010）は、それらをまとめて〈新しい能力〉と呼び、その内容を精査している。1つずつ詳説はしないが、彼女によれば、これらの〈新しい能力〉概念に共通する特徴は、①認知的な能力から人格の深部にまでおよぶ人間の全体的な能力を含んでいること、②そうした能力を教育目標や評価対象として位置づけていること、にあるという。中教審が2012年に答申した「新たな未来を築くための大学教育の質的転換に向けて〜生涯学び続け、主体的に考える力を育成する大学へ〜」で想定している力とは、まさにこの〈新しい能力〉であると言えよう。

　しかし、人格の深部にまで及ぶ、「ハイスペック化」（松下，2014）されたこ

れらの力の育成を、高等教育のたった数年間で実現することを求められても、そこには限界があるのではなかろうか。この中教審の答申においては、自律的学習ということが重視され、学生の主体的な学びが目指されているが、ここでいう「主体」が何を意味するのかの吟味が十分なされているとは言い難い。また、その主体的な学びの力を育成するための具体的方策として提言されているのは、「学修時間の厳密な確保」や「アクティブ・ラーニングという教育方法」にとどまる。ちなみに、2006年に経済産業省が打ち出した「社会人基礎力」の12の能力要素の1つにも「主体性」が挙がっているが、その定義は「物事に進んで取り組む力」とされており、主体的な学び＝アクティブ・ラーニング同様、能動的で目に見える行動力の側面だけを意味しているように受け取れてしまう。

　教育の領域でも社会から厳しくエビデンス（実証的証拠）が必要とされる今日、この中教審答申の主な根拠となっているのが膨大な調査（金子，2013）から抽出されたわが国の学生の授業外学修時間の大幅な不足という量的指標であり、それに対する提言もまた量的なものにならざるを得なかったのは仕方ないことかもしれない。しかしながら、1単位を学生に与えるために何時間の予習復習を義務付けるか、いかに学生に多く発言させる授業をするかといった個々の議論から、学生の主体的な力が育まれるとはとても思えない。残念ながら昨今の大学の現状は、社会の要請に押されてとにかく早く目に見える結果を出そうと短期的な目標を掲げ、その達成のための努力で教える側も学ぶ側も疲労を蓄積しているように感じられる。

　このように、21世紀の今日、高等教育現場で取り上げられる「主体」とは、概念的な規定に乏しく、言葉だけがふわふわと独り歩きしている曖昧なイメージのようなものとなっている。わが国における歴史をふりかえってみて分かったのは、明治以降の「主体」という言葉は、近代の終わり（あるいは後期近代／ポストモダンの始まり）とともにいったん死んだということだ。今、高等教育の場で交わされる「主体」について、私たちはそこに新たな意味を見いだし（それこそ主体的に）、また必要な意味を再生しなければならない地点にいるのではなかろうか。

4　現代学生のこころの育ち

　こうして今日の学生たちは、新たな社会の到来により、またその社会も刻々

と流動し変化していく中で、何か得体の知れない複雑で高度な能力の獲得を求められているようにみえる。「生きる力」の育成が教育の目標に高く掲げられた1990年代には、まだ一般にはインターネット環境はなく、スマートフォンの存在などは想像さえされていなかった。生身の人間同士のかかわりを前提とした社会と、そうでない社会とでは、「生きる力」の内実も相当違ったものになるのは当然である。たった20年ほどのあいだに、私たちの生活のありようはすっかり様変わりした。教室や相談室で学生たちの話に耳を傾けていると、彼らが生活する時間の多くを、ここにない世界からの情報に接し、ここにいない人との交流に費やしていることが分かる。現実とネット世界という複数の次元に同時並行的に身を置きながら、おびただしい刺激や情報を受け取り、瞬時に判断し、反応を返す営為は、20世紀の近代に育った世代にとってみれば、おそろしく難易度の高い能力を必要とするように思える。

　そんな今日の時代を生きる青年にとっての「主体」とは、どのように理解され、また定義できるだろうか。「主体性がない」「主体的でない」「主体が育っていない」と欠如態で表現されることの多い今日の主体をめぐる言説だが、ここで言う「主体」という言葉から、教育施策を提言する年長者が思い浮かべているのは、いまだ近代的な意味を超えない範囲でのそれだろう。

　たしかに、私自身も学生と接していて、そう感じさせられることは多い。たとえば、初夏の汗ばむ季節に大講義室で授業をしていて、「誰か、窓をあけてくれませんか」と後方に視線を投げかけても、最近の学生は誰もなかなか立ち上がらない。しかし「窓際の列の、後ろから3番目のあなた」と個人へのメッセージを送ると、さっと動いて役割を果たす。また、他章でもさまざまに描かれていると思うが、学生相談室を訪れる学生も、以前に比べれば自分の相談ごとを最初から言葉でしっかりと話せる人は減っており、漠然としたつらさを涙で訴えたり、からだの不調として訴える人が増えている。ただ、全く受身かというとそういうわけでもなく、何とかしたいという思いはあって、ともかく相談室の窓口の近くまでは自分で自分のからだを運んでくるのである。

　私は、このような近年の変化を、学生相談カウンセラーの立場から、「悩めない学生」と類型化して提示してきた（高石, 2009）。苦しんではいるが、主体的に悩み、自ら解決していく力の乏しい現代青年の一群の特徴としてこう描写を試みたことは、多くの高等教育現場の人々に共感をもって理解されてきたと

思う。また精神医学の領域でも、同様の問題意識がほぼ同時期に取り上げられている（鍋田, 2007, 2012）。

　なぜ、そのように主体性の乏しさが感じられる学生が増えたと考えられるのかについては、第6章で詳しく論じられているのでここでは簡潔にとどめる。要点だけ述べると、今日の青年のこころのありようは、「近代型モデル」（唯一の自我が統制する抑圧型人格構造）に対する「ポストモダン型モデル」（解離を基本機制とする中心のない人格構造）として描き出せるということと、そのようなこころの構造ができあがる要因として、少子化、核家族化、IT化といった今日的な生育環境と、そこから発生する母子関係の質の変化が想定できるということである。解離型のこころにおいては、さまざまな内的要素を統合し、一貫性をもたせようとする中枢としての自我がないために、対立する要素の葛藤を自覚して悩むことが難しい。その様子から、近代に育った世代は、分からなさと不安を感じ、主体性のなさ、未熟さをそこに見ようとするのではなかろうか。

　ここで母子関係を軸とした生育史に要因を求めることは、「主体」概念を考えるときの1つ目の重要な観点、「自―他の相互作用性」と関連する。高度経済成長時代以降のわが国の少子化・核家族化環境においては、子どもの養育において母子密着が生じやすく、母親は「他者」として子どもの主体性を引き出すことが困難になっている。とりわけ、便利な電子機器やIT機器を駆使した今日の育児においては、母親と子どもの間に細やかな心身の波長合わせ（心理学者スターンの言う「情動調律」）が生じにくく、身体的実感や情動とつながった「ことば」が育ちにくい（高石, 2014）。このような波長合わせの関係は、窪内が第1章で取り上げている「原初的な気持ちのむすびつき」の状態とも同様の、主体性を育む土壌を意味している。

　また、望月（本章第2節参照）も述べていたように、子どもの主体は二者関係の中で発せられる言葉とともに生まれるとすると、このように「ことば」を育ちにくくしている養育環境の変化が、子どもの主体形成に大きな影響を与えていることは十分に想定できる。私は、そのような育ちの延長線上に、今日の学生がなかなか主体的に悩めず、また心理―社会的に巣立ちにくい現象が起きていると考えたのである。

　ただ、杉原（第6章）も指摘するように、学生たちの悩めなさを「直線的因果律」によって、過去の育ちとの関連でのみ理解するのでは足りないだろう。

今の学生たちを「主体性がない」「主体的でない」と批判するとき、後期近代ないしポストモダンの現代社会は、暗黙の裡にその責任を再帰的に（自己責任として、個人の問題として）捉えようとする。しかし、「主体」が育つための相互作用性という観点からみるならば、母子関係や養育環境という狭い個別の観点だけでなく、当時代の社会環境との相互性という観点（杉原の言う円環的因果律）からも考えなくてはならないのは必定である。今日では次第に、特殊な病理ではなく一般的になりつつある解離型のこころの構造は、今日の社会環境との相互作用によっても理解されるべきだと私も思う。

　今日の社会は、高等教育に対して、これまで述べてきたような「ハイスペック」な能力をもつ主体的な自己の形成を、すべての学生が行なうよう要求している。かつては高等教育には入学しなかったような青年を含む多様な学生が学ぶユニバーサル時代の大学において、それが無理な要求であることは明らかだろう。しかも、溝上（2010）がいみじくも指摘するように、1990年代以降の青年が大人になっていくうえで、今の大人（教師やキャリア教育の専門家）は、自らが青年に課す今日的な自己形成においてモデルとならないという問題を抱えている。今日の学生は、要請される新たな能力の獲得を実現するために、自分でそのモデルを創造し、現実生活につなげていかなければならないのだ。「その意味で、自己形成力の弱い青年はいつまで経っても自己形成が進まないということになる」。全くもって、何重にも無理のある課題を、今日の大学は達成することを迫られているのである。

　近年、高等教育現場で発達障害学生への支援ということがクローズアップされていることも、このような社会的要請との関係を表しているように感じられる。ハンディキャップを抱える人々に、学ぶ機会が平等に与えられることは極めて重要である。しかしながら、発達障害学生の支援には、〈新しい能力〉を獲得するのが困難な若い人々を、生まれと育ちの「障害」と見なし、個別の教育を行なうことによって、何とかして今の社会に適応できるようにするという側面をもつということに対して、私たちは自覚的になる必要があるのではないか。障害とまでは区別しなくても、新しい能力の獲得という意味での自己形成が難しい一群の学生たちに対して、その「主体のなさ」「主体性の乏しさ」を一方的に嘆き、批判することは慎みたいと私は思う。

　指名されなければ立ち上がれない学生、相談室に来るけれども悩みを悩みと

して語れない学生たちは、今日の時代社会との相互作用の中で育ってきたわけである。過去とは違った様相を呈するにせよ、今日の学生もまた不安の中を生きており、相談室を訪れる者やカウンセラーの支援を必要とする者は増えている。とすれば、主体性を育てるということを現実と遊離した理念に終わらせるのではなく、もっと具体的に、今日的なこころのありようにとって「主体」とは何なのか、また私たちがどのような実践を行なえば主体性の育ちに寄与し得るのかを考えていく必要があろう。

5　カウンセリング・心理療法における「主体」をめぐる議論

　さて、前節でみた今日的な「解離型のこころ」（ポストモダン型）は心理学や精神医学などの臨床領域において、1980年代までは、生育史において深刻なトラウマを負った人の病理的解決として理解されてきた。多重人格をその極とするこころのありよう、すなわち時と場所、かかわる相手によって非連続的な異なる人格が現れるという状態は、主体の喪失、あるいは損傷とみなされた。

　しかし、1990年代にインターネット環境が一般に普及し、2000年代以降急速に子どもの世界にも浸透していくにつれ、人はさまざまなハンドルネーム（アカウント）を使い、複数の場で複数の異なる自分を同時にもちながら、それぞれがここにいない他者とつながり、統合する必要のない生き方をすることが可能になった。家族といるときの自分、友人といるときの自分、学校や職場にいるときの自分、ネット空間でコミュニティに参加するときの自分が、まとまりや一貫性（いわゆる近代の「主体性」や「アイデンティティ」）をもっていなくても、何ら不健康とはみなされない時代がきたのである。私はそれを「ゆるやかな解離」と呼んでみたいと思う。

　社会の変化がもたらすこのようなこころのありようの変化は、1990年代半ば以降になると、非臨床領域の認知科学や社会学者などによっても注目されるようになった（たとえば、ストーン,1995；タークル,1995）。20年経った今日では、私たちは複数の自分を生きることが、病理や主体の欠如というより、むしろ適応的で創造的な新たな生をもたらす可能性を認めるようになっている。このようなこころは、「多元的自己」「多元アイデンティティ（multiple identity）」といった概念で説明され、さまざまな実証的研究や論考が蓄積されつつある。青年の自己形成という問題を考えるときにも、「これまで心理学における青年期

研究の中心概念として機能してきたエリクソン（1959）のアイデンティティの概念では"根本的に"説明できない事態が起きている」と溝上（2008）が言うように、私たちは「近代の視点」で現在を見ることから、何とかして脱却しなければならない地点に来ている。

　最近の社会心理学領域の関連する研究を少し挙げておくと、たとえば浅野（2014）は、1992年から2007年にかけて都市部の若者（16〜29歳）に行なった質問紙経年調査から、自己の多元性（得点）が1990年代から2000年代にかけて有意に上昇し、また自己多元性の高い若者のほうが、自己肯定感や有能感、時間的展望や対人関係スキル、自己啓発志向など多くの指標において高いという結果を見出している。また奥田（2009）は大学生に対象を絞った調査において、自己の多元性を「自己複数性」と「自己一貫性」という2因子に分けて分析し、素顔を複数もっていると答える学生が最も多い（過半数を占める）が、自己複数性の高い群のほうが現在を重視する一方、過去受容や未来への希望をもつことが少なく、また現在の充実感も低いという結果を得ている。

　これらの非臨床調査結果は、解離型のこころが今日の若者においては多数派となっていることの1つの証左だと言えるが、学生に限れば、必ずしも自己の多元化が主観的な希望や充実感と結びついてはいないということもまた言えそうである。「社会に何者として出ていくのか」という教育の最終段階での課題に取り組むとき、ゆるやかに漂い、そのときどきの自己が水平的に移行していくような、あるいは部分的な自己が同時に異なる他者とつながっているようなこころのあり方は、まさに「心もとない」、頼りになりにくいものなのかもしれない。だからこそ、多くの高等教育機関で、何かしら手がかりを求めて学生相談室を訪れる学生がますます増えているのであろう。

　学生相談の専門性の基盤をなすカウンセリングや心理療法の領域に目を向けると、学生や青年期に限らず、クライエントが訴える漠然とした不安や、実感のもてなさを今日的な病理に通底する問題と捉え、その「主体性」をいかに引き出すか、回復させるか、とう論考や事例研究が近年では増えている。つまり、カウンセリングや心理療法において、従来の受容的・傾聴的なカウンセラーの関わり方では効を奏さず、実践上の必要に迫られて、新たな方法が模索されているということだ。ここでも、「主体」「主体性」ということが1つの鍵となっている。

そもそも、19世紀末～20世紀初頭に誕生した心理療法は、「クライエントが主体的に問題を解決するために、場や拠り所を提供すること」であり（河合，2013）主体性があること（近代型のこころの構造）を前提に構築された治療法だった。デカルトに始まった、内省する自我のはたらきへの信頼なくしては成立しない自己変革と成長の方法であったのだ。しかし、絶対的な神への信仰が消え、唯一の自我への信頼も薄れ、つねに流動しどこへ向かうか分からない社会との相互作用の中で生まれてきたこころに向き合うとき、カウンセリングや心理療法におけるカウンセラー側の態度にも根本的な変化が求められるのは当然だろう。

　そのことを決定的に気づかせてくれたのが、発達障害のカウンセリングや心理療法という問題であった。高等教育の領域においては、2004年の発達障害者支援法成立を１つの節目としてこの問題が認識されるようになったが、ポストモダンの社会が求める〈新しい能力〉の獲得を最も苦手とするこれら一群の学生に対して、カウンセラーは従来のカウンセリング・心理療法の理論や実践の解体と再構築を余儀なくされることとなったのだ。さまざまな時代社会に特有のこころの病理は生じるが、発達障害は、まさに21世紀の新しい社会の病理として理解しうる。

　分析心理学者でありユング派心理療法家である河合（2010）は、生まれもった認知機能（脳内の情報処理システム）の極端な偏りによって通常の発達過程における「ことば」の獲得が困難であった発達障害の人々のこころの特徴を、「主体のなさ」「主体性の欠如」と捉え、心理療法においてカウンセラーが自分の「主体」をぶつけること（つまり他者としてその場で能動的にかかわること）を契機に、クライエントの主体性が「立ち上がる」可能性を見いだしている。また、発達障害に限らず、今日的な主体性の乏しいクライエントへの心理療法においては、クライエントの語りから何か共有できる物語（１つの筋やつながり）を作ろうとしたり、象徴的な意味を見いだそうとするよりも、ばらばらのものを無理につながず、その個々の断片に丁寧にカウンセラーがつき合ううちに、何かの契機で心理療法が「収束する」（つまり、こころが新たな落ち着く状態に至る）ことがあるという。そのきっかけは、内的な洞察ではなく、外的な環境の変化やライフイベントだったりする。従来のカウンセリング・心理療法では否定的に（失敗として）しか捉えられなかったこれらのプロセスや結果を、

肯定的に意味づけ直してみようとするこの新たな理論化の試みは、まだ萌芽的段階であるが、臨床的実践の積み重ねとともに検証が期待される。

　ばらばらで、非連続的な自己のそれぞれに丁寧につき合い、他者として生身の人間が現前し続けることによって、「主体がなかった」状態から「主体が立ち上がる」という新しい心理療法の言説をどう受け止め、時代の共通理解に近づけていけばよいのかはまだ分からない。そもそも、「なかった」のは近代的な意味での主体であり、新たに生まれるのはポスト近代の主体であるはずだからだ。漠然とした不安や生きている実感のなさを抱える今の学生には、今日的な「ゆるやかな主体たち」があり、それを新たな主体のありようとして認め、育て上げていこうとする考え方も成立しうると私は思う。「指名されなければ立ち上がれない学生」は、確かに、場に投げかけられた要請に対し、その場の状況（前後左右にどんな学生が座っているか、それらの人々が内面で何を思っているか）を読み取って、自分がそれを引き受けるかどうかを判断するという意味での主体性には乏しい。しかし、「今、そこの、あなた」と呼びかけられたときに、進んで応えることのできる主体性はあるとも言えるのではないか。たとえ次の瞬間にはスマートフォンを介して別のどこか、誰かとつながっていようと、他者が現前するところにはそのときどきの「主体」が立っているのかもしれない。

　無理やり自己を「1つ」にまとめること、統合性や一貫性を求めることは、すでに今日の社会の進んでいる方向と逆行しており、現実的ではない。ただ、「ゆるやかな解離＝ゆるやかなまとまり」を実感し、保持できるという意味での「主体」を育てることは、子育てにおいて、教育において、カウンセリングや心理療法において、最重要な営みであることは間違いない。ばらばらな複数の自己の1つが、かりに今日の高等教育が提供する「主体的な学び」をうまくやってみせたとしても、それはその学生にとって、必ずしも全人的な幸福や充実を意味しない。現実に、高いGPA（成績得点）を取り優秀者として表彰されたり、キャリアプログラムでリーダーシップを発揮して高い評価を得たりする学生が、同時に学生相談室に通い、生きていく実感のなさや苦悩を訴える例がそうめずらしくないことを学生相談カウンセラーは知っている。

　では、どのようにすれば今日的な「主体」を育てていくことが可能なのだろうか。本書の企画にあたって、どこからか「主体性をかたちづくる」という本

章のタイトルが浮かび上がってきた。カウンセリングや心理療法の場で昨今よく用いられる、主体が「立ち上がる」という表現や、ここでの主体性を「かたちづくる」という表現は、欧米からの翻訳語ではなく日本語の言葉として自然に出てきたものである。そこには、目に見える体が想定されているように思える。手がかりは、第2節で論じた「主体」を考えるときの2つめの重要な観点、「体」＝身体性にあると、私たちはどこかで気付いているということなのではなかろうか。

「主体性の立ち上がり」を目標に置いたカウンセリング・心理療法の近年の報告の中で、たとえば、瀬川（2013）は高校生の男子クライエントが母親から心理的に分離して自分という主体を立ち上げていくプロセスを、「四角い粘土をつぶしてこね、平らにして延ばしてはまたたぐり寄せることを繰り返して滑らかにし、形にする」という比喩を用いて描いている。この例では実際にクライエントと粘土造形を行なったわけではないが、カウンセラーが共に粘土をこねるような身体感覚を駆使してその場にいたからこそ、意識化された比喩であろう。

他者によって呼びかけられたときの自己が、ばらばらな複数の自己のうちの1つであったとしても、その一つひとつにカウンセラーや教師がからだごとかかわる相互的関係を根気強くもち続けることによって、それぞれの自己のゆるやかな1つのまとまりが実感され、「主体」として、まさにかたちづくられていく。そのような共通理解が、これからを生きる私たちにとって可能ではないかと私は思う。

6　主体をかたちづくるための試み

解離したこころをひとまとまりにつなげるのは、やはり身体性であり、からだに根差した実感にほかならない。さまざまな場面で、さまざまな自己が体験したことがつながるのは、1つしかない「からだ」において以外ないからだ。また、それらの実感が「主体」として成立するためには、実感とつながったことばが豊かに育つことが必要だろう。こういった教育をより可能にするには、「ゆとり」や「教養教育」を失った今日の高等教育現場に、それらを細々とでも、着実に、提供し続ける実践が求められている。もともと、わが国の大学にドイツから導入された教養（Bildung）という言葉は、「かたちづくる」が原義

であり、こころを耕し、育てるという意味をもっていた。学生相談の蓄積してきた知恵と専門性は、まさにこの失われたものの再生に向けて、貢献しうるものと言えるだろう。

たとえば窪内（2009）は、積極的理由を見いだせない中途退学を防止するために、どのような学生相談的アプローチが有効かを先行研究から概観し、①正規授業の中での学生相談担当者による出前授業の実施、②大学入学以前からの新入生援助の開始、③入学後できるだけ早期に授業欠席者や成績不良者を発見するシステムの構築、④成熟促進のためのグループワークの実施、という4点を挙げている。これらの大半は、学生相談機関から大学全体にはたらきかけてこそ可能な実践であり、大学組織によってはなかなか容易ではない。いずれも、費用対効果や短期的な実績（数量的成果）を求められると、今日の効率主義的な価値観においては否定的に評価されることが多い試みであり、大学運営においては実施優先順位の高くないものだからだ。それでも、私たち学生相談担当者は、主体として、他にはたらきかけるものとして、一人ひとりの学生に向き合うだけでなく、組織や社会に対しても向き合っていく必要がある。

そのような意識をもって、私の所属先の大学で行なってきた実践の一端を紹介して本章の結びとしたいと思う。本学の学生相談室では、2000年の施設刷新を機に、フリースペースを用いた居場所支援や定期的なグループプログラムの提供を開始し、園芸、陶芸、茶湯、音楽、工芸、料理など、五感の体験をカウンセラーとともに行なうことを通した学生支援を積極的に展開してきた。その後、自発的にそれらのプログラムに参加する学生が減少する傾向（それは全国的に見られた共通の現象である）に対応するため、2007年度からはグループプログラムの一部を全学共通の正課授業の一環（半期科目）としても実施できる体制を構築した（青柳・大谷, 2014）。「自己の探求」と命名した当該科目は4クラス編成となっており、1～3はそれぞれ15名定員の「茶湯」「陶芸」「構成的グループワーク」を行なう少人数ワークショップ型授業である。4つめのクラスは人数制限に漏れた学生を対象としており、自己理解やコミュニケーションの講義と実習を交えて30～50名ぐらいの規模で推移している。導入の可否にあたっては、1年かけて全学で検討がなされ、学部によって理解の温度差はあったものの、何とか実現にこぎつけた。

興味深いのは、これらの授業の初回と最終回でEQS（情動知能尺度：自己対

応・対人対応・状況対応の3領域の能力を測る質問紙検査）を受講生に実施すると、1～3のクラスでは各領域において3ヵ月で得点が上昇し、とくに陶芸のクラスで「自己対応」（自己の内面を理解したり、コントロールする力）の得点が高い上昇を示す結果が見られたことである。同じ目的で開講される同科目であっても、前述の粘土の喩えではないが、土をこね、かたちをつくり、色を塗り、火を起こし、焼き固めていくプロセスを体験するクラスで、ことばを主に用いた実習クラスよりも主体的な力の高まりが明らかに見える。もちろん、こういった質問紙調査から抽出できる人間の変化はほんの限られた一部でしかないことを前提としたうえで、ここには、学生の主体を育てるための「主体的な学び」の1つの可能態が示されていると言ってもよいのではないかと思う。要点は、ただ陶芸や茶湯といった作業を行なうことが大事なのではなく、守られた場で、信頼できる他者とともに、五感の体験を共有し、それをことばに掴んで表現し、伝え合う作業が今日的な「主体」を育てるための意義をもつということである。

　以上、なぜ近年の高等教育現場で「主体」や「主体性」がこれほど危機的に語られるのかという疑問を入口に、学生相談カウンセラーとして考えてきたことを整理して述べてみた。この拙い論考が、学生相談や学生教育にかかわる人々にとって、今日の学生のこころを理解するうえでの新たな視点やヒントをもたらすものであれば幸いである。最後に、私の実践を支え、共に歩んでくれている仲間と学生に感謝したい。

参考および引用文献
青柳寛之・大谷祥子　2014　カウンセラーによる全学向け少人数体験型授業の試み（第2報）．甲南大学学生相談室紀要, 21, 15-27.
浅野智彦　2014　多元的自己と移行過程．溝上慎一・松下佳代編　高校・大学から仕事へのトランジション．ナカニシヤ出版, 183-213.
Erikson, E. H.　岩瀬庸理訳　1968/1969　主体性：青年と危機．北望社.
本田由紀　2005　多元化する「能力」と日本社会―ハイパーメリトクラシー化のなかで．NTT出版.
金子元久　2013　大学教育の再構築―学生を成長させる大学へ．玉川大学出版部.
河合俊雄　2010　発達障害への心理療法的アプローチ．創元社.
河合俊雄　2013　ユング派心理療法．ミネルヴァ書房.
窪内節子　2009　大学退学とその防止に繋がるこれからの新入生への学生相談的アプローチのあり方．山梨英和大学紀要, 8, 9-17.

小林敏明　2010　〈主体〉のゆくえ―日本近代思想史への一視角．講談社．
松下佳代編著　2010　〈新しい能力〉は教育を変えるか―学力・リテラシー・コンピテンシー．ミネルヴァ書房．
松下佳代　2014　大学から仕事へのトランジションにおける〈新しい能力〉．溝上慎一・松下佳代編　高校・大学から仕事へのトランジション．ナカニシヤ出版，91-117．
溝上慎一　2008　自己形成の心理学―他者の森を駆け抜けて自己になる．世界思想社．
溝上慎一　2010　現代青年期の心理学　適応から自己形成の時代へ．有斐閣選書．
望月由紀　2013　発話行為と主体の成立，あるいは主体の受動性について．仲井昌樹編　「倫理」における「主体」の問題．御茶ノ水書房，17-37．
奥田雄一郎　2009　現代社会における自己の多元化と大学生の時間的展望．共愛学園前橋国際大学論集，9，1-12．
澤田稔　2014　なぜいま「民主的な主体としての育ち」なのか．奈須正裕編集代表　子どもを学びの主体として育てる．ぎょうせい，53-124．
瀬川美穂子　2013　思春期の主体性の立ち上がりについて．神田久男編著　心理援助アプローチのエッセンス．樹村房，148-158．
Stone, A. R.　半田智久・加藤久枝訳　1995/1999　電子メディア時代の多重人格―欲望とテクノロジーとの戦い．新曜社．
高石恭子　2009　現代学生のこころの育ちと高等教育に求められるこれからの学生支援．京都大学高等教育研究，15，79-88．
高石恭子　2014　「主体性」と学生相談―「ことば」を育てるための試み．甲南大学学生相談室紀要，21，28-41．
Turkle, S.　日暮雅通訳　1995/1998　接続された心―インターネット時代のアイデンティティ．早川書房．
Trow, M.　喜多村和之訳　2000/2000　高度情報社会の大学―マスからユニバーサルへ．玉川大学出版部．
鍋田恭孝　2007　変わりゆく思春期の心理と病理―物語れない・生き方がわからない若者たち．評論社．
鍋田恭孝　2013　思春期・青年期の病像の変容の意味するもの／「やみ切れなさ」「症状の出せなさ」　精神療法，38(2)，164-171．
梅棹忠夫・金田一春彦・阪倉篤義・日野原重明監修　1989　日本語大辞典．講談社．

第6章
「悩めない学生」に関わる視点を求めて
──悩むことに許容的でなくなっていく社会の中で

杉原保史

1　はじめに

　かつて大学は、単に授業を通して学習する場ではなく、限界を試すようなきわどい行動を通して自分を模索する場でもあり、さらには、社会のありようを深く問い、考察し、その考察を実験的に行動に移していく場でもあった。時には、大学は、社会を支配する大きな権力に対する異議申し立ての活動を推進していく拠点でさえあった。そのような時代においては、学生は悩み苦しみ、もがきながら成長するものとみなされていた。しかし近年、そのように悩み苦しみもがきながら成長する学生はむしろ大学において少数派となり、主に正課を通してスマートに学び、卒業していく学生が多数派となったように見える。

　こうした変化を反映して、学生に関わる教職員は、最近の学生を評して、悩めなくなった、あるいは悩まなくなったという感想を漏らすようになった（高石, 2009）。学生相談やメンタルヘルスの専門家は、しばしば、そうした現象を、現代の青年がかつての青年とは異なった人格構造をもつようになったためだと説明している。

　本章においては、このような「悩めない青年」あるいは「悩まない学生」の問題を、単に生育歴に由来する彼らの内面の人格構造の問題という観点から見るのではなく、そうした問題を現在において支えている社会的文脈の観点からも考察してみたい。

　そしてそのような見方に立ったとき、悩めない学生や悩まない学生への相談や支援にどのような示唆が得られるかを考えてみることにしたい。

2　青年のありようの時代的変化

　冒頭でも述べたように、青年期の表現型は、ここ数十年の間に大きく変化し

てきている。しかし視野を広げて見れば、この変化は、この数世紀にわたる近代化という大きな時代的変化の最先端部分である。後に触れるように、そもそも、青年期の誕生それ自体が、近代化という大きな時代的変化の一部なのである。20世紀初頭、青年心理学が誕生したのも、そのような変化の一環であった。

青年心理学の父とされる Stanley Hall は、青年期を「疾風怒濤（period of storm and stress）」の時期と表現した（Hall, 1904）。この時代には、青年期は人生の中でも最も不安定な時期であると見なされていた。1970年代ごろ（学園紛争の頃）までの臨床心理学における発達観においては、青年期においてあからさまに苦悩を見せず、安定的かつ連続的に成長していくように見える者は、むしろ異常であるとする見解さえ一般的であった。「青年期は、本質的に平和な成長が阻止される時期であり、かつ青年期の過程において安定した平衡状態が保たれているとしたらそのこと自体が異常である」という Anna Freud（1958）の見解はその代表である。

現代においては、青年期はそれほど不安定で苦悩に満ちた時期とは見なされていない。もちろん、現代においても、やはり青年期は悩み多き時期ではあろう。しかしなお多くの青年は、サークル活動を楽しみ、アルバイトにいそしみながら、大きく逸脱することなくまじめにこつこつ授業に出席し、単位を揃えて卒業していく。現代においてもはやりアイデンティティの模索は青年期の課題であるとはいえ、「自分は何者か」という問いに苦しみ、「危なっかしい」「無鉄砲な」「死にものぐるいの」などと形容されるようなやり方でのきわどい役割実験を通してその問いへの取り組みに駆り立てられる者はもはや少数派である。多くの青年は、安定的に連続的に青年期の発達を遂げていくように見える。

この変化はかなり急速に進行し、当時の青年心理学者を戸惑わせた。そのことは、わが国の代表的な青年心理学研究者である西平が、『青年心理学ハンドブック』（1988）の冒頭を飾る論考を、「青年が『青年らしさ』を喪失した時代に青年心理学は成立するか？」という問いから始めていることに見て取れる。そこで西平は「青年らしさ」を「反抗的であり、羞恥心が強く、純情で感傷的で、素直さと攻撃性の両面をもっており、未来に夢と不安を抱き、自我感情が拡大したり萎縮したり大きく動揺し、ロマンチストで空想家であり、根本的に反保守的な理想主義的傾向を持って生きていく」などの特性群を指すものとし

ている。これらの記述の多くは、確かに現在のドライでクールで草食系の若者には、かつてほどには当てはまらなくなっていると言えるだろう。

3　学生相談室における青年のありようの時代的変化

　このように、20世紀末から21世紀にかけて、一般の青年が、その発達の過程においてあまり悩み苦しみもがかないようになったということは、学生相談室を訪れる学生の数の減少をもたらしたのだろうか？

　それがそうではないのである。この時期を通して、たいていの大学において、学生相談室を訪れる学生の数は増加している。ちなみに、私の勤務する京都大学における学生相談の延べ件数は、1970年には678件であったが、2010年には5,104件となっている（8.52倍）。ただし、京都大学において、この間、専任の学生相談スタッフの人数は、3名から5名へと増えている。それゆえ、こうした統計上の数値の変化がそのまま学生のニードの変化を反映しているとは言えず、その意味するところはさほど単純ではない。

　こうした統計の量的なデータを補うものに、学生に関わる大学教職員の感想という質的なデータがある。個人的な経験に過ぎないが、多くの教職員の方から、日々学生と接していての印象として、ますます学生に手がかかるようになってきたとか、学生相談をもっと充実させる必要性を感じるようになってきたとかいった感想を聞くことが増えてきた。

　学生相談カウンセラーの間でも、20世紀の終わり頃から、来談学生の印象の変化が語られ始めた。すなわち、自分の問題として苦悩を語り、主体的に取り組み、生産的に悩む姿を見せる学生に混じって、自分の問題として苦悩を語ることができない学生、問題に主体的に取り組むことができない学生、生産的に悩むことができない学生が散見されるという。21世紀に入る頃には、もはやそうした学生は決して少数派ではないと見なされるようになってきた。

　精神症状であれ、身体症状であれ、修学困難であれ、人間関係のトラブルであれ、問題の種類は別として、カウンセラーに向かって確かに問題や苦痛は訴えるけれども、自ら悩んでいる、少なくとも生産的に主体的に悩んでいるとは形容しにくい学生たちがいる。私の経験から、簡単に具体例を挙げてみよう。

　【事例1】　不定期にふらりと来談し、その時々に行き当たっている生活上ないし修学上の

問題を具体的に訴えて、「どうしましょうか？」と尋ねてくる男子学生がいる。たとえば、レポート期限が重なっていて全部が間に合いそうにないとか、学生生活が何となく充実していない気がするとか、最近、生活リズムが乱れているとかである。「どうしましょうかって、いきなり訊かれてもなぁ。答えようがないしなぁ。どうしたいとかって、あなたの希望はどうなの？　何かないの？」と尋ね返すと、「どうしたいんだろう？」と自問し、「分からないんですよねー」とフラットな口調でつぶやく。カウンセラーが具体的に一緒に考えてみて、ブレーンストーミングの要領で、ありうる選択肢を挙げていくと、少しずつニュアンス感のある反応を示すようになり、どれか1つを選んでいく。

【事例2】　毎回、時間通りにやってきて、もじもじしながらただ黙って涙を流す女子学生がいる。「どういうことが心に浮かんでいるのかな？」と何度も表現を促すが、なかなか言葉が出てこない。ようやく出てきた言葉は「しんどい」だった。「しんどいのね」と受けとめると、さらに激しく涙をこぼす。毎回、こちらが具体的な状況を少しずつ聞いていって、気持ちを斟酌しながら、こういう感じかな、そういうときってこう感じることが多いよね、こういうふうに感じるものだよねと承認的に反応していくと、涙を流しながら頷き、少しずつ自発的な発話が増えていく。

【事例3】　体調と将来への不安ということで来談した男子学生がいる。訊くと、ある時、電車の中でひどく気分が悪くなってしゃがみ込んでしまって以来、電車に乗ると気分が悪くなって倒れてしまうのではないかと不安になり、電車に乗れなくなってしまい、こんなことでは就職してやっていけないのではないかと不安になってきたということであった。一通り説明が終わると、後は自分から話すことは何もなく、ただ尋ねられることに短い答えを与えるだけである。声も小さく、弱々しい。しかし面接に抵抗があるわけではなく、じっとこちらをすがるような目で見つめ、毎回、時間通りに来談する。

　これらの学生は、みな、真面目な来談者であり、決していやいや来談しているわけではないし、苦悩していないわけでもない。彼らは、たいてい、こういう身体症状があるとか、今週はこんなトラブルがあったとか、こんな問題行動を取ってしまったとかいうことは、とりわけこちらから丁寧に尋ねれば、しっかりと説明することができる。また、彼らの話からは苦しみや心痛も伝わってくる。しかし、彼ら自身の言葉で、自発的に、内面の苦しい感情や思いを語ることがなかなかできないし、それをもとに自ら問題を見つめ、展開させるように考えていくことができない。自らが主体として感じたり思ったりしたことは、自分でもよく分からないようなのである。問いかけても、単に首を傾げるだけだったり、分からないという返事が返ってきたり、非常に単純で初歩的で大雑

把な言葉だけしか返ってこなかったりすることが多い。

　こうした学生の出現は、近年の時代の流れの中で、学生相談そして広く精神医学や心理相談全般において、発達障害が注目されるようになってきたことと関連があるだろう。周知のように、発達障害という診断を受けていたり、発達障害ではないかと自ら疑いながら相談に来たりする学生は、問題の説明はするけれども、自らの内面的な苦悩を語り、語りながら対話の中で気づきを深めて成長していくというよりは、問題解決のための具体的な相談になることが多い。けれども、発達障害という診断を受けておらず、発達障害を疑われていない一般の学生もまた、悩みを語ることが難しくなっているように思われる。

　さらにまた、こうした学生の出現は、やはりこの数十年の時代の流れの中で、ハラスメントの問題が大きな社会的なテーマとして拡大してきたこととも関連があるだろう。ハラスメントの相談は、自分自身の問題というよりは、加害者側の問題についての相談であって、大学側にどうにかしてほしいという訴えであることが多い。ハラスメント相談が、本質的に、主体的な取り組み姿勢の乏しさと関係しているわけではない。しかしながら、ハラスメント相談は、もともと主体的な取り組み姿勢を欠くような個人にとっては、相性がよい相談様式である。ハラスメントという概念が大学内で周知されるにつれ、もともと主体的な取り組み姿勢を欠く個人が、自分の苦しみを漠然とハラスメントによるものと捉え、学生相談の窓口に相談を持ち込むことは増えていると言えるだろう。

　また別の関連する観察として、エンカウンター・グループにおける流行の顕著な変化が挙げられる。1960年代から1970年代にはベーシック・エンカウンターと呼ばれる非構成のエンカウンター・グループが流行し、その勢いは1980年代ごろまで続いたが、それは次第に下火になり、それに代わって構成的エンカウンターが優勢になったのである。

　ベーシック・エンカウンターでは、参加者は自ら積極的にグループに関わり、自己を語り、プロセスを形成していく。ファシリテーターはそのプロセスを見守り、支える役割に徹する。これに対して構成的エンカウンターでは、ファシリテーターが課題を提示し、参加者はそれに取り組む形で進行する。ファシリテーターが能動的、積極的な役割を果たし、参加者はやや受動的な立場に置か

れる。

　ベーシック・エンカウンターでは、参加者は自力で模索するプロセスへと投げ込まれるのであるが、構成的エンカウンターでは、参加者はファシリテーターによって丁寧に導かれ、サポートされ、安全に計画的に一歩一歩進むように方向づけられる。

　ここで少し京都大学における私自身の経験を述べよう。京都大学の学生懇話室（2000年にカウンセリングセンターに、2014年に学生総合支援センターに改組）では、2004年度まで2泊3日の集中的なグループ体験を学生に提供していた。いつ頃から開催されていたのかは定かではないが、記録に残っている限りでは1970年代前半にはすでに開催されていたようである。かつては、ベーシック・エンカウンターのやり方で生産的にグループが展開され、学生はグループで自ら内面の思いを吐露したり、日頃にはあまりしないようなやり方で心情を語ったり、互いに対する考えを述べたりし、2泊3日の終わりには別れがたいような気持ちになっていることが多かった。ファシリテーターとして企画・参加した教員も、グループが生産的であったと満足感を感じることが多かった。

　しかし、2000年前後から、ベーシック・エンカウンターのやり方では、日常的な雑談を超える展開が困難となり、学生から不満が出るような事態が生じてきた。その場を安易に非日常的な遊びの許される場と捉えた学生が、数人で夜中に抜け出してしまい、管理上、教員が探しに行かざるを得ないという事態も生じた。過去の重要な傷つきの体験を語った学生がグループから浮いてしまい、アフターケアが必要になってしまう事態も生じた。ファシリテーターとして企画・参加した教員も、グループに意義があったのか、疑問に感じたり、空しさを感じたり、学生との間にギャップを感じたりすることが増えてきた。

　京都大学では、そうした学生の反応の変化を受けて、一部構成的プログラムを取り入れるなど試行錯誤の時期を経た後、2004年度をもってエンカウンター・グループは取りやめた。現在、エンカウンター・グループを行なっている大学では、構成的エンカウンターを行なっているところが多いようである。そうしたグループの運営の形式の流行にも、学生のありようの変化が見て取れる。

　このように、自分自身のこととして問題を語り、カウンセラーとの対話の中

で自分自身への気づきを深めていこうとする姿勢が自然に現れてくる学生は、20世紀後半と比較して減少しつつあるようである。そのことは、学生相談の現場においてさまざま形で現れており、実感されていると言える。

4　悩めないこと、悩まないことは人格構造の表れなのか？

このように新たに多数派となりつつある「悩めない、悩まない学生」は、従来の多数派であった「悩むことができる学生」とは異なった人格モデルで考えた方がよいのではないかとしばしば論じられてきた。たとえば、高石（2000）や大山（2009）は、最近の学生の内的世界は、従来の「抑圧モデル」では理解できず、それに代わって「解離モデル」で理解する必要があるという見解を提示している（図Ⅰ-7、図Ⅰ-8）。鍋田（2007）は、現代の若者は「葛藤モデル」では理解できず、バリントやマスターソンの考えに依拠した「欠損モデル」で理解する必要があることを説いている。

これらの見解には微妙な違いはあるものの、いずれも、葛藤を抱えることができない、悩みを主体的に生産的に語ることができない、といった最近の青年に認められる現象を、青年の人格構造の変化という面から説明しようとしたものである点で共通している。

そしてまた、いずれの説明においても、これらの人格構造は青年の生育歴から説明されている。こういう育ちをしてきたから、こういう人格が出来上がったのだというように。

たとえば、高石（2013）は、「今日的な育ちの問題として、子どもは乳児期

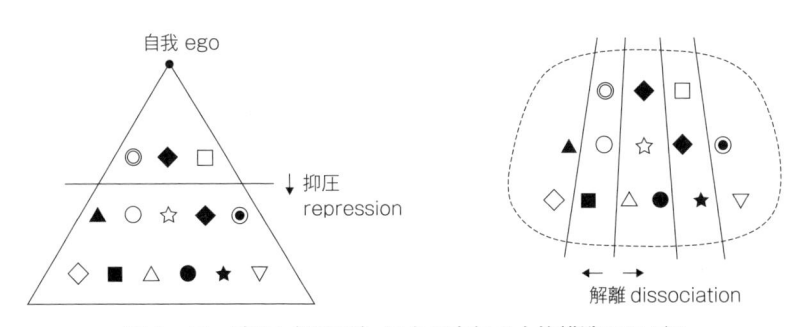

図Ⅰ-7　高石（2000）による青年の人格構造のモデル
左が団塊の世代～新人類世代のパーソナリティのモデル、右がポスト・団塊ジュニア世代のパーソナリティのモデル

抑圧モデル
- 人格の垂直性と層が存在
- 経験や記憶は、自己の器の中に蓄積
- 本当の自分と偽りの自分

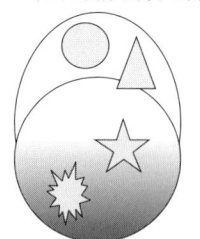

解離モデル
- 人格の水平的移行
- 経験や記憶は、状況に応じて異なる
- どれが本当の自分か分からない（どれもが本当）

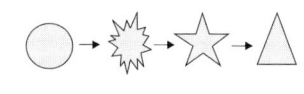

図 I-8　人格の抑圧モデルと解離モデル（大山, 2009）

注：これまで青年の人格は基本的に抑圧モデルで説明されてきたが、最近の青年の人格は解離モデルでよりよく説明されることが増えてきたという

から快適な生活環境のなかで、濡れたら外側の色が変わる紙おむつや、泣いたら離れた部屋にいる親に電子音やモニター画面で知らせてくれる電子機器に囲まれ、総じて、'なま'の情動 vital affect や実感が希薄で、母親との細やかな情動調律が生じにくい状況となっている」と述べている。高石は、青年がこうした育ち方をしてきたことが、彼らが上述のような人格構造に形成されてきた原因だと考えているのである。

　鍋田（2007）は、核家族化の進行した現在の青年の生育環境においては、青年の対人関係は、学童期、思春期、青年期のほとんどにおいて、家庭における対人関係と、学校や塾での同年齢集団における対人関係だけに終始してしまい、それ以外の対人関係の経験が希薄になっていること、つまり、大人の目があまり行き届かないような場において多様な年齢集団の中で揉まれる経験が希薄になってしまったことを指摘している。そして、そのために現代の青年の内面には社会図式（対人関係図式）が十全に形成されなくなってしまったと考えている。鍋田は、青年がこうした育ち方をしてきたことが、彼らが上述のような人格構造に形成されてきた原因だと考えているのである。

　これらの見方には十分な説得力があり、また合理性もある。そのことは認めた上で、本章では、それに代わる見方を探ってみたい。つまりこうした説明をその説明だけでこの現象がすべて説明し尽くせるような唯一絶対の説明と考え

るのではなく、これと同時に成立しうる他の説明をも探ってみたい。

　上で見てきたように、人格構造という概念は、基本的に生育歴の中で形成されてくるものとして考えられている。その見方においては、人格構造は、人が生い立ちの中で学習してきたものが内部に蓄積されたものということになる。つまり、通常、人格構造という概念は、過去に目を向ける視点を前提としている。

　こうした説明に疑義を唱え、それを補う別の説明を提出したのが、家族療法に代表されるシステム論の立場である。システム論の立場では、上のような説明は直線的因果律であるとされる。これに対してシステム論の円環的因果律では、時間軸上の任意の時点における、瞬間、瞬間の現在の対人相互作用に注目する。円環的因果律では、問題を呈している個人が所属しているシステムにおける相互作用がその問題を維持している重要な要因と見なされる。その個人には、もちろん、その個人なりの人格構造があるわけだが、そこに焦点づけなくても、システムが変化すれば問題は変化することが多い。場合によっては、その個人の人格構造はさほど変化しなくとも、問題は解消する。

　しばしばこの円環的因果律と直線的因果律とは対立的なもの、二者択一的なものと見られているが、必ずしもこれらをそのように相互排除的に見る必要はない。直線的因果律と円環的因果律は、補い合う見方として捉えることができるものである。より正確には、両者は持続的構築モデルに統合することができるものである。ただし、ここではそのモデルの詳細には深入りしない（Wachtel, 1989, 1997, 2010, 2011a）。

　ともかく、ここで押さえておきたい重要なポイントは、単純な直線的因果律の見方においては、現在の環境の影響力が無視されがちであるということである。つまり、現在の環境のありようが（随伴性がと言ってもよい）、学生が悩めないことや悩まないことを支えていること、彼らが悩めるよう、悩むように変化することを妨げる影響力となっていることが無視されていることが問題だということである。

　そこで次に、どのような現在の環境のありようが、学生が悩めないことや悩まないことを支えているのかを考えてみよう。

5 青年が悩むことを支援しない社会のありよう

　青年期は20世紀初頭から学園紛争時代にかけては、非常に不安定な時期とみなされていたことについてはすでに述べた。青年期は、現在でもなお、その定義上、子どもと大人という、2つの安定した人生の時期の間にあって、そのどちらでもない不安定な移行期間だと考えられている。すなわち、子どもと大人の境界にあるものとして、境界的な性質をもつ存在と考えられている。Kurt Lewin が、このことを指して青年を「境界人 marginal man」と呼んだことはよく知られている（Lewin, 1939）。

　青年を、子どもから大人への移行期間として捉えるとき、伝統的社会においてはその移行は通過儀礼（イニシエーション）によって成されていたということが思い起こされる。河合（1983）は、現代の青年期を論じる中で、Eliade を引用しつつ、近代化された社会においては、意義深い通過儀礼が消滅したことに触れ、次のような趣旨のことを述べている。すなわち、伝統社会では、青年は子どもと大人の移行期間にあって、イニシエーション（通過儀礼）によって大人社会のメンバーになった。あくまでそれは、大人社会というものがすでに完成された、一定不変のものであることが前提であった（図Ⅰ-9）。ところが、近代化された社会では、この前提が崩れ、社会そのものが未完成のもの、進歩していくべきものとなった（図Ⅰ-10）。そのような社会のあり方の変化に伴って、イニシエーションの儀式は失われた。

　そもそも青年期は、社会の近代化にともなって誕生したものだという議論もある。社会学的な観点から青年期を論じている研究者たちは、青年期という概

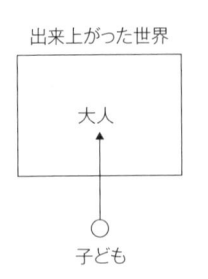

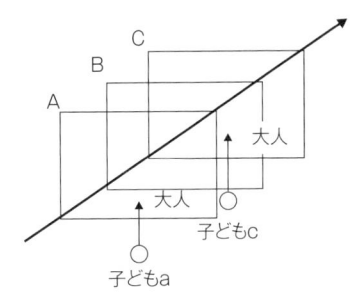

図Ⅰ-9　古代社会の構造(河合, 1983)　　図Ⅰ-10　近代社会の構造(河合, 1983)

念は、おおよそ18世紀以降に時間をかけて成立してきたことを論じている（Aries, 1960；Musgrove, 1965；木村, 1998；加藤, 2002）。もちろん、それまでの社会においても、思春期・青年期における生理学的な変化はあり、それに伴う心理学的な変化もあったはずだが、少なくとも社会学的な意味では、青年期は存在していなかったのである。

　近代化された社会とは、社会そのものが進歩の過程にあるとメンバーに知覚されている社会である。また、近代化された社会は、職業的にも地理的にも流動性が高まった社会であり、価値観も多様化された社会である。子どもは生まれたときから、将来、同性の親のようになることを運命づけられているわけではない。子どもにとって、将来なるべき大人像は定まっていない。子どもにとっての大人の社会は、変化の過程にあるものとなったのである。これは職業選択の問題を生じさせた。また、工業化社会は若いメンバーに学習すべきことを増大させた。また、学習させるだけの経済的な余裕をももたらした。こうした事情から、青年期という人生上の時期は、近代化とともに誕生し、長期化していった。

　そして今日、この社会の変化はますます加速している。社会の変化の速度が、それ自体、目に見えて変化しているのである。青年期という時期の成立そのものが、社会が変化するようになったことで生じた事象であるのならば、その変化の速度が加速していることが、青年期の現れに影響を及ぼすものと考えることは理にかなっている。逆に何らの影響も及ぼさないと考える方が無理があるであろう。

　現生人類であるホモ・サピエンスは約20万年前に地球上に現れた。約19万年にわたって狩猟採集の生活をし、石器、青銅器、鉄器などの道具を開発し、また原始的な文字を用いていた。その間、社会に大きな進歩はなかった。氷河期が終わった後、約1万年前に農耕を始めた。約5,000年前には本格的な文字を用いるようになった。約1,000年前に紙が発明され、約500年前に印刷技術が確立された。ほぼ同じ約500年前には、世界規模での物流が始まった。約200年前からは化石燃料を利用するようになり、また、電気エネルギーをさまざまな形で利用するようになった。人は大きなエネルギーを利用できるようになり、人、物、情報の世界的な流れが量的にも速度的にも飛躍的に高まった。約50年前か

らパソコンが、そしてそれらを結ぶインターネットが世界中に普及し始めた。

　以上から分かるように、人類の歴史の圧倒的大部分を構成していたのは、伝統的社会であり、一定不変の社会であった。変化があったとしても非常に遅く、その社会に生きている数世代の範囲ではほとんど実感されない程度の変化であったと言えるだろう。そのような社会であれば、大人は常に揺るぎない権威の座にあったと言える。ところが、現代では社会全体が未知の課題に直面している。大人でさえ、誰も経験したことのない未知の課題に対処していかねばならない。さらには、どんな課題がこの次の10年にやってくるか、誰も正確には予想できない。現代社会はそのような社会なのである。このような時代にあっては、大人が有効に機能できる期間は短くなってしまう。むしろ、青年の方が新しいことに柔軟性があり、適応性が高いとさえ言える。

　また、現代の大人は、青年に対して、自分の人生経験から有効なアドバイスをすることができない。なぜなら、自分たちが青年だった頃とは社会の状況が全く様変わりしてしまっているからである。それをわきまえずにしたり顔でアドバイスをしても、青年の不信を高めるだけである。現代の社会の変化のスピードは非常に速く、もはや1世代の範囲内でさえ、社会状況は大きく変化してしまっているのである。このようなことはいまだかつて無かったことであろう。現代の青年が相手にしている大人社会は、そうしたものなのである。それは個々の大人のせいではなく、社会全体の変化の速度がどんどん速くなっていることの結果である。大人は、こうした構造的な理由から、権威を保つことが不可能になっているのである。

　こうした社会全体の変化の状況が、青年期のありように影響を与えていると考えるのが自然であろう。私がここで言っているのは、青年の生い立ちにおいて青年の内面に蓄積されてきた過去の影響のことではなく（もちろんそれもあるだろうが）、現在における影響、リアルタイムの影響のことである。つまり、現在の環境の直接的な影響力のことを言っているのである。

　こうしたことを考えるに当たって、齋藤（1990）の言葉は参考になる。齋藤は、すでに四半世紀近く前に、上述のような古典的な青年期の議論を踏まえた上で、次のように述べている。少し長くなるが引用してみよう。

ただ今日的状況として一般青年がずいぶん様変わりして来ているのではないかという話題も一方ではこと欠かない。ことに管理・競争社会のわが国においては、青年は、大人世界に異議申立をしたり、背を向けたりするよりも、自らを常識的社会構造の中に早々と組み込もうとするのではないか、あまり境界的心性をきわどく体験することのない青年が多いのではないかと言われたりしている。(…略…) 鮮明な「境界」体験が、発達的危機課題として生じていくことは、全般に確かに少なくなって来ているかも知れないが、それは社会全体が秩序構造としての堅固な枠組みを失って来て、みずから「境界化」して来ていることと無関係ではないはずで、青年が格闘すべき分厚い既存の「かたち」が後退していることの問題が、逆に示唆されているととらえる必要があるようである。(齋藤, 1990)

ここで齋藤は、青年がかつてのような青年らしさを見せなくなってきたことを取り上げている。ただし、齋藤は、その原因を青年の人格構造に求めてはいない。その代わりに、そこに、社会みずからが「境界化」してきていることの影響を見て取っている。

ここで齋藤が述べている社会の「境界化」は、齋藤がこの論考を発表した1990年から現在までの二十数年間においてさらにいっそう加速してきた。1990年においてはまだ確かな社会的秩序、社会的構造だろうと思われていたものでさえ、現在ではもはや必ずしも確かなものとしてあまり当てにできないものになってしまった。たとえば、年金がそうであろう。たとえば、原子力もそうであろう。雇用形態はますます多様化し、国際的な枠組みも大きく変化していく。大人たちはますます不確かな世界の中で、短い時間的見通しの下に、不安を煽られながら、あくせくと忙しく立ち働いていかざるをえない。そこには伝統的社会の「大人」が備えていたであろうような、立派さ、揺らがなさ、安定感はないだろう。

現代の青年の悩めなさは、こうした大人の社会の側の悩みを受けとめる器の弱さを反映したものではないかということを、まず考えてよいのではなかろうか。そしてそれは、過ぎ去った過去にあるものでも、青年の内部にあるものでもなく、今ここのわれわれに体現されてあるものだということを、まず考えてよいのではなかろうか。

6　学生が悩むことを支援しない大学のありよう

それでは次に、大学という環境が、そこで学び、生活する学生が豊かに悩む

ことをサポートしてきたのかどうかを見てみよう。それは、「悩めない」「悩まない」という学生の現象を説明するに当たって、学生の人格構造を云々する以前に、まず検討されるべき事柄であると思われる。

　大学が、学生に対して豊かに悩むことをサポートするということを考えるとき、その最も中心的で象徴的なリソースは、やはり学生相談機関であろう。大学が学生の悩みに応じる窓口として学生相談機関を充実させていくことは、学生に対して、悩むことは有意義なことであり、豊かに悩む環境を提供することは大学教育の一環なのだという大学からの力強いメッセージとなる。そのこと自体が、学生に対して、悩んでいいのだという承認、励まし、エンパワーメントのメッセージとなるであろう。

　逆に、不適応を起こす学生、メンタルヘルスに問題を抱えている学生、精神的に折れやすい学生を、弱い学生、困った学生、大学にとって要らない学生、大学が求めていない学生、などと見なし、学生相談機関をこれらの学生を「使える学生」へと「治療」するために仕方なく置かざるをえない機関としてのみ認めるような姿勢は、大学コミュニティに殺伐とした競争的雰囲気を作り出し、悩むことはダメなことだという前提を暗黙のうちに広めていくであろう。

　学生相談が大学に導入されたのは、戦後まもなくの頃であった。文部省主導の研究会でSPS（Student Personnel Services；厚生補導、学生助育）の概念が導入されたことがその重要な起源である。SPSは、学生の全人教育を目指した総合的な学生援助であり、心理相談、学業相談、進路相談、人権問題をも含んだ人間関係の相談などの各種相談から、さらにはアルバイトや下宿の斡旋に至るまで、学業、心理、福利厚生、環境整備など多様な面から学生生活の援助をしていこうとするものである。そしてその中心に学生相談が置かれていた。

　しかし、1950年代においてSPSという概念が導入されるに当たっては文部省が指導的な役割を果たしたものの、1960年代に入るとそうした動きは急速に鈍り、1960年代後半以降現在に至るまで、文部省ないし文部科学省の高等教育行政としては、学生の全人教育をサポートするような施策は後退の一途を辿ってきた（大山，1997）。教養部は解体され、学生部は弱体化し、学生相談機関はあくまで任意に置かれる組織に留まり続けている。現在、多くの大学において学生相談機関が置かれてはいるが、行政的には何らの設置基準もなく、各大学

がそれぞれの学内事情に応じて任意のやり方で置いているに過ぎない。

2000年に文部科学省高等教育局、大学における学生生活の充実に関する調査研究会がまとめた報告書、「大学における学生生活の充実方策について」（いわゆる「廣中レポート」）は、その冒頭において、昭和33年（1958年）の学徒厚生審議会答申を引用して、このように述べている。

　…昭和33年の学徒厚生審議会答申において、大学では、「知的・専門技術的な教授研究を行う」正課教育と並ぶものとして、「学生生活の環境的条件を調整するとともに、学習体験の具体的な場面に即して、各学生の主体的条件に働きかける教育指導を行うことによって、その人格的形成を総合的に援助する」正課外教育の役割の重要性を強調している。
　この答申は、まさに大学の大衆化が始まろうとする時代において、既に、学生の質的変化を踏まえて、学生の人格形成に対する大学の責任を述べたものであるが、それから40年以上を経た現在に至るまで、この点に対する大学の取組が遅れてきたことは否めない。（文部科学省高等教育局, 2000）

さらに、2007年には、日本学生支援機構に設けられた調査研究会が「大学における学生相談体制の充実方策について」と題した報告書を発表している（いわゆる「苫米地レポート」）。その報告書は、廣中レポートが出されて5年経った状況を踏まえて、次のように主張する。「…大学における学生支援の重要性はますます高まっている。中でも『学生相談』は、個々の学生に対するこれまでの実践活動の蓄積を踏まえ、学生支援の基盤の一つとして機能することが期待されており、大学においては学生相談体制の充実が急務となっている」（独立行政法人日本学生支援機構, 2007）。

このように、1950年代にSPSが導入されて以来、大学が学生の人格形成に積極的に関わることが大事であることは繰り返し訴えられてきた。つまり単に正課を通して知識や技術を教授するだけでなく、学生生活の中で学生が人と出会い、さまざまな試行錯誤を通して成長する機会を与え、その過程を見守り、その中で悩んだときにはそれを支える関わりを与えることが大事であることは繰り返し訴えられてきた。こうした声は、過去何十年にもわたって絶えず大学教育の現場からも上がってきた。にもかかわらず、高等教育行政としてそのような施策が恒常的・積極的になされたことはいまだかつて一度もなかった。

むしろ、近年は、企業から学生に即戦力を求める圧力が強まり、文部科学省もその圧力に同調する施策を取ろうとしている。すなわち、大学は企業が求めるグローバル人材を育成する機関、企業が求めるエンプロイアビリティを身につけさせる機関としての色合いを強めつつあるのである（児美川，2011）。たとえば、2013年に発表された国立大学改革プランではグローバル人材の育成が1つの重要な柱となっている（文部科学省，2013）。

それと同時にまた、この国立大学改革プランでは、今後10年間に世界大学ランキングトップ100に10校をランクインさせるという目標も掲げた上で、国立大学法人運営費交付金や評価のあり方を検討し、抜本的に見直すことも述べられている。

大学は熾烈な国際競争の中で、ますます忙しく、効率的に、目標を掲げて改革を実行していくことが求められる場となったのである。そしてその改革が滞るようであれば、経済的制裁がなされることになるだろうと暗に脅されている（これは実に前節において論じられた社会の「境界化」の現象の大学における表れである。大学もまた社会の一部であるから、それも当然のことではある）。

グローバル人材やエンプロイアビリティが、真に豊かな人間性を伴ってたくましく生きる力や、深く物事を捉えて考える力や、豊かに悩む力の涵養を意味するのであれば、それもよいだろう。しかし、こうした場面でしばしば挙げられる諸能力、つまり、語学力（ほぼ英語力）、コミュニケーション能力、プレゼンテーション能力、ビジネスマナーなどなどとラベルされた諸能力は、かなり外向きの能力であり、自己の中核に向き合うような内的体験には関与せずに遂行できるような種類の能力を指していることが多い。つまり、これらの能力は、豊かに悩む力とはほとんど無関係なように思われる。

真に豊かな人間性を伴ってたくましく生きる力や、深く物事を捉えて考える力や、豊かに悩む力にとっては、たとえば、内面から自発してくる曖昧な感覚を感受する能力や、怖かったり、恥ずかしかったり、いけないと感じられたりする自分の部分と付き合っていく能力、それらを適切な人と場所と時間を選んで試行錯誤的に表現する能力、などといった能力こそが重要である。また、時と場合を選んで人に適切に依存する能力、周囲と一体となって楽しむことができる能力、といった対人関係能力も重要であろう。さらには、分からないという感覚をじっくり抱えておける能力、少々の批判には耐えられる能力、不合理

な批判を跳ね返す能力、自分を大事にする能力、世界の不思議への好奇心に開かれている能力、といったものも大切である。

　こうした諸能力は、効率ばかりを追い求めることよりも、むしろ、無駄や寄り道を楽しみ、味わうことの価値を知ることにつながるものばかりである。また、単純に数字にして計ることができないようなものばかりでもある。現在、企業が大学に育成することを求めているような諸能力とは、正反対のものとさえ言えそうなものに見える。

　以上をまとめて言えば、戦後のわが国の高等教育行政においては、学生が学生生活において豊かに悩むことができるよう教育的にサポートする施策は非常に貧弱であった上に、近年においては、急速なグローバル化が進み、世界的な経済競争が強まる中、企業の要請に同調する形で、さらに貧弱化しつつあるということである。そのような状況下で、学生が「悩めない」「悩まない」という現象を示しているとき、このような大学の状況を不問にしたままで、まず最初に、学生個人の大学入学以前の育ちの問題として見ることから出発することは、大学人の姿勢としていかがなものであろうか。

7　こうした視点が学生相談カウンセラーの関わりに示唆するもの

　以上、現在の社会が、そしてその社会の中の大学が、ますます学生が悩むことを支持しない環境となっていることを論じてきた。以上のような考察は、そうした社会の構成員であり、またそうした大学の構成員でもある学生相談カウンセラーにとって、どのような意味をもちうるのであろうか。以上のような考察が提供する視点をもつことによって、学生相談カウンセラーの援助のあり方にはどのような違いが生じるだろうか。最後にそのようなことを考えてみよう。

　もちろん、社会や大学のありようはすべての学生に影響していることがらである。そして、すべての学生が「悩めない」「悩まない」というわけではない。読者の中には、上述のような考察は、学生のこうした個人差を説明しないから、相談の実践にとっては価値がないと考える人もいるかもしれない。しかしながら、こうした視点をもつことが、学生相談機関を訪れた「悩めない」「悩まない」学生への援助のあり方に微妙な違いをもたらすということは言える。個人差を説明できないから、臨床心理学や相談心理学は社会的問題とは関係がなく、面接室内の現象は社会的問題とは独立した事象であって、カウンセラーは社会

的問題に無関心であってよいという考えには私は同意できない。

　なお、この問題を論じるに先だって、私の学生相談における実践の基本的な方法は個別面接によるカウンセリングであり、取り立てて独創的な援助方法を用いているわけではないということを読者にお伝えしておきたい。つまり、ここまでに論じてきたような視点は、特別な援助の方法をもたらすわけではないのである。

　重ねて述べるけれども、上に論じてきたような視点をもつことによって、見たところ同じような作業に、微妙にではあるが、違ったニュアンスがもたらされる。そして、心理援助においては、こうした微妙なニュアンスが時として決定的に重要なのである。これから論じるのは、こうした視点をもつことが、従来通りの援助方法に、いかに違ったニュアンスをもたらすかという問題である。

（1）青年をエンパワーする関わりを提供しやすくさせる

　多くの現代青年論は、青年の「悩めなさ」や「悩まなさ」を、青年の個人の内面の病理、人格の病理として捉えている。つまり、青年の「悩めなさ」や「悩まなさ」は、青年のこれまでの育てられ方ゆえに、青年個人の内面に問題を孕んだやり方で構築されてきた歴史的な構築物だと考えられてきた。そのような見方には適切な面もあるかもしれない。しかし、そこだけが注目されるなら、バランスを欠いてしまい、当の青年にとって不当な感じ、不公平な感じを与えてしまう可能性がある。心理的現象は、その個人の人格（生育史によって内面に形成されてきた構築物）の関数であると同時に、現在の文脈の関数でもある。それゆえ、青年の「悩めなさ」「悩まなさ」の理由を、青年の人格の病理性のみに求めることは、青年を無力化してしまう可能性がある。

　本章がこれまで取り組んできた考察は、「悩めなさ」「悩まなさ」を、現代社会や大学のあり方が青年に喚起する現象として捉えるものである。この視点は、青年の「悩めなさ」や「悩まなさ」は、現代の社会のあり方に対する、青年なりの理解可能な反応、ある意味で自然な反応なのだというメッセージを伝えている。つまり、この見方は青年個人を病理化しない見方なのである。こうした視点は、少なくとも部分的に、青年個人を病理的に捉える見方から解放し、ノーマライズするのである。

　もちろん、社会のあり方、大学のあり方を問題として取り上げる視点をもっ

たところで、「悩めない」「悩まない」青年の側は今のままで変わらないでよいということになるわけではない。いずれにせよ、やはりその青年には豊かに悩めるように取り組んでいく必要がある。そのとき、面接の作業において青年個人の内面や育ちというものが、なお重要なテーマとなることに違いはない。しかしながら、こうした視点の下では、もはやそれらはもっぱら病理的なものとして注目されるわけではない。そのことは、青年が内面や育ちに目を向けていくことへの心理的負担を軽減し、内面や育ちを探索する作業を促進するであろう。つまり、こうした視点は、青年が、より積極的な好奇心や興味をもって内面や育ちを探索できるよう助けるのである。

　以上をまとめると、「悩めなさ」「悩まなさ」を、現代社会や大学のあり方が青年に喚起する現象として捉える視点は、たとえ部分的にではあっても青年を病理的に見る見方から解放し、青年をエンパワーする関わりを提供するものだと言える。

（2）　青年に生き生きと悩むモデルを提供する

　上述のような考察を社会人であり大学人であるわれわれが真剣に受けとめるならば、現在のような社会や大学のあり方に疑問を抱かざるを得ない。そしてそこに何らか変革をもたらそうとする思いが出てこざるを得ない。しかしながら、そのような社会の変革や大学の変革の実現は明らかに簡単なことではない。個人の能力をはるかに超えた問題である。

　とはいえ、われわれはそれぞれこのような社会や大学を創ってきた世代の一員として、現在、生きているということは紛れもない事実である。このような社会や大学を創ってきた責任の一端はわれわれにもあると言わねばならない。たとえ、ほんの微塵のような責任であってもやはりわれわれ一人ひとりに責任はある。そして、未来に向けてどうしていくかを考え、実際に行動していくことについても、われわれ一人ひとりに責任がある。少なくとも、そのように認識し、この困難な問題を前にどうすべきかを悩むのが、責任を感じている社会人であり大学人の姿である。

　学生相談機関のカウンセラーとして、大学の現状を目にしていながら、もし悩まないでいる人がいるとすれば、その人に、面接室の中で「悩めない」「悩まない」学生を支援することは難しいであろう。少なくとも、そのカウンセ

ラーは、その学生にとって、生き生きと生産的に悩むことの価値を伝える、現実場面における生きたモデルとはならないからである。むしろ、そのカウンセラーは、結果的に、このような現実状況において「悩めない」「悩まない」のが正解なんだということを示す生きたモデルとなってしまっている。

　ある意味では、現状はわれわれにとってチャンスなのだとも言える。同じ大学コミュニティに属しつつ、「悩めない」「悩まない」学生の目の前で、大学のあり方についてのとても深く悩むべき重要な課題を与えられているのであるから。

　これは単に大きな声で増員を要求すればよいということではない。大きな声で要求することと深く悩むこととは違う。現代は右肩上がりに経済成長する時代ではなく、そのような経済成長を目指すべき時代でもない。そうした状況下で単純な増員は非常に困難である。現在の大学の状況において、どのように全人的支援を充実させていくか、学生が豊かに悩むことを教育的にサポートしていくか、こういった問題に責任をもって主体的に取り組むとすれば、深く悩むことは避けられない。

　最大限に効果的な援助を提供しようとするならば、われわれは、青年に対して個人面接による伝統的な心理援助を提供するときであっても、青年に内面を、そして過去を、見つめていくよう誘うとともに、どのような未来の（未知なる）社会を共に創っていこうかとイメージするよう誘ってもいるのだということを明確に意識しておくべきであると私は考える。つまり本章の考察は、個人面接による心理援助を、単に青年個人の内面の過去を扱う営みとしてだけでなく、未来の社会をともに形成していく営みとしても見ていく視点に立つものである。そのことを確認して、筆を置くことにする。

参考および引用文献
Aries, P　1960　*L' enfant et la vie familliale sous l'Ancien Regime*. Plon.（杉山光信・杉山恵美子訳　1980　子供の誕生　みすず書房.）
独立行政法人日本学生支援機構　2007　大学における学生相談体制の充実方策について：「総合的な学生支援」と「専門的な学生相談」の「連携・協働」http://www.jasso.go.jp/gakusei_shien/documents/jyujitsuhousaku.pdf（2014年8月7日）
Freud, A.　1958　Adolescence. *Psychoanalytic Study of the Child*, 13, 255-278.

Hall, G. S.　1904　*Adolescence*. vol.I, II. Appleton.（元良勇次郎・中島力造・速水滉・青木宗太郎訳　1910　青年期の研究．同文館．）
加藤潤　2002　近代言説としての『青年期』．名古屋女子大学紀要，48，23-36.
河合隼雄　1983　大人になることのむずかしさ．岩波書店．
木村直恵　1998　〈青年〉の誕生．新曜社．
児美川孝一郎　2011　若者はなぜ「就職」できなくなったのか？．日本図書センター．
Lewin, K　1939　Field Theory and Experiment in Social Psychology:concepts and Methods. *American Journal of Sociology*, 44,（6），868-896.
文部省高等教育局　2000　大学における学生生活の充実方策について（報告）：学生の立場に立った大学づくりを目指して http://www.mext.go.jp/b_menu/shingi/chousa/koutou/012/toushin/000601.htm（2014年8月7日）
Musgrove, F.　1965　*Youth and the social order*. Indiana University Press.
大山泰宏　1997　高等教育論から見た学生相談．京都大学高等教育研究，3，46-63.
大山泰宏　2009　「学生理解のための視点：大学教育研究と心理臨床実践の視座から」シンポジウム「学生相談の視点から見た現代の学生とこれからの学生支援」抄録．甲南大学学生相談室紀要，16，34-40.
齋藤久美子　1990　青年における『境界』心性の位相．大東祥孝他編　青年期、美と苦悩．金剛出版，289-301.
高石恭子　2000　ユース・カルチャーの現在．小林哲郎・高石恭子・杉原保史編著　大学生がカウンセリングを求めるとき．ミネルヴァ書房，18-37.
高石恭子　2009　現代学生のこころの育ちと高等教育に求められるこれからの学生支援．京都大学高等教育研究，15，79-88.
高石恭子　2013　『主体性』と学生相談：『ことば』を育てるための試み．甲南大学学生相談室紀要，21，28-41.
Wachtel, P. L.　1989　*The Poverty of Affluence*. New Society Publishers.（土屋政雄訳　1985　豊かさの貧困：消費社会を超えて．TBSブリタニカ．）
Wachtel, P. L.　1997　*Psychoanalysis, Behavior Therapy, and the Relational World*. American Psychological Association.（杉原保史訳　2002　心理療法の統合をもとめて，金剛出版．）
Wachtel, P. L.　2010　*Relational Theory and the Practice of Psychotherapy*. The Guilford Press.
Wachtel, P. L.　2011　*Therapeutic Communication, 2nd Edition: Knowing What to Say When*. The Guilford Press.（杉原保史訳　2014　心理療法家の言葉の技術【第2版】．金剛出版．）

第 II 部
学生相談が開拓する大学教育の可能性

第Ⅱ部では、大学教育の一環としての学生相談実践の具体的展開を提示していきます。

　第1章で提示される「サーキュレーション」機能には、循環、普及にとどまらず、触媒、メッセンジャーという意味が含まれます。「姿を見せる」ことが、大学コミュニティにおいて心理学的に関わり合っている状況をつくりだすことにつながり、"学生相談の知"が授業やゼミにおいて、また教職員の学生認識に活かされていく経緯が詳しく紹介されています。日常的な学生支援に携わる担任・アドバイザーや学生窓口の職員にも、大きな示唆を与えてくれる章でしょう。

　第2章では、集団体験の経験が乏しく、何らかの傷つきを抱える学生の心の奥に届くグループ活動の工夫が具体的に述べられています。小規模私立大学における柔軟な発想によるこの試みは、大学教育が担う学生の人格形成の本質的なところに関わるものと言えるでしょう。かつて自主的に形成された学びの場（自主ゼミからサークル的なものまで）のような、仲間によって成長させられる場に学生が主体的に参与することの意義をあらためて伝えるものです。

　第3章では、学生期の人格形成を援助するグループ（キャンパス・アイデンティティ・グループ：CIG）の意義について述べられています。学生相談所の面接にはやってこない学生と、個別面接と併行して参加した学生それぞれの、グループ体験を通した変容が示されています。集団の中で自分の悩みが普遍的な性質をもつことに気付くこと、集団の母性的な機能のうえにセラピストが第三者として壁となることで自我を育て鍛えるという実践の工夫と現代的意義が考察されています。

　第4章では、相談室と学部研究室スタッフの連携事例が示されます。「歯が立たない」と感じると完全にひきこもる学生の現状を共有し、心のテーマと重ねてアレンジした「少しずつ失敗に耐える力をつけていけるような研究課題」を提示しながら、学生の成長を支援していきます。学生たちがつまずいた"現実"（この例では修学の滞り）の中に、これまで生きる中で抱えていた彼（彼女）の心理的課題が立ち現われるという視点に立った、大学教育の一環としての学生相談面接の実際が述べられています。

　第5章と第6章はいずれも学生相談担当者による授業実践についての論考です。「遊ぶ」ことと「本気」になることという一見まったく異なるアプローチの中に、自分にとってあたり前のありようを揺さぶることで新しい自分に拓かれていくという、両者に通底する視点がみえてきます。第5章では、学生自身による自己発見をねらいとしたグループワークの授業の紹介を通して、「遊び」の要素が授業の構造の中で活きてくること、あたり前の「遊び」をソトに伝えようとすることの困難とその「意味」について触れられています。第6章では、他者のまなざしで自分を評価するスタイルの学生にとって自分で感じることが大切だと指摘したうえで、わがこととして本気で向き合うことが迫られる授業テーマの設定が追求されます。そして、授業をする側も価値観の押しつけを排除しつつ、徹底して学生と対峙し共に考えていったプロセスが叙述されています。

第1章
大学生の心を育てる学生相談のサーキュレーション機能
——姿を見せるカウンセラー

設樂友崇

1 学生相談の現代的意義

（1） 高校生へのメッセージ

　ある初夏の日、案内役の学生スタッフと入試担当の職員に連れられて、10数名の高校生と保護者が学生相談室を訪れた。入口から興味津々の顔を覗かせる訪問客をカウンセラーが迎え入れると、ある生徒はおそるおそる、別の生徒は好奇心満々で室内を見回す。「学生相談室にようこそ。私は学生相談室のカウンセラーの設樂です」。高校生を前にして自己紹介から話し始める。「大学は自由がいっぱいで楽しいところです。時間割、サークル、アルバイト、興味のある活動、人付き合い、色々なことを自分で選んで自分で決められます。けれど、自分の責任で行動しないといけないので、自由な分だけ悩みも増えます。だから、実は悩むのはよいこと、大切なことです。みなさんを引率してくれている素敵な先輩たちも、しっかり悩みながら、充実した大学生活を送っています。ね？」。カウンセラーが同意を求めると、引率の学生スタッフは苦笑しながら頷く。「そこで学生相談室は、大学生活で困ったり悩んだりしたとき、決めたいことがあるとき、じっくり自分を理解したいときに使う所です。今からどんなところか、実際に部屋を見ながら紹介します」。キャンパスツアーの一行はカウンセラーに誘導されて室内を回り、カウンセリングとグループ活動の簡単な説明を聴く。何か気になるものを見つけて友人とひそひそ話し合う生徒、終始緊張した面持ちで集団の中にいる生徒、カウンセラーの話へ熱心に耳を傾ける生徒、たかだか10分弱の見学でも、生徒の様子は一人ひとり異なっている。室内を一周して廊下へ出る際に、同伴した保護者の1人がカウンセラーに尋ねる。「学生さんはたくさん来られるんですか？」「ええ。毎年だいたい面接は年に100人くらい、グループも入れると140、150人くらいですね」「そうですか」

と。何か変わったところに来たなぁという表情で、一行はがやがやと学生相談室を後に、次の目的地の図書館へと移動していく。「ありがとうございます」。誘導の職員へお礼を伝え、カウンセラーは入口の扉を閉めた。

　これは、地方の小規模大学で行なわれた大学案内プログラムの、キャンパスツアーの1コマである。筆者は時折このように、オープンキャンパスなどの大学行事、個別の大学案内、あるいは高大連携プログラムの中で、高校生やその家族、引率の担任や進路指導の教師に向けて、大学生の心理的成長と学生相談室の機能について説明する機会がある。その際、上述のエピソードのように悩むことの意義について必ず触れるが、それはしっかり悩みながら自分の心を育てていってほしいという願いからである。そして、学生相談室の一番の利用者である大学生にも、同じ思いを伝えている。

（2）　大学生の心理的成長

　大学生は心理学的には青年期に属し、アイデンティティを模索する時期である。アイデンティティとは、色々な私は昔も今もこれからも1人の私であるという実感、その私は所属する社会から認められているという実感のことである。このアイデンティティは、自分自身と向き合い、他者と関わり合い、集団の中で役割を担う中で、個々人が悩みながら徐々に作られていくものである。

　卒業していく学生の語りに耳を傾けたり、筆者自身の経験を振り返ってみたとき、大学時代には学業をはじめ、一人暮らし、サークル、アルバイト、仲間や恋人関係、上下関係、ボランティア、インターンシップ、就職活動など、学生が悩み試行錯誤するためのさまざまな仕掛けがあることを実感する。大学生であることの利点の1つは、社会とのつながりが緩やかであるために、相対的には大きな社会的責任を問われず、即時的な生産性や効能を期待されることも少ないため、比較的安全に試行錯誤ができることだろう。また、それぞれの仕掛けを活用するかどうかは学生本人の決断に委ねられており、外側から強要されることは少ない。さらに、鶴田（2001）の学生生活サイクル理論が示すように、学生期は在学期間という始まりと終わりが明確な有限の、それぞれの時期に固有の課題と心理的深まりを生じさせる過程である。

　大学生はそのような過程を通じて、自分から情報を収集し、整理し、意味あ

るまとまりにしようとする個人の主体性を試し、育てていく。同時に、一時の欲求不満や不安に耐え、試行錯誤を続けられる能力、つまり悩む力を育てていく。そして、与えられる側から与える側へ、消費する側から生産する側へと役割を転換（ないし拡大）していく。これらは、自分自身を同定し、護り、育て、社会と関わっていくアイデンティティ模索という青年期の心理的課題そのものであり、大学内での適応にとどまらず、卒業後も続いていく過程である。

ところが、効率性や即効性を求め曖昧さに不寛容な現代社会にあって、何者かになろうとする過程を悩み試行錯誤することの価値は自明ではなくなったようにも感じる。便利、待たない、我慢しないなどの謳い文句の下、生活のあらゆる場面で欲求充足サイクルは短くなっている。また、KYという言葉が揶揄の言葉として一頃流行した背景には、場の雰囲気を受け取り即応すること、要領のよいこと、そつなく役割を果たすことをよしとする社会的風潮があろう。

今日の大学は、そのような社会にあってなお、学生が悩みながら試行錯誤できるよう、彼ら彼女らの心をどう育てていけるのかという教育的課題を負っている。

（3）　大学を取り巻く今日的課題

他方で、大学を取り巻く今日的課題として、少子化全入時代を迎え、大学生の質が多様化したといわれて久しい。心理的側面で言えば、大学生となるのに一定の学力と、集団への適応力が必然的に求められていた時代はかつてのものとなりつつある。現在の大学には、一方ではそのような旧来型の大学生もいれば、他方では基礎学力の低い学生、初等中等教育課程において必ずしも十分な集団経験を積んでいない学生がいて、社会的に自立する前に力をつける場となることを期待して本人や周囲から大学が選択されている現状もある。

つまり、ある程度1人の大人としての学生の自主自立性を前提としてきたかつての高等教育システムが、今やその前提そのものの成長を教育的に支える時代になったと言える。そして、多くの場合両方の質の学生は1つの大学内に混在しており、今日の大学は、初等中等教育課程に続く最後の学校として、そのような幅広い質の学生の心理社会的能力を底上げし、成長させ、社会との架け橋となるような、一定水準以上の教育を授けることが期待されている。そしておそらく、その最前線にあるのが地方の私立大学であろう。

（4） 本章の目的

　以上のように、多様な課題と期待を両方背負っているのが今日の大学である。そして、この状況に対する1つの解は、本書の主題でもある学生相談の知の中にある。いわゆる廣中レポート（文部省高等教育局, 2000）が今日の大学を取り巻く状況を踏まえて「学生相談の機能を学生の人間形成を促すものとして捉え直し、大学教育の一環として位置づける必要がある」と謳ったように、現在の大学には学生相談がこれまで積み上げてきた知見や機能をどのように大学教育に生かしていくかが問われている。そこで本章では、学生の心をどう育てていけるのか、そのための仕掛けを学内にどう作っていけるのかを、地方の小規模私立大学における学生相談の実践を描くことで例示したい。

2　学生支援と学生相談機関——地方小規模私立大学における学生相談室の場合

　一般に、学生相談機関は個々の大学の教育理念を背景として、学生相談室、カウンセリングセンター、保健管理センターなどの名のもと大学に在籍する学生たちへ臨床心理学的、心理教育的な直接的処方を提供している。その目安となる枠組みは『学生相談機関ガイドライン』として示されてはいるものの（日本学生相談学会, 2013[1]）、実際のありようは大学によってずいぶんと異なっている（早坂他, 2013）。そこで、筆者の所属する学生相談室（以下、A相談室）が行なっている活動を、吉武（2005）を参考にして、その果たしている機能ごとにまとめたのが図Ⅱ-1である。

　各活動の詳細は他に譲るが（設樂他, 2013）、A相談室は学生との個別の相談を中核として、個人から大学コミュニティ全体までを対象に、大学教育の一環として学生相談活動を展開している。これは、教育の根幹にキリスト教精神を据えるミッション系大学として人を育てることに熱心な伝統があること、学生と教職員あるいは教職員同士の顔が見えやすい小規模なコミュニティであること、その中で学生相談の経験が豊富な複数の教員が中心となり十数年の歳月と苦労を重ねて大学教育に適合した学生相談システムを整備してきたこと、A

---

[1]　日本学生相談学会のウェブサイト www.gakuseisodan.com からどなたでもダウンロードできる。

第 1 章　大学生の心を育てる学生相談のサーキュレーション機能　133

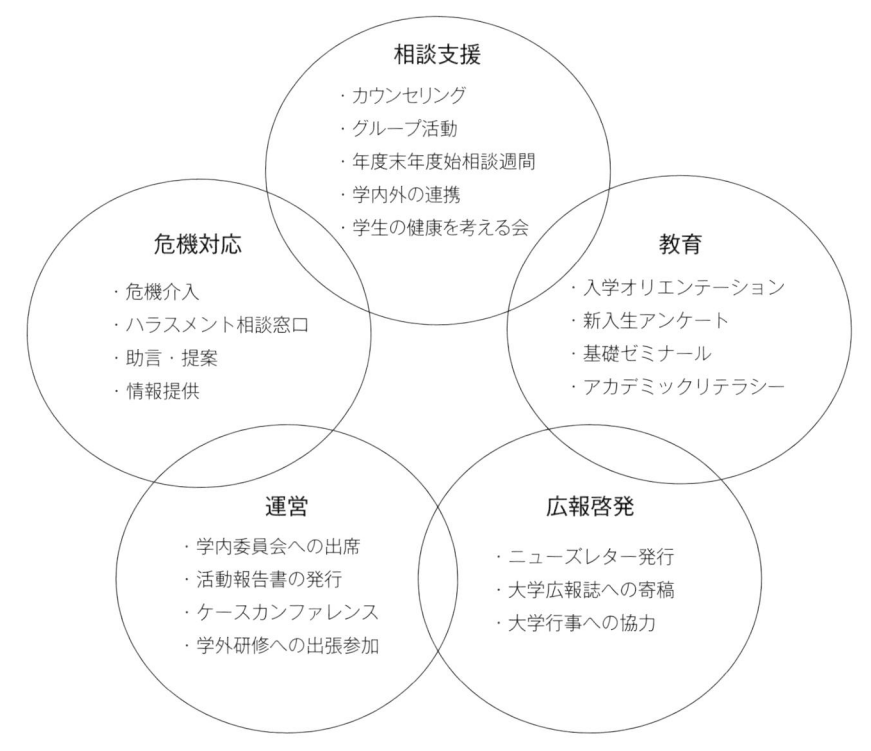

相談支援
・カウンセリング
・グループ活動
・年度末年度始相談週間
・学内外の連携
・学生の健康を考える会

危機対応
・危機介入
・ハラスメント相談窓口
・助言・提案
・情報提供

教育
・入学オリエンテーション
・新入生アンケート
・基礎ゼミナール
・アカデミックリテラシー

運営
・学内委員会への出席
・活動報告書の発行
・ケースカンファレンス
・学外研修への出張参加

広報啓発
・ニュースレター発行
・大学広報誌への寄稿
・大学行事への協力

図Ⅱ-1　A相談室が展開する学生相談活動

　相談室の代々カウンセラーたちが大学コミュニティといきいきとした関係を作りつつ誠実な実践を行なってきたことなど、さまざまな努力の累積が寄与している。
　もちろん、冒頭で示したように、学生の質が多様化し大学と教職員を取り巻く環境が変わっていく時代の流れにあって地方の小規模大学はその最も厳しい渦の中にあり、筆者が常勤のカウンセラーとしての職を得た背景には、困難学生に対する専門的対応の強化という事情も影響している。しかし、A学生相談室が個別の問題対処のみに留まることなく、すべての学生たちの心を育てることに寄与しようという学生相談機関としての本懐を遂げようとするならば、何がそれを可能にするのかを改めて同定する必要があろう。次節で検討したい。

3 学生相談のサーキュレーション機能
　──姿を見せるカウンセラー

(1) 学生相談のサーキュレーション機能

　一部の学生のための学生相談ではなく、大学コミュニティ全体に対する教育の一環としての学生相談を真に具現化しようとするならば、学生相談に携わる教職員と活動の中核的役割を担う学生相談機関は、悩み試行錯誤することの価値や、心を育てようという熱が、大学全体を循環するように促す機能が必要となる。筆者はこれを、学生相談の"サーキュレーション機能"と定義する。空気をかき混ぜ循環させることで部屋全体が適温になっていくように、学内に偏在する教育的・成長支援的な雰囲気を大学コミュニティ全体へ巡らせていく機能である。

　ところで、サーキュレーション機能における学生相談カウンセラーの役割は、能動的にエネルギーを発信し、大学コミュニティへ積極的に関与していくことである。これは、次のように例えられる。ある夏のプールで、入った人たちが一斉に同じ方向に動き出すと、静かな水をたたえた長方形のプールに一時大きな流れができる。その中の1人であるが如く、学生相談カウンセラーは循環を促す装置であり、自ら循環する触媒であり、学生相談の知を大学全体へ伝えるメッセンジャーでもある。その具体的活動は、学生相談カウンセラーは自ら発信し、学内を動き回り、さまざまな学生や教職員と対話を重ねていくことであり、筆者はこれを"姿を見せる"実践と呼ぶことにする。理論的背景も含め、以下で詳説したい。

(2) 姿を見せる学生相談カウンセラー

　半世紀以上前、Rogers（1957）は建設的な性格変化に必要かつ十分な6つの条件を世に問うた。その中ではカウンセラーの自己一致（第2条件）、無条件の積極的関心（第4条件）、そして共感的理解（第5条件）という3条件が特に有名だが、彼が提起した第1条件は「2人の人たちが心理学的に関わり合っていること (p.96)」であった。これを学生相談の文脈に援用すると、学生に建設的な性格変化が起きる、つまり学生の心が育つためには、まずカウンセラーの存在が学生に感じられなければならないということになる。

端的にそれは、学生とカウンセラーが場を共にするカウンセリングやグループ活動の場面で起こる。実際、学生相談の中心的役割は来談学生へのカウンセリングによる成長発達支援であるし（吉武, 2005）、それはＡ相談室においても同様である。しかし、そういった相談支援を求めて来談する学生は、けして学内の多数派ではないし、カウンセリングやグループ活動以外にもカウンセラーの存在が学生に伝わる場面はある。

　たとえば、多くの大学で行なわれている入学直後のオリエンテーションのとき、入口で渡された資料の束の中から学生相談室のパンフレットを取り出して広げながら、壇上に立ったカウンセラーの短い自己紹介を聴くという場面もまた、学生にとって学生相談カウンセラーとの心理学的なつながりをもつ機会の１つである。新入生に向かって背伸びや深呼吸を促したりアンケートへの回答を求めたりするカウンセラーの話を、もともと関心のある学生は注意深く聴くだろう。さほど関心のなかった学生が、壇上で話すカウンセラーの姿にふと人間味を感じるということもあろう。別の無関心な学生は、檀上を一瞥したきり手元のスマートフォンの画面に注意を向けてしまうかもしれない。

　いずれにしても、それ以上の接触がなければ時間の経過とともにカウンセラーの存在感は薄れ、ソウダンシツノカウンセラーという単なる記号へと変化していくだろう。反対に、カウンセラーが何らかの形で記号以上の存在として自らを学生たちへ提示し続けられるならば、よりよい変化を導く心理学的な関わりの維持に役立つだろう。あるいは、すぐには直接の関係を求めなくても、いざというときに相談室に行けばカウンセラーと話せるという実感が、心の居場所として機能するようになるかもしれない。図Ⅱ−１の教育活動や相談支援活動の一部に示したように、Ａ相談室が年度当初にさまざまな活動に力を入れるのは、そのような問題意識からである。

　同様のことは学生だけでなく、教職員に対しても言えよう。学生相談カウンセラーの姿が見えず、存在が身近に感じられなければ、意味ある連携も協働もなかなか機能せず、その積み重ねとしての学内風土作りも難しいことは容易に想像がつくからである。

　そこで筆者は、学生の心に変化を生む、学生の心を育てる仕掛けとして、大学コミュニティに対して学生相談カウンセラーが"姿を見せる"実践の重要性を指摘したい。ここで"姿を見せる"を定義するならば、心理学的に関わり

合っている状況を実現する目的のため、カウンセラーとして何を感じ考えているのかを率直に伝え、カウンセラーの存在感を大学コミュニティに対してはっきり提示することである。そして、上述の繰り返しであるが、カウンセラーの"姿を見せる"実践は、学生相談の"サーキュレーション機能"を果たすための具体的活動である。

なお、姿を見せることは、学生相談カウンセラーが自分たちのパフォーマンスを誇示するとか、学生相談活動の万能性を学内に説いて回るなどということではない。ましてや、集団守秘を乱用し、相談機関としての内密性[2]を軽んじることではない。あくまで、学生相談のキャンパス・ワーク活動（吉武, 2005）の原理を理解するための視点であり、大学コミュニティとカウンセラーとの関係性という心理学的な一側面に焦点を当てたものである。

そこで次節では、カウンセラーが姿を見せながらサーキュレーション機能を果たそうとする試みを、A相談室における実践例を紹介しながら描いてみよう。

4　カウンセラーは大学にどう姿を見せるのか

(1)　授業を通じて姿を見せる①――基礎ゼミナール

基礎ゼミナールは、読む、書く、調べる、発表するといった基礎的なアカデミックスキルの習得とともに、大学生活におけるホームルームとしての機能をもつゼミである。カリキュラム変更と連動してコース名や履修期間を変えながら、現在は2年間必修となっている。1クラス20名程度の学生で構成され、担当教員は大学の担任であるアカデミックアドバイザーの役を担っている。

A相談室では担当教員の協力を得て、できるだけ1年次前期のゼミの時間中にクラスごとでA相談室を訪問してもらい、相談室の利用ガイダンスとグループワークを合わせて提供する1コマの相談室体験授業を行なっている。そのねらいは、学内資源としての学生相談室とカウンセラーの使い所を体験的に理解してもらうことと、知り合って間もないゼミ生同士が無理なく交流できる

---

[2] 一般には守秘性と呼ばれる。ここでは、カウンセリング内での対話が安全で充実したものとなるために、カウンセラーもクライエントも共に守る（小谷, 1993, p.170）という意味で用いている。

機会を提供することにある。

　心理面接の利用ガイダンスでは、学生は立ったまま待合スペースを眺めたり、面接室のソファに座ったりしながら複数のカウンセラーから話を聴いたり、会話したりする。カウンセラーから学生へ伝えることの筋は、利用方法や相談の内密性といった具体的なルールの説明はもとより、大学時代は自己理解を深めながらさまざまなことにチャレンジしていく時期であること、自分がどうにかしたいと思うことのためにしっかり悩み、必要なときには人に助けを求めたり専門家の力を借りたりできる、本当の意味で自立した大人になってほしい、そのための練習として自己理解を手伝う場所である相談室を活用してほしいと願っている、というものである。一方、グループ活動の利用ガイダンスでは、別のカウンセラーのファシリテーションで多目的スペース内で名前を紹介したりサッカーの試合に見立てたジャンケンゲームを行なったりして、A相談室が提供するグループ活動のエッセンスを実際の体験を通じて理解してもらう。

　ある学生はカウンセラーの発言にその都度ツッコミを入れる。授業前半に身体を硬くしてソファに座りながらカウンセラーの説明を聴いていた学生が、後半は闘志を素直に出してジャンケンを楽しむ。相談室に入ってきたときから精気なく暗い表情をさせていた留学生も、ゲームの途中でわずかに笑みを見せる。85分の授業の中で、学生たちの心が動いたのが見て取れる。

　このプログラムには、不参加のゼミや当日欠席の学生はいるものの、例年およそ8割の新入生が参加する。ひと学年は250名の定員なので、例えすべてのゼミが週替わりで訪問しても概ね前期でまかなえる。例年、「ゲームが楽しかった」「相談室は思ったより親しみやすい雰囲気だった」「ゼミ生同士で交流できた」「困ったときがあったら来てみようと思った」などの感想が学生たちから寄せられる。また、そのような学生たちを間近で見た担当教員からは、「ゼミとは違う学生の様子が見えた」「今後も連携していきたい」などのコメントや、授業後に「気になる学生」について意見を求められることもある。

　一方、カウンセラーにとっては自分たちのスタンスを学生や教員に伝えるだけでなく、新入生一人ひとりの様子が間近で分かる貴重な機会でもある。そして、毎回学生の感想とカウンセラーからのコメントを書面にまとめてフィードバックすることで、ゼミ担当教員との連携の第一歩にもなっている。

　この実践は、相談室を学内資源として積極的に学生に勧めようという教員側

の姿勢と、活用されることを願うA相談室とが噛み合った、小規模大学であればこそ可能な取り組みと言える。また近年は、グループワークを主軸とした2度目の訪問を担当教員から要請される機会もあり、A相談室の体験的利用ガイダンスから基礎ゼミ教育支援へと、より踏み込んだ展開が始まっている。

(2) 授業を通じて姿を見せる②──アカデミックリテラシー

アカデミックリテラシーは初年次の必修科目で、大学での修学と生活にまつわるさまざまなトピックについて、複数の講師が週替わりのオムニバス形式で講義を担当する半年間のコースである。A相談室は例年5月の大型連休明けの回を担当し、『心の理解：個別性と普遍性』というタイトルでひとコマの講義を行なっている。

授業の中では、複数のカウンセラーがそれぞれ自分のコーナーを受け持つ。たとえばテーマにまつわる詩として、学生にもなじみ深いまど・みちおの作品やゲシュタルトの祈り（パールズ,1990）を紹介したり、カウンセラーたち自身の新入生時代の思い出をインタビューし合ったり、臨床動作法を用いたリラクセーションのワークをしたり、大学4年間になぞらえたジャンケンゲームをクラス全体で行なったりする。加えて、入学オリエンテーションの相談室紹介時に実施した新入生アンケート（入学動機、大学生活への期待と不安、将来の進路予定、最近の不適応感、相談希望の有無の項目を含む）の集計結果もフィードバックしている。

この授業を通じてA相談室としては学生たちに、人はそれぞれでもあり似ているところもある、しっかり悩み自己理解を深めながら一人ひとりのペースで大学生活を送ってほしい、という大学生にとって普遍的なメッセージを伝えようとしている。同時に、各コーナーを通じてカウンセラーごとの個性を実感し体験してもらうこともねらっている。

授業中、笑ったり頷いたりしながらスライドの詩にじっと見入る学生がいれば、階段教室の上段で落ち着かず私語を続ける学生もいる。カウンセラー相手にジャンケンを張り切る学生がいれば、ワークに入った途端トイレに立つ学生、座った席から腰を上げられない学生もいる。学生の反応はさまざまだが、前に立つカウンセラーたちからは概ね静かに淡々と聴いているように見える。

学生の感想からは「気持ちが楽になった」「大学に入ったばかりの時と今の

自分を見比べるよい機会になった」「今回話を聴いて、マイペースで自分のペースでやっていこうと思うことができた」「不安に思っているのは自分だけではなく、他にもいると知ってほっとしました」「1人の先生の新入生当時の経験が、今の私と似ていたので驚きました」など、入学後ひと月の間における自分自身の心情変化を理解し、カウンセラーの過去の経験や他の新入生の体験との比較から自己の体験を普遍性の中に定位して振り返っていたことが示された。また、授業に対する学生の感想を読むと、印象に残ったカウンセラーの言葉や言及するコーナーが人それぞれ異なっているのも興味深い。これらのことから、授業の中でカウンセラーがそれぞれ姿を見せることで、静かに聴いていた学生たちの内面には個別的な反応が引き出されていたことが分かるのである。

(3) 活字を通じて姿を見せる――学生相談室だより

Ａ相談室では、学生と教職員に向けて、ニューズレター『学生相談室だより』を年4回発行している。活字ばかりのA4両面印刷というささやかなメディアを、相談室の入口カウンターや学内の掲示板に置いておく。相談室を訪れた学生に直接手渡すこともあれば、掲示板から持っていかれることもある。また、発行する度に教職員のポストに投函し、大学行事の資料に同封して保護者にも配布している。時には、大学を訪れた高校生たちに配ることもある。

毎号4部構成で、季節の挨拶、相談室の近況、そして末尾の編集後記では、Ａ相談室の利用案内や学年歴に絡めた心理教育的な内容を取り上げている。こちらは比較的一般的で啓発的な文章である。一方、紙上で一番大きな部分を占めるのはカウンセラーのショートエッセイである。これは、専任も非常勤も含め、所属するカウンセラーが輪番でエッセイのテーマを決める。これまでのテーマを例示すると、『私が1年生の頃』『あぁ夏休み』『今、私の会いたい人』『大人になったなぁと思った出来事・瞬間』『本との出会い、私の一冊』などさまざまである。それらを起点にカウンセラー一人ひとりが500〜600字程度のエッセイを書き、毎号に全員分を掲載する。すると、ニューズレターの読者は、各カウンセラーが共通のテーマで書いた複数のエッセイを目にすることになる。

たとえば、2013年度秋号のテーマは『変わりゆくもの、変わらぬもの』だった。音に対する敏感さが小さい頃から変わらないことについて書いたカウンセラーがいれば、詩の一節を紹介しつつ大切な人の死を覚悟した時に何を考え何

をするだろうかと自問するカウンセラーがいる。A 相談室がグループ活動として行なっている写真撮影会の作品を観て作者の個性に感心したことを書くカウンセラーがいれば、変化することに敏感で悲観的だった以前の自分が現在は変化に対して寛容になってきたという心情の変化を書くカウンセラーがいる。

　このように、カウンセラーたちはカウンセラーとしての自分自身を率直な文章で表現する。共通のテーマを起点としつつ、各人のエッセイはそれぞれの経験に基づいて書かれているため、出来上がった文章は自ずとカウンセラーの人柄を読者に伝えることとなる。また、そのように個性の異なるカウンセラーで構成された A 相談室の紹介にもなる。さらに、カウンセラーが自分自身の体験を率直に綴ることには、自己理解と生き方の選択とが心理的課題となる青年期の学生に、彼ら彼女らより少し先のライフサイクルを歩む人間として、主体的に試行錯誤し悩む姿をモデルとして提供するという意図がある。面接の去り際に「読みましたよ」と告げて退室する学生、面接の中で「そんなことがあったんですね」と感想を述べる学生、学生たちはさまざまな反応をカウンセラーに伝えてくる。

　一方で、ニューズレターを発行し始めて大きな直接的反響があったのは、学生からよりも学内の教職員からだった。たとえば、大学行事でたまたま同じ係分担になった教員から「あのエッセイを書いた方ですね」と話しかけられたり、学内ですれ違った職員から「みなさんそれぞれで面白いですね。毎回楽しみにしてます」と感想を伝えられたりする。中には毎号メールで感想を寄せてくださる方もいて、苦労しながら執筆しているカウンセラーたちの励みとなっている。

　ところで、昨今の大学を取り巻く経済事情の厳しさから、非常勤のカウンセラーは比較的在任期間が短く、数年単位での入れ替わりも多い。そのような現実的制約の中で、潜在的顕在的な連携・協働相手である学内教職員にカウンセラーの人柄が伝わること、月例の報告書とは違う形で A 相談室が大切にしていることの質が伝わることは、活動上大きなメリットであると感じている。また、A 相談室内に眼を転じれば、エッセイの積み重ねによってカウンセラーがお互いの個性をより深く実感できるため、室内全体としてのチーム作りに役立つという副産物もある。

（4） 教職員に姿を見せる①――学生の健康を考える会

　A相談室では、専任カウンセラーは組織上その所属下である学生サービス部の運営委員会メンバーとして学内委員会に参加し、相談室の利用状況や相談室から見える学生の様子について定期的に報告し、委員内で話し合う公式の機会を得ている。

　しかし、A相談室ではそれとは別に、半公式の教職員との月例ミーティングを主催している。その目的は、学生や大学全体の現状を共有し、接し方についてのアイデアや自分自身の気持ちを整理し、教職員として安心して学生対応ができるきっかけを作ることであり、「学生の健康を考える会」という名称は国際基督教大学カウンセリングセンター（2011）の先駆的実践に倣っている。

　学生個人に関する話題は原則匿名で、相談室スタッフ以外参加した教職員も公表はされず、会で出た話題の要旨だけを学内委員会へ報告するという枠組みで運営し、まだ始めてから2年半ほどの実践である。A相談室から学内全教職員へメールで呼びかけ、自発的に集まった教職員とカウンセラーの5名前後で机を囲み、お茶を飲みながらそれぞれが思いついたことを自由に話し合うグループとなっている。

　たとえば、授業や事務窓口で接している学生の様子、学内で見る学生たちの雰囲気、具体的に苦慮している学生への対応などが話題に上る。集まった教職員で現在の出来事を共有するだけでなく、「正直、どうすれば良いか困ってしまってねぇ」とか「ちょっと心配しながら様子を見てるんですけど……」といった率直な気持ちも分かち合われる。そして、教職員同士で過去のそれぞれの経験を伝え合ったり、立場や専門性によって異なった視点から話し合ったりする。その結果、実際に参加した教職員からは、「最近の学生の状況について気付くことが少なからずあった」「相談したり他の教職員の意見を聞く場となり、大変ありがたかった」などの感想が寄せられている。同時に、これらの感想は参加したカウンセラーの実感でもある。

　もちろん、より緊急の必要性がある場合は、学生対応のアイデアを話し合いに教職員がA相談室へ来談することもあれば、カウンセラーが呼ばれて研究室や他部署に出向くこともある。しかし、それとは違った形で、学生や大学のことをより日常的に気楽に話し合える場所を作る幹事役を担い、そこにいつもどおりカウンセラーとして参加することで、学生の成長を支えようという学内

の雰囲気作りに貢献できればと思っている。まだ始まったばかりの活動であるが、「"場"があることはとても意義があると思う」という教職員からの言葉を支えに継続していきたい。

（5） 教職員に姿を見せる②──学内を歩き回る

　姿を見せるカウンセラーの最後の具体例として、カウンセラーが日常的に学内を歩き回ることを挙げたい。たとえば、学内を歩いていてすれ違った職員と挨拶を交わし、立ち話や世間話をして別れることがある。また、保健室、図書館、留学生が多く集まる学生交流室、学内宗教業務を担当するチャペルセンターなど学生たちがよく利用する学内各部署へA相談室のイベントのポスターを配りに行ったときや、出来上がったニューズレターを渡しに行ったとき、その部署その立場の教職員から見える学生の様子について話し合ったりすることがある。時には、学内を歩いていると廊下で教職員から声をかけられて学生に関する具体的な相談が始まり、改めて話し合う場を設けることを提案することもある。

　同様の問題意識は坂本（2014）でも論じられているが、精神科病棟やスクールカウンセラーの経験がある方なら、日常的に意図して行なっている当たり前の事と思われるかもしれない。一方、面接室内での関係を大切にするカウンセラーには抵抗感を感じられる向きもあろう。しかし筆者は、A相談室の内密性を慎重に護りつつ、日頃の学生の様子について教職員が気張らずに話し合うことができる空気を学内に循環させることは、学生の心を育てる学内風土の下地作りの1つではないかと考えている。それは同時に、適時の教職員連携を可能にする準備でもあることは、「学生の健康を考える会」の説明の中でも述べたとおりである。

5　サーキュレーション機能の双方向的意味

　以上、A相談室のカウンセラーが大学コミュニティに対して能動的に"姿を見せる"実践を行なうことで、学生相談のサーキュレーション機能を果たそうとする実例を見てきた。前節の各実践例からは、学生や教職員と学生相談カウンセラーとの間に熱気の小さい循環がすでに始まっていることが見てとれよう。それは、A相談室のもつ学生相談の知を学生自身にも教職員にも還元するこ

とであり、カウンセラーを通じて主体的に悩む姿のモデルを提示することであった。その結果、学生の心を育てる空気が学内を巡り、相談や連携の資源としてA相談室が学生や教職員から認知されることにもつながった。つまり、学生相談のサーキュレーション機能は大学コミュニティと学生相談機関の双方にとって意味がある機能である。

　一方、学生相談活動を通じて大学コミュニティが抱える問題を感受することは、学生相談のセンサー機能としてこれまで論じられてきた（吉武, 2004）。そして、学生相談のサーキュレーション機能はこのセンサー機能の精度を高め、拡張するものである。なぜなら、前節の姿を見せる各実践で示されたように、学生相談カウンセラーが学生や教職員に学生相談の知を還元していくと、カウンセラー側にはいまだ見えていない学生の様子が学生本人や教職員から直接的間接的にフィードバックされ、学生相談機関がすでにもっている学生たちについての仮説が傍証されたり、新しい知見が得られたりする機会となるからである。ここに、サーキュレーション機能のもう一つの双方向的意味があろう。

6　まとめ

　本章では、現代の学生相談が大学教育上で果たしうる機能、大学生の心を育てていく仕掛けについて、学生の多様化が著しい地方の小規模私立大学における学生相談機関のキャンパス・ワークの実践例をもとに描いた。その中で、学生相談カウンセラーが大学コミュニティに姿を見せる実践によって、学生相談のサーキュレーション機能が果たされることを指摘した。このように、相談機関の内密性を堅持しながら、学生相談の知を大学コミュニティへ発信し循環させること、そのような大きなうねりの過程を能動的に仕掛けていくことは、現代の学生相談機関に求められる役割であろう。

　変わりゆく学生像や社会的期待といった大学内外の変化の中にあって、大学生の心理的成長を支える専門家としての役割を果たそうとする学生相談カウンセラーは、まさに自分たち自身も悩み考え抜く主体として試行錯誤の中にある。本章で提示した実践例はまさにそのようにA相談室の悩む姿を大学コミュニティに見せていく過程でもあり、言葉として伝えるメッセージの内容とともに、過程が見えること自体も教育的な刺激となり、学内の風土づくりにつながればとの思いで行なっている。一方、羽下（2010, p.304）の表現を借用すれば、「ハ

ウツーやマニュアルは、自分の職場で自らが開発したものこそ有効」なのであり、それぞれの学生相談機関は「姿を見せる」あり方、内密性への配慮、多重関係性から生じるリスクの抑制に対して各大学の生態系に適合した独自の工夫をこらす必要があるだろう。

　最後に課題として、本章では学生の心を育てるためのその他の要件、機序については検討することができなかった。特に、サーキュレーション機能の質を担保するものは場面場面における小さな循環の質、つまりそこで意味ある対話がなされているかどうかによる。そして、それは元を辿れば日々の面接において学生の心が動き自己理解が促されるような対話がなされているかどうかと深く関わっている。つまり、個別の心理面接こそが学生相談の知の源泉であり、であればこそ、その質を担保するために学生相談カウンセラーには心理臨床の専門的訓練や研究が必須とされるのである。その点で本章はA相談室における心理面接の実践についてほとんど触れられなかった。今後の課題としたい。また、一対一の対話がいかに心を育てるための本質的な活動であり、良質の面接が学生相談の知の源泉となるのかについては、ぜひ本書の他章も併せてお読みいただきたい。

参考および引用文献
羽下大信　2000　連携を行ううえでの倫理的配慮. 日本学生相談会50周年記念誌編集委員会編　学生相談ハンドブック. 学苑社, 299-325.
早坂浩志・佐藤純・奥野光・阿部千香子　2013　2012年度学生相談機関に関する調査報告. 学生相談研究, 33(3), 298-320.
国際基督教大学カウンセリングセンター　2011　国際基督教大学カウンセリングセンター活動報告書, 22.
小谷英文編著　1993　ガイダンスとカウンセリング―指導から自己実現への共同作業へ. 北樹出版.
文部省高等教育局・大学における学生生活の充実に関する調査研究会　2000　大学における学生生活の充実方策について（報告）―学生の立場に立った大学づくりを目指して.
日本学生相談学会　2013　学生相談機関ガイドライン. http://www.gakuseisodan.com
Perls, F. S.　倉戸ヨシヤ監訳　1990　ゲシュタルト療法―その理論と実際. ナカニシヤ出版.
Rogers, C. R. 1957　The Necessary and Sufficient Conditions of Therapeutic Personality Change. *Journal of Consulting Psychology*, 21(2), 95-103.
坂本憲司　2014　非専任カウンセラーが学内の協働関係を構築するための'構え'. 学生相談研究, 35(1), 44-55.

設樂友崇・初鹿清美・矢部浩章・小林あずさ　2013　2012年度学生相談室活動報告　山梨英和大学学生相談室報告書, 7, 13-23.
鶴田和美編　2001　大学生のための心理相談―大学カウンセラーからのメッセージ. 培風館.
吉武清實　2005　改革期の大学教育における学生相談―コミュニティ・アプローチモデル. 教育心理学年報, 44, 138-146.
吉武清實　2004　2003年度の学生相談界の動向. 学生相談研究, 25(1), 69-81.

第 *2* 章
学生相談室による多面的グループワークの模索
――小規模大学で"日常"と"非日常"を提供しながら

矢部浩章・深澤あずさ

1　はじめに――ある男子学生のグループ体験

　9月の昼下がり、学生相談室横にあるグループルーム"いこいのスペース"に、1人の男子学生がやってくる。学内に貼ってあったポスターを見て、「○○年度第1回　いこいアワー　秋を写そう！写真会」というタイトルになんとなく惹かれたからだ。

　初年度ゼミで学生相談室を見学したことはあるが、イベントに参加するのは初めて。少し緊張しながら見回すと、部屋中に粘土細工や書初めがあったり、大きなコラージュが貼ってあったりする。興味を惹かれて見ていると、スタッフらしき男性がやってきた。「こんにちは。学生相談室カウンセラーの○○です。イベントは初めての参加だよね？」。彼がええ、はい、とうなずくと、カウンセラーはいろいろ説明してくれた。「それは2年前の先輩が作ったコラージュで、今日みたいな写真会の作品はあっちに飾ってある。いこいアワーではいろいろなことをやっているんだ。あと、毎週1回みんなでランチを食べたりするけれど、興味はある？」。

　そうこうしているうちに、ぽつぽつと他の学生もやってきた。女性スタッフもやってきて、「秋を写そう！写真会」が始まる。私物のデジカメを持って来ている先輩もいたが、彼はカウンセラーからデジタル一眼カメラを貸してもらうことにした。

　参加者はみな三々五々散らばり、大学の中庭や校舎を思い思いにカメラに収めている。日頃見慣れた大学も、ファインダー越しに見るとなんだか新鮮だ。普段は使わない大学の裏口から、何枚かの風景をカメラに収めてみる。なんだか新鮮な気分だ。

　時間になり「いこいのスペース」に再集合。それぞれが撮影した写真を、T

Vモニターで鑑賞するようだ。「この写真はすごい！」「こんな撮り方があるんだね」カウンセラーと学生が一緒になって声を上げている。「さすがいつもいい構図を作るね」皆に褒められた先輩は、少しはにかんで笑っている。自分の写真はどう見られるだろうか？彼は少し不安になる。

いよいよ彼の写真が映される番。何枚目かの写真で「おー！」という歓声があがる。他の誰も撮っていなかった大学裏口からの風景だ。カウンセラーは「こんな風景もあるのかぁ。目の付け所がすばらしい！」と絶賛、先輩学生も「いいんじゃない？」とボソリとつぶやく。彼は思わず照れ笑いを浮かべた。

評判のよかった写真は、"いこいのスペース"に掲示されるようだ。最後に手渡された感想用紙に、彼は「また来ます！」と書いた。なんだか楽しい時間だった。そうだ、ランチタイムにも来てみよう。それに、あのカウンセラーならいろいろと話せそうな気がする……。

A大学学生相談室におけるグループワークの一場面を描写してみた（登場人物は架空）。学生相談におけるグループワークの重要性は多くの研究で指摘されている。たとえば桐山（2008）は、個人面接を通じて内的準備が整った学生にとって、三者関係の練習の場としてのグループ体験が重要であると述べている。学生相談におけるグループワークの有効性は広く、個人面接とグループワークを併用した場合、アクティビティ中心グループを運営した場合、居場所的グループなど、さまざまなタイプのグループ活動の効果が認められている（たとえば、片山，2013；有沢，2005；屋宮，2008など）。

A大学では、予約不要・出入り自由なオープングループを運営してきた。その実践の中で、内容や開催時間を試行錯誤し、より多くの学生のニーズに合う多面的グループワークを模索している。本章ではその実践を記述し、学生相談室でグループワークを提供することの意義を考えてみたい。

2　学生相談においてグループワークを行なう目的とその導入について

（1）　学生相談におけるグループワークの目的

まず、学生相談活動の中にグループワークを導入することの目的を確認してみよう。たとえば、早坂（2010）は、日本の学生相談機関で実施されてきたグループを対象とした取り組みのねらいを、「グループ体験・交流」「自己理解・

気づき」「スキル学習」「居場所づくり」の4つにまとめている。さらに的場 (2011) は、すでに個人面接につながっている学生が継続的なグループワークに参加するだけではなく、グループワークに参加している学生が個人面接に繋がることもある、と述べている。グループワークを行なうこと自体が、学生相談活動の広報や、個人面接へのきっかけとして機能している、ということであろう。

　これらの先行研究を踏まえて、学生相談におけるグループワークの目的を、ここでは以下の4つに集約する。
①自己理解の機会を提供する
　自己理解を深めたい学生にとって、さまざまなアクティビティやカウンセラー・他学生とのやりとりを通じて、そのきっかけとなる体験を提供できる。
②集団経験の場となる
　集団場面での活動や、他者との協働経験がない学生に、カウンセラーの援助の下で体験的な集団場面トレーニングの場を提供できる。
③学生相談活動を広報する・個人面接に繋がる
　カウンセラーとの個人面接を考えているが、きっかけがつかめない学生にとって、グループ活動の参加により、学生相談室という場に慣れ、個人面接に繋ぐ橋渡し的な機会を提供できる。
④学内の安全基地になる
　学内に居場所がない学生にとって、他者から受け入れられる経験や他者と楽しむ経験を通じて、大学内における居場所、心のよりどころとなる。

(2)　グループワークを導入するとき、考えるべき6つの要因

　以上のような目的をもち、学生相談活動にグループワークを実際に導入するにあたって、考慮すべき点が数多く存在する。ここでは、カウンセラー個人の力では変化しがたい地理的・施設的な要因（ハードウェアの要因）と、各年度によって変化していく学生要因・人事要因（ソフトウェアの要因）、そして、カウンセラー個人の力によって簡単に変えることはできないが、長期的には変化が期待できたり、工夫によって対応できたりする可変要因の3つに分けて列挙してみる。これらの要因の組み合わせによって、各大学におけるグループワークの実際は異なってくるだろう。

1）ハードウェアの要因
①その大学はどのような規模か

　和合（2013）は、グループワーク参加学生については、カウンセラーによる選別が必要であると述べている。確かに、大規模大学の場合、学内の問題学生についての情報共有には限度がある。予期せぬ学生の参加により、グループ全体が混乱するリスクは高まると言える。こうした事態を避けるため、来談者のみのクローズドグループにしたり、予約必須にしたりするなどの工夫が必要になるだろう。

　だが、小規模大学の場合は、問題学生についての情報共有がなされやすく、学生の様子が見えやすい。例外はあるにせよ、参加自由のオープングループも比較的対応がしやすいと考えられる。

②グループワークができる場所はあるか。それはどこか

　学生相談室から近い場所でグループワークを開催できるのか、ふだん学生相談室とは関係のない場所で行なうのかによって、大きな違いが生まれる。近ければスタッフ側の出入りや急な対応などもしやすい。遠ければスタッフ側の動きは制限されるだろう。

2）ソフトウェアの要因
③どのような学生にニーズがあるのか

　現在、どのような学生が学内に在籍していて、その学生には、どのようなグループワークに対するニーズがあるかを考えることが必要になるだろう。学生相談室をすでに利用している学生だけではなく、相談のニーズはあるが利用できていない学生についても考慮することが必要である。

④グループワークを行なえるだけのヒューマンリソースはあるか

　たとえば、週に数日勤務するだけの非常勤カウンセラーが1名しかいないような場合と、常勤カウンセラーを含めて複数カウンセラーが毎日勤務している場合では、実現可能な活動が異なってくる。また、各スタッフがどれだけ、どのグループワークに習熟しているかも考慮する必要があるだろう。

3）可変要因
⑤グループワークを行なうことができる時間はどこか

グループワークを授業時間内に設定できるか、授業後などの時間に設定するかなどの時間的条件は、大学によって、学部によって、その年度のカリキュラムによって変わってくる。さらには、その大学への交通事情などによってもかなり異なってくる。都市部の大学では授業後のグループワークも開催しやすいが、交通事情の厳しい地方大学では不可能な場合もある。

⑥学内において学生相談室はどれだけ認知されているか

グループワークを行なうにあたって、学内の理解がどの程度得られるかも把握しておく必要があるだろう。学内の風土、雰囲気によってある程度左右されるものもあるが、菊池（2013）が述べるように、グループワークを継続することによって、学内認知が変わっていくこともあるだろう。

3　A大学における学生相談体制

（1）　A大学におけるグループワーク10年間の実践

ここまでに挙げてきた学生相談におけるグループワーク導入の目的と注意点を踏まえながら、ここからは、その実例としてA大学におけるグループワークの実践とその経緯を記述していく。A大学におけるX年から10年間にわたるグループ活動実績をまとめたものが次の図Ⅱ-2である。開催回数、参加者数ともに最多なのがX+6年で、年間56回開催、のべ320人の学生が参加した。これは常勤カウンセラーがX+5年に着任し、X+6年にかけてカウンセラーの体制が整っていったことに起因している。

また、図Ⅱ-3にグループワークの開催回数と、カウンセラーの週ごとののべ勤務人数、そして年度内に異動・退職したカウンセラーの数をまとめた。これを見ると、よりカウンセラーが多く勤務しているほど、グループワークを開催する機会も増え、カウンセラーが異動・退職すると、グループ開催の回数も減少することがわかる。つまり、グループワーク開催については、学生相談室スタッフのマンパワーが非常に大きな影響を及ぼすのである。

（2）　A大学におけるグループワーク導入にあたっての各要因

さらにA大学におけるグループワークの実践を紹介するにあたって、2-（2）で列挙した「グループワーク導入にあたっての6要因」に従い、A大学の状況を記述してみよう。まず、学年や人員の要因では変わりにくい「ハード

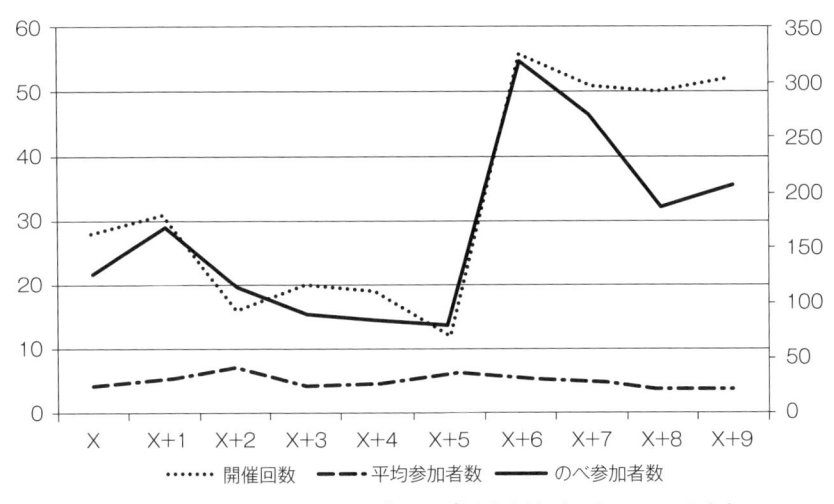

図Ⅱ-2　A大学におけるグループ活動実績（X年〜X＋9年）

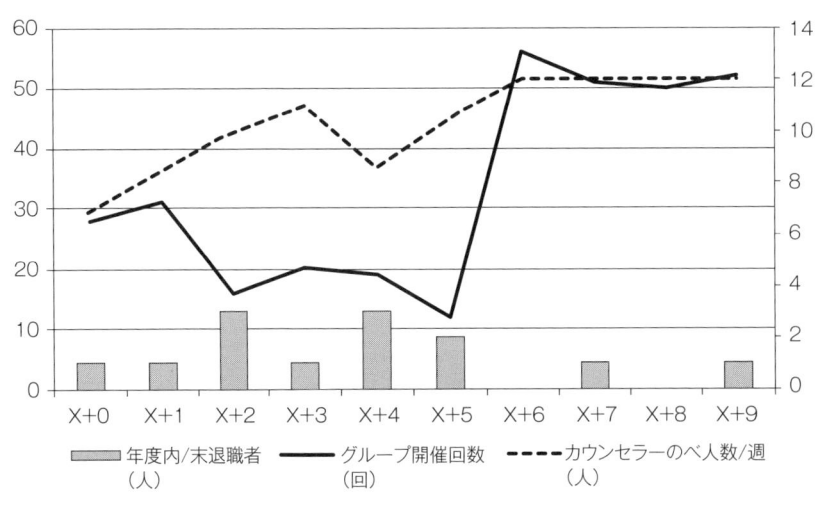

図Ⅱ-3　グループワーク開催回数の推移とカウンセラーの勤務・異動状況

ウェアの要因」である。

1）ハードウェアの要因①──大学の規模、学風について
　A大学は地方都市にある定員1,000人程度の小規模私大で、定時制・通信制高校からの入学者も多く、全体的に学生相談のニーズが高い大学である。このニーズに対して、A大学は例年、週に5日・毎日2〜3名のカウンセラーが配置し、手厚いサポート体制を敷いている。
　A大学は小規模大学かつ密接なサポート体制を敷いているため、学生相談室から学生たちの顔が見えやすい。また、電話による対応や、受付で立ち話をしていったり、待合で話し込んだりする学生への対応も数多い。不登校経験が長い学生や、コミュニケーションが苦手な学生にとって、学生相談室が「安全基地」的な役割を果たしていた。

2）ハードウェアの要因②──「いこいのスペース」について
　A大学の学生相談室には、教室1つ分の大きさがあり、「いこいのスペース」が隣接されている（図Ⅱ-4）。カウンセラーの事務スペースからすぐに移動でき、通常はフリースペースとして開放されている。
　横になり休憩することもできるソファ、座って勉強をすることができる机などが備え付けられているが、これらはすべて可動式でニーズに応じて間取りを変えることができる。床はカーペット敷きで、ボディワークなどを行なうことが容易である。また、洗面台もあり、水道が通っていることにより、調理用や水彩絵の具用の水などにも使える。他にも、冷蔵庫、映画やゲームのアクティ

図Ⅱ-4　いこいのスペース（通常時・グループワーク用セッティング時）

表Ⅱ-1 「いこいアワー」と「ランチタイムクラブ」導入にあたっての諸要因

		いこいアワー （X＋3年発足）	ランチタイムクラブ （X＋6年再開）
ハードウェアの要因	大学規模・学風	地方の小規模大学　学生へのサポート体制が充実	
	学生相談体制	週5日　1日平均2〜3人のカウンセラーが在室	
	いこいのスペース	学生相談室に隣接　多様な活動を行なうことが可能な設備を備える	
ソフトウェアの要因	学生相談室の主な利用学生	身体化を訴える女子学生 おとなしい男子学生 個人面接につながっていないが、フリースペースを利用する学生	発達障害を抱える学生 学校場面で緊張する学生 社会人編入の学生
	考えられるニーズ	自己表現の場・機会の提供 自己理解の促進 個人面接導入のきっかけづくり	自分や他者の気持ちの理解 相互的コミュニケーションの機会 同輩集団への移行の手助け
	相談室の人的リソース	複数スタッフが退職し、人的リソースが減少したタイミングで、筆者1着任 筆者1は前職などでグループワークのリーダー経験があった	常勤カウンセラーが着任の翌年、新人カウンセラーの筆者2が着任 臨床トレーニングの意味もあり、グループ後には詳細な検討をした
		筆者1個人が運営するグループ　その後複数カウンセラーにより運営	2人のカウンセラーがリーダー、コ・リーダーとなり、運営。
可変要因	開催時間	交通事情の問題から、放課後開催は困難 →講義が少ない曜日の午後1時限	既に開催していた「いこいアワー」の曜日を避けた昼休み（40分間）
	学内の認知	学生相談室の活動自体に関しては認知度が高かった グループワークのポスターを学内各所に掲示、関係部署に手渡し、掲示をお願いし広報した	

ビティに使える投映用スクリーン、デジタルカメラの画像を映すモニターとして利用できるテレビなどが揃っている。

次に、「いこいアワー」発足と「ランチタイムクラブ」再開時における、ハードウェアの要因、ソフトウェアの要因、可変要因についてまとめたものが表Ⅱ-1である。この一覧を見ると、それぞれの時期によって、対象となる学生の層が異なり、想定されるニーズも大きく異なっていることが分かる。また、各カウンセラーの人的リソースも大きく異なり、それによってグループワーク自体の内容や形式も大きく異なっている。

4　2つのグループワークの軌跡
──「いこいアワー」と「ランチタイムクラブ」

ここからさらに詳しく、各アクティビティの動向について見ていこう。筆者1（矢部）が着任し、アクティビティ中心の継続型グループ「いこいアワー」を開始したX+3年からの実践と、X+6年に筆者2（深澤）が着任し、3年半中止になっていたカウンセラーとの昼食会である「ランチタイムクラブ」を再開した実践を軸として記述していく。

（1）アクティビティ中心グループ「いこいアワー」と"口下手なB君"の事例

X+3年当時、外部講師を招聘するオープングループワーク、「プレイバックシアター」と「ヨーガ教室」を、学期に1～2回ずつ単発開催していた。だが、X+2年途中で毎週開催していたランチタイムクラブが休止しており、継続開催のグループワークは開催されていなかった。そこで、X+3年に着任した筆者1（矢部）によって継続的グループワークが企画された。

グループワークのタイトル「いこいアワー」は、既存のフリースペース「いこいのスペース」で、のびのびとした時間を過ごしてほしい、という意図が込められている。開始当初のファシリテーターは筆者1のみで、週に1回開催と設定された。開始当初の内容は、コラージュやスクイグルといった描画法を用いて、他者とのコミュニケーションや自己理解を促すものが主だった。

開始当初は比較的こぢんまりとしたグループだったが、X+5年に常勤カウンセラーが着任したタイミングで大きな変貌を遂げる。半年間の休養期間のの

ち、ファシリテイターとして複数名のカウンセラーが参加する、多彩なアクティビティを提供するグループワークとなった。

　グループワークを通してさらに多くの学生にアプローチすることを念頭におき、個人面接のみの利用を続ける学生にも興味をもってもらうことを意図して、アクティビティを選定していった。また、それぞれのカウンセラーの経験や趣味、興味の方向性などが尊重して話し合いを行なった。その結果、座禅などのボディワークから料理会、紙粘土のおもちゃ作り、書初め、映画鑑賞会や校内撮影会など、非常に多岐にわたる内容となった。

事例：口下手なB君（本人の許可を得て、本質を損なわないよう改変してある）
　入学当初の問題：途中編入で入学の男子学生。周囲との年齢差や性格的な要因もあり、基本的に無口で周囲とのコミュニケーションがあまり上手くないように見受けられた。
　参加の経緯：X＋3年、フリースペースとしての「いこいのスペース」を利用中に筆者1が声かけし、そのまま参加することになった。
　参加の様子：決して言葉が多いわけではないが、可能な限り毎回参加。グループワークの中心メンバーとなる。紙粘土細工やプレイバックシアターでは、口数が少ないながら独自性に溢れる表現を見せ、カウンセラーや参加メンバーの賞賛を得た（図Ⅱ-5）。X＋4年度の感想には、「学校での楽しみが増えて学校に来るのがウキウキな感じになった。グループ活動を通して顔見知りが増えて学校での居心地が良くなった」と記している。
　参加後の動向：学生相談室とつながりの深い福祉系サークルの部長に就任。

図Ⅱ-5　いこいアワーの作品例（紙粘土のおもちゃ・書初め）

サークルと学生相談室との橋渡し役的な存在となる。また、別サークルの一員として学園祭ステージイベントに出演を果たした。卒業までの2年間に個人面接を受けることはなかったが、卒業時には学生相談室に大きなぬいぐるみを寄付していった。

考察：個人面接には繋がらなかったが、グループワークへの参加により、自己表現の機会を提供することができたケースである。結果的に部活動や学園祭など社会的な場面での活躍も増えていった。グループワークへの参加が学生の社会性を高める一助になったと考えられる。

(2) カウンセラーと共に食事する「ランチタイムクラブ」と"警戒心の強いC君の事例"

X＋6年当時は、学生相談室を居場所として頻回に使う学生の中に発達障害の診断を受けているものが複数名いた。彼らは、家族とは比較的安定した関係を築いているが、自分の気持ちや他者の気持ちを把握したり理解したりすること、または他者と相互的なコミュニケーションをとることが難しいために、同輩集団に属することに、カウンセラーの支援が必要だと思われた。

X＋5年に着任した常勤カウンセラーは、「いこいアワー」の他に、会話を中心とした継続的なグループワークをもう1つ開催してみたいという思いがあった。既に学生相談室を利用している学生とは異なる層の参加も期待していた。その翌年、筆者2（深澤）が着任したことを契機に、ランチタイムクラブ復活が実現した。

当初は両グループの参加者に変化はなかったが、しばらく開催している内に、「いこいアワー」には参加せず、「ランチタイムクラブ」のみ参加する学生が増えた。彼らは、競争心や警戒心が高いためか、同輩集団の中では緊張感や居心地の悪さを感じていたが、ランチタイムクラブでの家族の団欒のような雰囲気を求めて参加していたと考えられた。ランチタイムクラブを運営しているのは男女ペアのカウンセラーだったことも、学生に家族を連想させる刺激となったのではないだろうか。

また、社会人入試で編入した学生（現役生とはかなり年が離れている）の参加も見られた。彼らは、学生生活の適応の他にも、家庭生活との両立や、自身のライフステージに伴う悩みなど、さまざまな苦悩を抱えていた。さらに、「ラ

ンチタイムクラブ」参加をきっかけに、ぽつりぽつりと自分の悩みを話し始め、やがては個人面接へ繋がっていったケースもあった。

事例：警戒心の強いC君（本人の許可を得て、本質を損なわないよう改変してある）

　入学当初の問題：入学以前より広汎性発達障害の診断を受けている男子学生。集団経験が少なく、他者への警戒心や競争心が非常に強かった。

　参加の経緯：X＋5年、入学当初より個人面接を担当していた常勤カウンセラーの勧めにより参加。

　参加の様子：「いこいアワー」では、自分のできることは積極的に参加、特に写真撮影会では毎回構図のバランスが取れた作品を撮影し、好評であった（図Ⅱ-6）。だが、自分のできないアクティビティや他に得意な学生がいる活動では、不満を漏らしながら席を外すことが何度か見られた。

　「ランチタイムクラブ」には、昼食を持参せず、終わりの10分ほど顔を出しにくるという参加の仕方だった。また、C君同様にグループワークの常連であり、同じく発達障害を抱える年下のD君とことあるごとに衝突し、C君がD君を強い口調で威嚇することもしばしばだった。その度にカウンセラーは両者の間に立ち、双方の言い分を聞きながら仲裁をしていた。

　参加の効果：本人の発案により、「いこいアワー」の枠内でC君持参のテレビゲーム機を利用したグループ活動の時間を設けた。その際のホスト役はC君で、ゲームの操作法などを参加者にレクチャーしていた。並行して「ランチ

図Ⅱ-6　C君の作品例（校内撮影会にて）

タイムクラブ」では同学年の男子学生Eくんと親しくなっていき、次第に学外でも連れ立って遊びに行くようになった。その後、C君は生まれて初めてアルバイトを始めたり、体育会系サークルを立ち上げたりと行動範囲を広げていった。

　考察：個人面接を併用しながら、グループワークの場を居場所として、集団経験を積んでいったケースである。グループワークを通して成功体験だけではなく葛藤場面も体験しながら、徐々に友人関係を築いたり、社会的な場に出たりすることができたのではないだろうか。

5　多様な学生を受け入れる「来るものを拒まない」グループワークへ

(1)　学期中のグループワークについて

　さまざまな変遷を経て、学期中に開催されるグループワークは3つに大別されるようになった。アクティビティを中心とした「いこいアワー」、カウンセラーとの昼食会「ランチタイムクラブ」、そしてより自己理解のニーズがある学生をターゲットにして、心理テストや心理の技法などを体験しながら学ぶ「自分発見プログラム」である。

　X+7年から開始した「自分発見プログラム」は、心理テストや心理技法体験を提供するグループである。自分自身の性格や行動パターン、対人関係のあり方などについて考えるきっかけとなるため、カウンセラーと一対一で話す心の準備ができていない学生や、悩み事がまだ明確になっていない学生の参加が多かった。

　このようにA大学のグループワークは、学生がその時々のニーズに合わせて参加できるよう多面的に構成されている。

　これら学期中に開催されるそれぞれのグループの構成について、表Ⅱ-2に記す。

(2)　学期外のグループワーク、学生相談室主催以外のグループワークについて

　夏と春の長期休みには、それぞれ1回ずつ「夏休みスペシャル」、「おわりの会」と題した特別回を例年開催するようになった。「夏休みスペシャル」は参加者全員での料理と会食、そしてアクティビティを行なう半日間のプログラム、

表Ⅱ-2　A大学で行なわれている各グループワークの構造

	いこいアワー（レギュラー）	いこいアワー（外部講師招聘）	自分発見プログラム	ランチタイムクラブ
グループリーダー	担当カウンセラー　学生企画は、学生が進行することも	外部講師　カウンセラーはサポート役	担当カウンセラー	カウンセラー2人（リーダー、コリーダー）
グループ開催頻度	毎週1回（月に1回休養）	毎学期2、3回	月1回程度	毎週1回
内容	校内撮影会　書初め　料理など	プレイバックシアター　ヨーガ教室	心理テスト　性格検査　ストレス対処法など	ランチと会話
時間	1時限（85分）	2時限分	1時限（85分）	昼休みの40分間
目的	アクティビティを通して、自己理解、他者理解、相互交流を深める		各種心理テストや技法を学び、体験することを通し、自己理解、他者理解を深める	昼食を摂りながら皆で会話することによって、メンバー間の交流や、学内での居場所を感じてもらう
広報	学内の各部署へポスター配布、掲示板へポスター掲示、カウンセラーが個人的に声掛け			
メンバー	参加メンバーは流動的			
	事前予約不要、自由参加、途中入退室可能			
メンバーの持ち物	原則、特になし　料理企画の場合は、材料や調理具などは相談室で用意　アクティビティにより、書道用具やカメラなど持参。貸し出しも行なう	特になし　ヨーガ教室時は動きやすい服装を指定　ヨーガマットは貸し出しを行なう	特になし	昼食　ティーポットと湯呑は相談室で用意

「おわりの会」は、その年度で卒業する学生が希望するアクティビティをしながら、茶話会を行なうというプログラムである。

こうした学期外グループワークは、学期中に顔を合わせていたグループメンバーやカウンセラーと顔を合わせることで、居場所となったグループワークとの関係性を保つことや、卒業生にとってよりよい形でグループメンバーと別れることや、人間関係の振り返りを行なう機会の提供を意図している。

6　グループワークが提供する"日常"と"非日常"

(1)　"非日常"の体験を"より多くの学生に"提供するいこいアワー

本章でまとめられた「いこいアワー」と「ランチタイムクラブ」（図Ⅱ-7）それぞれについて、その意義を考察してみよう。普段見慣れた大学の風景をあえて写真で撮影してみる、いつもは気に留めていない身体に意識を向けてみる、友人とゲームをしてみる、留学生と料理をしてみる……。「いこいアワー」で

図Ⅱ-7 「いこいアワー」・「ランチタイムクラブ」ポスターの例

提供してきた活動は、日常の生活の中ではなかなかできない特別な経験、言い換えると"非日常"の体験である。

　活動的な大学生であれば、このような"非日常"の体験は、部活動やサークル、課外活動などで体験できるものだろう。だが、学生相談室が関わるのはそのような学生ばかりではない。集団経験が少なかったり、大きな傷つきを抱えたりしている学生が数多く訪れる。こうした学生に、非日常の体験を通して、自分自身を理解する機会を提供し、他者と共に活動することの楽しさを伝えることができるのが、「いこいアワー」だったのではないだろうか。

　学生相談室で提供されるグループワークに参加した学生の中には、その後自分自身で他の所属集団を見つけ、活動拠点を移したものも多い。桐山（2008）は学生の社会的経験を3ステップに分け、1stステップを個人面接、3rdステップをサークルや課外活動と位置づけ、学生相談室グループや談話室での経験を中間の2ndステップと置いている。A大学においても、学生相談室のグループワークをステップにして、社会的場面に進んでいく学生が数多くいた。3rdステップに進むための2ndステップとしての位置付けである。

　逆に考えれば、自己理解、自己探求という意味では、グループワークは個人面接へと繋がっていくステップであるとも言えよう。しっかりと踏みしめずに過ぎてしまった1stステップに2ndステップを通して降りていくようなイメージである。それぞれの学生にとって、それぞれのタイミングに必要なステップが存在している。なるべく多くの学生に、本人にとって必要なステップを踏んでもらえることを目的に変化してきたのが、現在の「いこいアワー」だ

と言うこともできるだろう。

（2） 学生に"日常"を提供するランチタイムクラブ

　ランチタイムクラブの特徴を一言で言うと"日常"である。何か特別な活動をしているわけではなく、テーブルを囲んでごはんを食べながらおしゃべりをするという、どの家族にもあるようなごく普通のことである。このようなほっとできるひと時や居場所を必要とする学生たちが、数多くランチタイムクラブに参加していた。

　ランチタイムクラブを運営するにあたって、筆者2は、自身の安全感覚にとても敏感だった。ここは自分が安心していられる場所だろうか、グループの平和が脅かされるような事件が起こらないだろうか……つまり、"日常"を守ることにいつもエネルギーを注いでいた。高良（2009）は、グループの基本は安全感の保障であるとし、安全感の獲得のためにグループ臨床家は模索すると述べている。ランチタイムクラブのルールとして〈人の話はきちんと聞きましょう〉と設定し、誰かが話しているのを遮り自分の話をしようとする学生がいたら注意をしたし、場の雰囲気が悪くなるような発言をする学生がいたら制止もした。参加している皆が安全にそこにいられるような場所にするように努めていた。

　カウンセラー間で率直なやりとりをすることも心掛けた。開始当初は、新人ゆえの緊張や遠慮などから、発言を控え気味だったが、カウンセラーが自由でいなければ学生も自由にいられないだろうと思うようになり、会話を楽しんだ。それからは、自然な会話を楽しむようになり、皆が自由にそこにいられる雰囲気を作った。

　「人とごはんを食べるのってほっとしますよね」「（卒業前最後のランチタイムクラブにて）来年もまた顔を出しますから」と語った学生もいた。これらは、ランチタイムクラブに参加している内に、家族とごはんを食べているような安心する感覚や、いつでも帰ってこられるという家族への所属感などを感じるようになり、出てきた言葉ではないだろうか。

　こうして概観すると、ほっとできる"日常"の安心感と、ちょっとした"非日常"へのチャレンジを多面的に提供することで、それぞれの学生にとって必要な社会スキルの獲得や、自己理解の一助としてきたのがA大学におけるグ

ループワークだったと言えるだろう。

（3）「人と共にいる楽しさ」を伝えるグループワークを模索して

　本章では、A大学におけるグループワークの実践の中でも、特にアクティビティ中心のグループワークである「いこいアワー」、そしてカウンセラーとの昼食会である「ランチタイムクラブ」を中心に取り上げた。それぞれ、"非日常"的なアクティビティや"日常"的な場という機能が大きく異なる2つのグループを、誰もが参加できるオープングループで開催することで、できるだけ多くの学生がそれぞれのニーズに応じて選択できるよう努めてきたと言える。

　A大学において提供されてきたのは、いわば「来るものを拒まないグループ活動」である。それぞれのカウンセラーがそれぞれのできることを持ち寄りながら、岩村（1999）が言うように「無理のないやり方を、今すぐできるところから始め」ることで、多種多様なグループワークを提供してきた。共通するのは、「人と共にいる楽しさ」を感じてもらいたいという強い思いであろう。

　A大学では、自己理解の機会提供・集団経験の場の提供・学内の安全基地的場の提供・個人面接へのステップなどの効果が見られた。だが、本章で紹介したA大学における実践が、学生相談におけるグループワークの理想形というわけではない。学生相談機関におけるグループワークは、各大学の規模によって、学内状況によって、学生たちのニーズによって、そしてカウンセラーの人的リソースによって多種多様であるべきだろう。また、試行錯誤を続ける中で、グループワークの効果や意義に疑問符が付く局面を迎えることもあるかもしれない。大切なのは、現在の自分たちにはどのような体験が提供できるか、できないのかを考えながら、学生にとって最適な形を模索し続ける姿勢ではないだろうか。

参考および引用文献

有沢孝治　2005　学生相談における人間関係の促進を目指したグループワークの検討―SSTとSGEを折衷したプログラム、エクササイズ及び進行手順の例示とその成果. 学生相談研究, 26(2), 125-137.

岩村聡　1999　大学におけるグループ・アプローチ. 野島一彦編　グループ・アプローチ. 現代のエスプリ, 385, 90-98.

片山綾乃　2013　対人関係困難学生へのグループワーク併用の有効性についての検討. 学生

相談研究, 34(2), 156-166.
菊池悌一郎　2013　学生相談におけるグループワークの実施形態についての検討. 学生相談研究, 34(1), 36-48.
桐山雅子　2008　学生相談室が提供するキャンパスの練習機能―スリー・ステップ・アプローチの試み. 学生相談研究, 28(3), 181-190.
高良聖　2009　特集にあたって―グループ臨床を考える. 臨床心理学, 9(6), 713-718.
早坂浩志　2010　学生に向けた活動2―授業以外の取り組み. 日本学生相談学会50周年記念誌編集委員会編　学生相談ハンドブック. 学苑社, 190-195.
的場みぎわ　2011　人間関係を育む場としての継続的なグループワークの有効性―個人面接とグループワークを併用した事例から. 学生相談研究, 31(3), 207-217.
屋宮公子　2008　学生相談室におけるサポート・グループ―大学に居場所のない学生によってつくられた「三間の器」. 学生相談研究, 29(1), 25-36.
和合香織　学生相談室の多面的利用についての考察―個別面接・グループワーク・ミーティングルームの利用を通して. 学生相談研究, 32(1), 60-71.

第3章
キャンパス・アイデンティティグループの実践
―― 逞しくしなやかな心を鍛える予防教育的集団精神療法

石川与志也

1 はじめに

　青年期は、その本質として人格構造の大きな揺らぎが生じる時期である。しかし、昨今臨床場面において、思春期の揺らぎとそれに対する防衛[1]が一時的なものではなく、いつまでも維持されており、自己同一性の感覚と自我同一性の感覚の獲得、すなわち、自分になる課題から社会の中で責任ある個人になる課題の発達が難しくなっていることを強く感じる。学生相談領域においても、「相談件数の顕著な増加という量的課題」と「対応に苦慮する相談内容の増加という質的課題」が指摘されており（日本学生支援機構, 2007）、そこに現代的な青年期発達の難しさが反映されていると言えよう。長期のひきこもりや抑うつ状態、アルコールや薬物への依存、ストーカー、自殺未遂、一過性の精神病反応など、困難な問題を呈する学生が増えている。その背景の要因として、社会構造の大きな変化による自我の発達力学の変化を考える必要がある。情報技術の発展拡大に伴う社会のグローバル化が急速に進む中、家族システムと社会システムの境界が曖昧になり、かつては学童期から青年期に自我を鍛える安全空間を提供していた家族システムや社会システムはその機能を十分に果たせなくなっている。それは、家族と社会の間を繋ぎ、青年期の発達的揺らぎを抱え、自我同一性の感覚を獲得するための実験的フィールドを提供してきた大学においても同様である。したがって、現代の学生たちの多くは、個人にかかる負荷は大きくなっているが、その負荷に対処できるだけの自我発達の機会を逸して

---

[1] 精神分析の概念としての防衛とは、生物心理学的個体である個人の恒常性（ホメオスタシス）を危険に陥れる怖れのあるあらゆる変化を減少させ、消滅させることがその究極的な目的であるような自我の諸操作の総体である（ラプランシュ＆ポンタリス, 1977）。

いるためストレス耐性が弱いまま思春期青年期の課題と直面せざるを得なくなっている。このような現状において、学生の自我の成熟のために何ができるのか、学生相談の大きな現代的課題である。

その一方で、学生相談の領域を含む日本の心理臨床や精神医療において青年期人格発達という視点が衰退しているという危惧を筆者は強く感じている。かつては、青年の表す人格の揺らぎやその行動的現れは、早々に病理として見なすのではなく、思春期青年期の発達危機と見なしその成長を援助していく視点があった。しかし、近年、それらは発達障害をはじめとする病理や障害と見なされる傾向が高まっている。病理や障害の安易なラベリングが増加する背景には、様相を変え一見理解しがたい青年に対する大人側の不安や無力感が反映されている可能性が考えられる。上述したように、社会構造が大きく変化する中で青年の表す臨床様態は大きく変化しており、Blos（1962）をはじめ従来の青年期発達理論の通りには青年の発達が展開しなくなっているという指摘もある。しかし、時代は変わり社会構造は変わっても、生物学的事実としての思春期の生殖能力の完成とそれに伴う性的同一性を機軸に加えたアイデンティティの成熟が青年期の発達課題であることに変わりはない。

改めて「学生相談は、学生個々の個別性を前提とした発達と成熟を援助するものであり、コミュニティおよび社会への適応とそれを支える人格の守りと自己実現的追究に資するものである」（小谷，1994，p.208）という学生相談の目的に立ち返ると、発達障害や精神病理の有無に関わらず、青年期の人格成熟の援助をすることが学生相談の一義的な仕事であると筆者は考える。本章では、学生相談における青年期の人格成熟を援助する処方としてのキャンパス・アイデンティティグループの実践を紹介し、現代における学生相談の可能性を考えたい。

2　キャンパス・アイデンティティグループとは

アイデンティティグループは、そこで治療的な効果も起きるが、病理の癒しや症状への対応ではなく、人格構造の成熟を一義的に目指す予防教育的集団精神療法である。米国においては、かつて青年のアイデンティティの混乱が大きな問題になったときに、Rachman（1975）が人間性心理学と精神分析を統合した青年期向けのアイデンティティ集団精神療法を開発した。一方、日本におい

ては、小谷が、エンカウンター・グループの実存的基盤に精神分析的集団精神療法の技法を組み込み、独自にアイデンティティグループを考案し、現代的なアイデンティティの問題に対する処方として技法構築が進められている（小谷, 2001, 2014；橋本他, 2008）。このアイデンティティグループを学生相談というセッティングで行なうものとして再定位したのが、キャンパス・アイデンティティグループ（Campus Identity Group: 以下、CIG）であり、実践と研究が積み重ねられている（橋本・石川, 2006；石川, 2009；橋本・石川, 2011）。

(1) 目的

CIG の目的は、①アイデンティティ感覚を豊かにし、強くすること―自己像のブラッシュアップ、能力やエネルギーの再確認・発掘、今後どう自分を成長させていくかの見通しを得ること、②上記を通して、今後の学生生活における精神的なブレイクダウンの予防―心の問題の早期発見と対処法を学ぶこと、あるいは、アイデンティティ感覚の強化そのものが精神病理の予防になることを学ぶこと、③適応的な人間関係技術を習得すること、である（橋本・石川, 2006）。すなわち、大学キャンパスという特定環境のもとで、アイデンティティ感覚が強化され、人格機能が磨かれることが、病理の改善や予防に連なるという心理療法の積極的介入手法である。

(2) 構造

CIG は、事前面接、CIG 本セッション、事後フォローアップ面接から構成され、CIG 本セッションは、通常 6 から 8 セッション、1 日半の短期集中型のプログラムを組んで行なう。お互いのことを知らない参加者が、最低限の基本ルールをもとに、それぞれが自分にとって安全で自由なあり方を模索し、アイデンティティを検討できる集団を作っていく。基本ルールは、①思い浮かんだことは何でも言葉にすること、②他のメンバーの語りを聞くこと、③聞いた中でわいた自らの気持ちを語ること、④行動する代わりに言葉にすること、⑤時間を大事にすること、⑥自由な発話を保証するために全員が内密性（守秘義務）を守ることである。5 から 7 名の学生と 1 名ないし 2 名の臨床心理士で、上記の作業を徹底して行なう。メンバー構成は、同性のみの場合と男女混合の場合がある。従来、青年期の集団精神療法においては、初期青年期は同性集団、

中期青年期以降は同性異性混合集団がよいとされているが、われわれの経験から、思春期の不安と防衛が顕著で自己同一性が不安定な多くの現代的な後期青年期の若者には、まず同輩異性からの見られの刺激をはずした同性集団で行ない、課題をクリアしていく中で、次の段階で同性異性混合の集団で行なうことが有効であると考えている。また、CIG は居場所作りや友達作りの場ではなく、学生の人格成熟を一義的に目指すため、連絡先の交換は禁止し、CIG の時間と空間の中で最大限チャレンジすることを大事にする。場所は、基本的に大学内の学生相談所や教室を利用する。

（3）　基本技法

　CIG の基本技法は、グループにおいてそれぞれのメンバーが安全な空間を確保できるようにするモザイクメイトリックス技法である（小谷, 1995; 小谷, 2014）。これは統合失調症者の集団精神療法から生まれた技法であり、グループにメンバー一人ひとりがあるがままでいられる空間を確保し、かつ、小片を寄せ集めて１つの大きな絵柄を形成するモザイク画のように、グループ全体としては１つの大きな図柄ができるよう介入を組み立てる。グループというとどうしても関係性や集団への適応に青年も大人も目が行き、そこの不安や難しさに過敏になる傾向がある。しかし、他のメンバーと繋がず、グループに適応させようとせず、個々がバラバラでいいということ、すなわち、個人の存在を一義的に保障することが、グループにおける個人の安全空間を創成するというモザイクメイトリックスの原理は、思春期的な見られの不安と孤立の不安への防衛から自己を見失いやすい現代の青年にとって非常に有効である。

　CIG のセラピストの仕事として最も重要な点は、学生が必要以上に退行することに楔を打つことである。第一のポイントは、大人としての対象性を示すことである。それは自由で率直な表現のモデルになるとともに、彼らの欲求や欲求不満に関わる怒りを受ける対象になることによって示される。青年期の自我は、少しでも大人が姿を隠すと、自分の基盤としての自己の感覚が弱くなり、容易に退行するか、自我肥大に走る。第二の点は、学生たちが生まれてから現在までに発達させてきている自我の能力を最大限発揮させることである。たとえ未熟性や損傷があっても、もっている力を使うところには喜びがあり、そのことにより自己経営の筋力をつけることができる。

3　キャンパス・アイデンティティグループの実際

　ここで、CIG の実際を見てみよう。本章では、心理療法のポテンシャル・クライアントであるが心理療法に入ることができない女子学生のプレセラピィとしての CIG と、個人心理療法と CIG を組み合わせたコンバインドセラピィを受けた男子学生の CIG の事例を呈示したい。ともに家族や同輩関係でさまざまな傷つきの体験があるが、知的能力の高さを生かして大学に入学し、入学後に学生相談所に来談した事例である。

（1）　事例サトミ（大学2年生）

　サトミはショートカットで背は低め、ややふっくらとしており、化粧っ気はなく地味な服装の女子学生であった。時々学生相談所に顔を出し、受付スタッフの女性に話を聞いてもらっていたが、心理療法を勧められるとそこには乗れないことがしばらく続いていた。一度 CIG を勧めると関心を示しながらも参加しなかったが、数ヵ月後の CIG に参加を決めた。

　サトミが参加したのは、1日5セッションの女子学生のみの CIG であった。メンバーは学部2年生のサトミとユミコ、1年生のユカの3名と、男性セラピスト2名のグループであった。#1、サトミは冒頭から部屋の電気の色やカーテンに言及する形で不安の高さを示した。それぞれが目標を語る中、サトミはコミュニケーションの取り方について考えたいと語った。メインセラピスト[2]（以下、M-Th.）が『コミュニケーションの何に悩んでいるのか』と聞くと、長期休暇中に参加したプログラムの話を語りだすが、具体的に自分の悩みは語れなかった。セッション終盤、サトミはニコニコした表情で M-Th. を見て、「人間と大型類人猿の比較に興味がありまして」などと遠慮しながらも興奮して語り、しばらくやりとりした後、M-Th. の座っている姿勢からオランウータンを連想したことをようやく語った。M-Th. が「俺のこと好きなんだな」と彼

---

[2] 2人のセラピストで行なうグループにおいて、権威構造とパートナーシップを明瞭にするために、全体の統括責任者をメインセラピストとし、メインセラピストと協働でグループのマネジメントを行なうセラピストをコ・セラピストと呼ぶ。CIG で学生に伝えるときにも用いる例であるが、グループを船に例えたときの船長と副船長という位置付けである。

女の愛着を受け取ると、「オランウータンが好きなんです！」と否定した。その後もサトミは、本で読んだエピソードなど間接的な話をし、M-Th. やコ・セラピスト（以下、Co-Th.）が明確化したり理解を伝えるとはぐらかしたり、M-Th. に引っ掛けるような質問をしては逃げるというやり方を繰り返した。M-Th. と Co-Th. は、サトミの防衛的な反応はそのままにして、そのやり方をサトミらしさとして大らかに認めることを続けた。メンバーはそれぞれ自分の殻を破ろうとしながらもなかなかできず、両セラピストが自由連想的発話を促していく中、ユミコが今も続く抑うつ感のきっかけとなったサークルでの出来事を語り始めた。それに反応して、ユカも人に対して警戒心をもつきっかけとなった小学生時の人間関係での傷つきの話を語った。＃4の冒頭、M-Th. が残り2セッションだとグループに伝えると、サトミは小学生時代にいじめの体験があったことを自ら語った。M-Th. が、『このグループで一緒に考えることができたら（荷下ろしの作業を）やりたいか』と聞くと、躊躇しながらも「皆さんがよろしければ」とメンバー一人ひとりに直接同意を得た後、小5のときに掃除の後「汚い」「臭い」と言われてから小6になるまでいじめが続いたことを語った。知性化して距離を置こうとしながらも、M-Th. と Co-Th. の助けを得ながら、傷を負った面を見ることの大変さ、被害者意識があるので傷を大きく見ようとしてしまうことなどを語った。M-Th. が1人で抱えてきたのはグループの共通課題だから分かり合えるんじゃないかとグループに伝えると、ユカが反応して、「私と違ってすごい理性的だな」「私はすぐ泣き出したりするのに」と言い、Co-Th. が『半分ぐらいずつ交換したら』と言うと一同笑い、グループはあたたかい雰囲気になった。＃5、＃4の終わりに浮上した女性性の抑制と同世代の女子への反撥のテーマの話をユミコが出し、ユカとユミコが話しているところに、これまで2人と距離をとっていたサトミも加わって話し始めた。見られの不安を語るグループに、M-Th. が『見られではなく自己愛の延長として服装を楽しむことがあるけど全然謳歌していない』と彼らの自我を揺動する介入をすると、サトミは「私はそんなにみすぼらしく見えますか」と M-Th. にからんだ。そして「見苦しいですか」「安物着ているように見えますか」とエスカレートした。M-Th. は『相手からそう思われているという傷がある』と指摘し、ここまでのサトミの特徴として相手から課題を指摘されると防衛的になることを直面化した。すると「ありがたいと思って聞くつもりで

すけど」と早口になって、M-Th. にからんだ。Co-Th. が入って、Co-Th. から見えることを記述し空間をとった後、M-Th. は『スペースが無くなったら助けてくれ』と Co-Th. に一声かけてから、ダメだと思われているイジメの延長がここにあること、知で解決しようとしているがそんなに甘いものじゃないことを伝えた。その後、サトミは、以前より柔らかい雰囲気で話すようになった。そして M-Th. が、このグループによく来たと伝え、いじめの話や嫌われているという思い込みがすぐに出ることを率直に語れたことを愛でると、「2人が話しているのを聞いていたら、なんか、無性に言いたくなってきてしまったというだけの」と照れくさそうに語った。セッション終盤、CIG で掴んだことを振り返る中で、サトミは、「新しい視点を与えてくれることだと思うべきだと頭では考えていた」が、「エモーショナルには拒絶していたところがあった」と語り、知的な理解と感情的な拒絶のズレに気づいたことを成果として語った。サトミは CIG 後も学生相談所に時折出入りし、少しずつ心理療法への関心をもつようになっていった。

（2） 事例アキラ（大学2年生）

　アキラは、長身で短めの髪型、Tシャツにジーンズという服装をしており、表情の固い青年であった。大学1年時に「中学時代から精神的に不安定で、最近は死にたいと思うこともある。人と話すことができない」という主訴で学生相談所に来談した。個人心理療法を1年半ほど受け、その間に CIG に2回参加し、抑うつ感は軽減するが、現実社会での人間関係展開には至っていなかった。「生の人間関係を体験する」という目標で、CIG に参加した。

　3回目の CIG は、男性のみ6名（学部生4名、院生2名）のメンバー、男性セラピスト2名のグループであった。緊張感をもってそれぞれのグループ参加の目標やモチベーションを語ることに始まった＃1の終盤、大学院生のサトシが研究をめぐって教授と喧嘩した話を怒りを露にして語った。＃2の冒頭、アキラは、自分は大学院生のように前線で戦っていないので、抽象的で実感は伴ってないかもしれないけど、と前置きをした上で、「怒りを感じるっていうのは二種類あって、総感情量たくさんある場合とほとんどない場合」と、怒りについてイエスや儒教の話を交えて知性化しながら語った。＃3でメンバー数名が父親への嫌悪感を語り、アキラも自身の父親について「ひどい人ではない

けど小さい」「そういう人に抑えられてきたことに憤りを感じる」と価値下げしながら語った。セッション終盤、学部生のタロウが「うちの父親はぶつかるだけ無駄」と価値下げするのに対して、M-Th. が『ぶつかってもいないのに駄目と言っているのは信用ならない』と壁になると、タロウは自分の弱さを悔しそうに認めた。#4の冒頭、アキラは「M-Th. 先生は対決しろ見たいな感じで言っていたけど、自分を見つめるとか戦うのは、必ずしもいいこととは決まってない」と少し苛立ちながら語った。#5は「上の人には我慢する」「権威主義」がグループの共通テーマになった。アキラが「天から雨が降るのと同じで、そういう中でも自分の心の中ではそう思う必要ない、プラス、そういうもんだという前提でうまくやる」と言うと、大学院生のサトシが「その"うまくやる"は"しょうがないか"という（諦める）方向に行くからすごく難しいことだと思う」と落ち着いた口調でコメントし、アキラはその言葉を素直に聞いた。その後、各メンバーが自分の父との関係や自分の弱さを率直に語るようになる中、アキラは自発的に先ほどの「天から雨が降るように」という考え方に至った歴史を語った。中学で入部した体育会系の部活について行けず退部し、その後に入った文科系の部活で、部長として部のやる気のない雰囲気を変えようとしたがどうにもできず、追い出されるように辞めたことをとつとつと語った。アキラの話の刺激を受け、他のメンバー数名も中高の部活での傷つきややり残しを語った。#6の冒頭から、アキラは貧乏揺すりをして苛立ちを表出していた。M-Th. が大学院生のトシキに『自分で自分に OK を出すこと』を課題として伝えた所で、アキラは激しく貧乏揺すりをした。Co-Th. が発話を促すと、苛立ちを相当に表出しながら「先生は空疎な言葉を並べて…（中略）…そんなことは本を読めばどこにでも書いてあることを言っている！」とM-Th. に対して怒りをぶつけた。M-Th. は『俺は本じゃないよ！生きているよ、ここに！』と怒りをもってアキラに応じた。するとアキラは、「いや、だからあんたはイエスほどは偉くないわけだから」と言い返し、M-Th. とアキラの怒りまじりのやりとりが続いた。そこにタロウが割って入ると、アキラは即座に反論しようとした。タロウは「ちょっと聞いて」と遮り、アキラが半歩引いたところから常に発言していて生の感情が伝わってこないと情熱的に語りかけた。アキラがタロウの言った細部に反応して、ああ言えばこう言うというような直線的なやりとりになっていくところで、サトシが「今の話も M-Th.

先生の話も、一応聞いてはいるんだけど、その後で、自分の周りに一旦バリケードを張った後で喋り始めている」と直面化した。アキラは、「そうやって話している人とそうじゃない人って見分けはつく？」とサトシに聞き、サトシは「このグループの中では一番感じる」と率直に答えると、アキラは「うん、そうか」と素直に聞いた。その後タロウが「逆説語から入るんだよ、君のしゃべりって」と言うのにアキラは「なるほどね」と顔を真っ赤にうなづく。タロウが続けて「『けど』と『でも』を一旦飲み込んでみたら」と言うとアキラは「なるほど。ただ、あ、ははは」と恥かしそうに笑い、グループの他のメンバーもあたたかく笑った。

　アキラは、CIG 直後の個人心理療法セッションで、最終セッションの M-Th. とのやりとりや情熱的に直面化されたタロウとの体験を喜んだ。また、部活の話をしたときに、「自分だけじゃないと思えた」と普遍性の体験ができたことを喜び、部活で「いじめられたのではなく、ついていけなかった」と当時の自分の弱さを認めることができた。また、3週間後のフォローアップ面接において、「（考えではなく）感じることが大事だと思えた」ことを一番の成果として語った。アキラは、このCIG 後の個人心理療法を通して、抑圧していた性衝動の高まりと性に圧倒される不安、対人関係への不安を率直に語るようになり、自分の内的な規範や理想、衝動との付き合いを検討し始め、その間にもう一度 CIG に参加した後、「病気のような状態から自信をもてるようになってきた。今後は失敗するかもしれないけど 1 人でやってみたい」と宣言し、心理療法を終えた。

4　逞しくしなやかな心が育つために――自我と自己の観点から

　2つの事例から、CIG での体験を通して、学生たちが格闘しながら生々しい他者、生々しい自分と出会い、変化するプロセスが見てとれたであろう。以下、自我と自己という観点[3]から、青年が逞しくしなやかな心を成長させるための鍵となる点を整理したい。それは、学生相談所の臨床心理士だけでなく大学教育において教職員が青年の自我発達を援助する上でも役に立つ視点となるだろう。

　冒頭で述べたように、最近の学生は、たとえ知的に高い能力をもっていたとしても、自己の統括責任者であり、内省や他者との外交の主体である自我が十

分に鍛えられておらず、またトラウマによる自我の損傷が癒えずに残されていることも少なくない。したがって、専門課程への進学、就職活動、卒論・修論・博論の執筆などを前にして、いざというところでブレイクダウンが起きる学生が多くいる。彼らは、自分の自我を信頼できていないため、自我に負荷がかかると容易に逃避する。近年、抑うつ状態になる学生が多くいるが、その多くは、自我の鍛えが弱く、自我にゆとりを与え、遊びの空間を提供する自己が狭くなっているか、拡散している。したがって、自我を育て、鍛えることは、現代の青年期の心理療法において必要な課題である。それは教育においても同様である。この視点をもたないと、指導しているつもりがハラスメントになったり、学生を過度に甘やかしてしまい、自我の関与による積極的なリトリートとしてではなく、逃避としての留年や退学を増やすことになったりする。また安心を与え、世話をするだけでは、自己は安定するかもしれないが、青年期の発達は展開しない。マイナスをゼロにするのではなく、プラスにすること、すなわち、自我を育て、鍛えることが必要である。そのためには、自我と自己を統合的に見る視点が役に立つ（小谷, 2009）。自我は、広い自己の空間で、自由に遊び、隠れ、試すことで、萎縮や歪みから解放され、ゆとりを得る。そして、自己が広がり、深まるためには、鍛えられた自我による冒険が必要である。

　CIG 開始時、メンバーは、青年期発達を促進する権威対象と同輩のいる場という CIG の構造の刺激を受けて、自己内に揺動が生じ、その程度や質の差はあれ、自分に馴染みの防衛機制を働かせて自分の安定を守ろうとする。サトミは、CIG の開始時、不安が高く、自分（＝自我）で自分（＝自己）を安定させることが難しく、自分の不安を部屋に投影したり、セラピストにひっかける形で関わったり（投影性同一視）、質問をはぐらかしたりなどの防衛を働かせながら、自己を安定させようとしていた。CIG を通して、彼女の自己はずいぶん安定し、自己を安定させようと過剰に働かせていた自我の防衛が弛み、自我による率直な表現や、防衛で遠ざけていた自分の体験を自分でそのまま見ること

---

[3] 精神分析において、自分で自分を見ると言ったときの前者を自我と言い、後者を自己と言う。すなわち、自我とは、自分で自分を感じ、その自分を自分で見て、考え、行動を決定するという自分を経営する主体である。自己とは、自我が経営している自分全体のことであり、安心感を持ってくつろげる自分の部屋のように自分の場所の感覚とも言える主観的体験の世界である。自己に関しては、脚注 4 も参照のこと。

が少しずつできるようになるなど、彼女の自我は開始時より自由に機能できるようになった。アキラは、初めて参加した CIG ではサトミと同じように不安定な自己と防衛的自我の先鋭化が見られ、一見発達早期の病理をもつ人格障害を思わせる反応を見せていた。今回の CIG の開始時点では、そこまでの不安定さは見せなかったものの、知性化と抑圧が顕著で、自己は狭く防衛的な自我が優位であった。得意な知を使いながら、CIG での作業をしていく中で、彼の自己は広がり、自我の率直な表現と自己体験に直面化する機能が高まった。特に、M-Th. という対象を得て、抑え込んでいた攻撃性を怒りとして表現できたことは、彼の身体性を回復させ、自己と自我の相互作用が展開した重要な契機となった。

　自我と自己の相互作用的な展開の鍵の1つは、思春期において特に重要となる普遍性の体験（「自分だけが変ではない、なぜなら他のみんなも同じ船に乗っているから」：Scheidlinger, 2002）である。同輩集団から孤立している青年にとって、CIG で普遍性の体験をすることは、グループにおける安全感を高め、1人で抱えていた思春期的な不安とそれに対する防衛を緩め、自己を広げる契機となる。ここで大事なのは、主体的自我が覚醒していることである。サトミもアキラも、自己愛の傷つきに対する防衛が優位であったが、自らのいじめや挫折の体験を語り始めたところでは、外からの促しや自己愛的な自分語りではなく、自分の場所から自我の主導によって自発的に語り始めている。1人で抱えてきた傷つきを語り、その荷下ろしをするとき、自分でその話をしようと思って話すことが重要である。そうしないと、自分の殻の中で語っているだけで新しい体験とはならず、さらには、後になって反動として生じた揺らぎを自分で収められなくなったり、傷つきの再体験が生じたりする可能性がある。IT 技術の拡大と社会構造の変化により身体感覚に基づく体験が弱くなっている現代の青年にとって、この主体的自我の覚醒のためには、先述した基本ルールの実践を仲間とともに行なうという潜伏期（学童期）的な活動によって、グループへの所属感と自分の身体感覚が高まり、自己同一性の感覚[4]が保障されること（Masterson, 1985）すなわち、自分の身体的実感を伴う自己の安全感を体験していることが前提条件として重要になる。Blos（1962）は、思春期に入る地固めとして潜伏期自我発達の重要性を指摘したが、青年の自我が自分の中の衝動や不安に圧倒されて容易に退行し、自我の主体感覚を失わないために、仲間と

ともに活動する潜伏期的な体験は重要な助けとなる。

　自我と自己の相互作用の展開の2つ目の鍵は、三者性の体験である。集団の母性的機能（Scheidlinger, 1974）をベースに、セラピストが権威対象として壁になる父性的機能を果たす三者性の体験は、いまここで自分の中に起きている体験に自分自身が直面化する契機となる。この三者性の体験は、自分の身体性に根ざした能動性の感覚、すなわち、覇気の感覚を鍛えるものであり、青年期のアイデンティティの成熟のために必要な体験である。この体験は、若い力士が横綱とぶつかり稽古するときや、自分より強い相手とスポーツの試合をするときに、壁になる相手がいることで自分の覇気の感覚を実感でき、それが鍛えられることをイメージすると理解できるであろう。しかし、家族や同輩集団における自我の鍛えの弱い現代の若者は、三者性の体験を攻撃される／非難される体験と感じやすく、容易に二者の直線的関係になり、空間を失う。ここで、2人の関係を見て率直にコメントしてくれる第三の対象を得られると、空間を取り戻して、自分の体験を第三項として心の空間に置き、吟味すること、すなわち、自我による自己体験の観察吟味ができるようになる。

　以上、見てきたように、CIGは、潜伏期（学童期）、思春期、青年期の発達促進的な体験をすることができる装置であり、それが、学生たちの自己を広げ、自我を鍛え、この両者が相互作用しながら成長していく機会を提供する。一度参加するだけでは、アイデンティティの構造と機能の成熟は十分には展開しない。間をおいて繰り返し参加したり、個人心理療法と組み合わせたコンバインドセラピィを受けたりしながら、取り組んでいくことが必要である。

　最後に、個人心理療法ならびに教育につながるポイントについて言及したい。学生の自我が育つためには、先述したように、大人として壁になること、そしてそこでの体験を彼らが吟味することができる空間を作ることが必要である。

---

[4]　自己同一性の感覚とは、Masterson（1985）が自我同一性の感覚とは区別したものとしてエリクソンをもとに概念化しているが、ここでは、小谷（2008）による定義をあげておく。「自分がある『場所』の経験の全てが『自己』であり、そのあるがままを感じそのすべてを分析的にではなくそのまま受け入れることができるとき、そこはかとない安心に加えて自分と世界に対する愛着を持つことができる。そこには自分が自分であることの実感が怖れなくあり、自分が自分ではないものとの世界の間で区別されることへの安心感がある。この感覚を自己同一性」と言う。(p.62)。

その際、それぞれの学生によって、自我の成長につながる壁の体験は異なっている。この学生の自我が鍛えられるような壁はどのような壁なのか、学生をよく見て設定することが重要である。

5　おわりに

　CIG で出会う学生たちは、彼らが学生相談所に来談したときの外観からは想像できないほどに本来はエネルギッシュで、豊かな資源と青年らしい情熱をもっていることを教えてくれる。彼らの成長を支援するためには、そのとき表面に表れている問題や機能不全のみから査定するのではなく、安全感が保障され、心を耕す刺激を得られる場において彼らが機能しているところで、課題と能力の査定をすることが必要であり、有効である。

　発達的な揺らぎを抱え自我の成熟の実験的フィールドを提供する社会装置が失われてきている現代社会において、大学は、若者が自我を鍛え、アイデンティティを成熟させるための環境を作る責任がある。そのための大きな鍵は、「人は人によりてのみ」のロジャーズの言葉にあるように、生々しい他者との出合いによる生々しい自己との出合いであり、その出合いの中で、逞しくしなやかな自我を鍛えることである。流動化する社会の中で、彼らが逞しく生き延び、次代の社会を作っていく創造的な力を鍛え、発揮することができるために何ができるのかをわれわれは考える必要がある。青年期の人格成熟を促進する予防教育的集団精神療法装置である CIG は、その試みの一つである。青年期の発達が困難になり、若者たちの未熟さを表す問題も多くなっているが、いつの時代も青年たちは社会にとって希望である。われわれにできること、われわれがやらねばならないことはまだまだたくさんある。

参考および引用文献

Blos, P.　1962　*On Adolescence: Psychoanalytic Interpretation*. Free Press: New York.
橋本和典・石川与志也　2006　学生相談におけるキャンパス・アイデンティティグループの試み. 東京大学総合文化研究科学生相談所紀要, 10, 22-24.
橋本和典・ジェイムス朋子・西村馨・西川昌弘・中村有希　2008　アイデンティティグループ. 小谷英文編　ニューサイコセラピィ―グローバル社会における安全空間の創成. 風行社, 225-246.
橋本和典・石川与志也　2011　重度意欲喪失に対するキャンパス・アイデンティティグルー

プ—技法構成と効果性の検討. 東京大学駒場学生相談所紀要, 15, 4-32.
石川与志也 2009 青年期アイデンティティグループ—学生相談における可能性. 小谷英文編 グループセラピィの現在—精神疾患集団療法から組織開発タスクフォースまで. 現代のエスプリ, 504, 189-199.
小谷英文 1994 精神分析的システムズ理論による学生相談論. 都留春夫監修 学生相談—理念・実践・理論化. 星和書店, 203-218.
小谷英文 1995 精神分裂病を中心とした慢性的精神障害者の集団精神療法—基本的枠組みと技法基礎. 集団精神療法, 11, 127-137.
小谷英文 2008 ダイナミック・コーチング. PAS心理教育研究所出版部.
小谷英文編 2009 ニューサイコセラピィ—グローバル社会における安全空間の創成. 風行社.
小谷英文 2014 集団精神療法の進歩. 金剛出版.
小谷英文・中村有希・秋山朋子・橋本和典 2001 青年期アイデンティティグループ—性愛性と攻撃性の分化統合を中核作業とする技法の構成. 集団精神療法, 17, 27-36.
ラプランシュ, J. & ポンタリス, J. B. 1977 精神分析用語辞典. みすず書房.
Masterson, J. F. 1985 *The Real Self: A developmental self, and object relationships approach*. New York: BRUNNER/MAZEL, Inc.
日本学生支援機構 2007 大学における学生相談体制の充実方策について—「総合的な学生支援」と「専門的な学生相談」の「連携・協働」. 独立行政法人日本学生支援機構学生生活部学生生活計画課.
Rachman, A. W. 1975 *Identity Group Psychotherapy with Adolescents*. Northvale: Jason Aronson Inc.
Scheidlinger, S. 1974 On the Concept of the 'Mother Group'. *International Journal of Group Psychotherapy*, 24, 417-428.
Scheidlinger, S. 2002 Paths Toward Working with Adolescents in Helping Groups: A Preliminary Overview. In (Eds) Seth Aronson & Saul Scheidlinger. *Group Treatment of Adolescents in Context*. Madison: International University Press, 1-19.

第4章

学ぶ主体を育む「学生相談面接」
――"こころ"と"現実"の両面を視野に入れた支援の事例をもとに

山下親子

1 「学生相談面接」とは

　学生相談室で仕事をしていると、「大学に所属する教職員や学生たちにとって、学生相談室は"問題を抱える一部の重篤な学生に対して、専門家が心理療法を行なう場所"というイメージなのだ」と感じることがしばしばある。"こころに失調をきたした学生の治療機関"という印象から、敷居の高い場所になってしまいがちなのだろう。

　確かに、心理療法の歴史の初期においては、クライエントの抱える問題はすべて個人の心理的疾病と見なされ、その基底にある心理的な病理の除去や改善が唯一の目的とされてきた（Korchin, 1976；近藤, 1994）。しかし、一方で、そのような「病気を治す」という発想に基づいた"医療モデル"への反省に立ち、個人をとりまく環境により焦点を当てた"コミュニティモデル"が発展してきた（安藤, 2009）。医療モデルと対極に位置するコミュニティモデルでは、個人の行動はその人を取り巻く環境と密接に結びついた状況の中で発生しているとの考えから、心的内界よりも社会的環境を重視する。そして、個人のパーソナリティの変容を生ずることよりも、目下の問題そのものの軽減を図ることや、社会的能力を強化することを目標としている（山本, 1986；近藤, 前掲書）。

　ただし、コミュニティモデルにおいても、個人と社会的環境の不調和によって問題が生じている場合、その不調和を解消するために行なう介入は、個人を変えるか環境を変えるかのいずれかに二分されやすい。しかし、筆者が実践している"学生相談面接"では、キャンパスの中に学生相談室が位置することにより、学生の生きる"現実"に直接的に働きかけながら、同時に"こころ"に対する専門的な援助を行なうことができる。すなわち、個人とその個人が生きる現実との両方を視野に入れつつ援助することで、青年期にある学生の発達課

題である主体性の育成だけでなく修学や学生生活における成長をも促し、その両者が密接に絡み合うことで"学ぶ主体"を育むことを目的とするのである。

　本章では、学部との密接な連携をもとに相談活動を展開してきたある学生相談室で筆者が出会った事例[1]を提示する。これにより、学部との協働の中で、青年期の発達課題である主体性の育成と修学面での成長とを同時に促す「学生相談面接」のあり方（山下, 2011）を具体的に示し、「学生相談面接」──すなわち、学生相談ならではの個別面接の特質を浮き彫りにしたいと思う。

2　A大学における学生相談活動

　A大学は、街中の喧騒から離れた自然の豊かな地域にメインキャンパスを構える大規模総合大学である。人文科学・社会科学・自然科学系の学部・研究科を擁し、入学時における学生の学力レベルは全国でも上位で、大学院重点化を導入している研究大学でもある。

　A大学では、従来、"カウンセラー"と留年学生や生活上の困難、支障を抱えた学生の指導を行なう"学生指導担当の教員"とが、それぞれ別の組織において学生相談業務を行なってきた。その"カウンセラー"と"学生指導担当の教員"とが1つの組織に統合され、新たに創設されたのが現在の学生相談室である。このような成り立ちから、A大学の学生相談室において、相談員は、心理療法の専門家としてだけでなく、むしろ大学を構成する教員の一員としても機能してきた。そして、そうした活動の中で、"学生相談対応に必要なエッセンスは、大学教員としてのあり方の中にそもそも含まれている"という文化が醸成されている。

　このような特徴をもつA大学学生相談室の象徴的な存在として挙げられるのが、各学部・研究科から1名ずつ選出された"相談担当教員"であるといえよう。この任に就いた教員は、必要のある学生に対して、学部・研究科固有の専門教育に関する援助や情報提供を行なう役割をもつ。A大学では、学部・研究科や学科・専攻単位で、それぞれのカリキュラムや学生の修学状況に合わせた独自の学生支援（低単位学生の呼出面接など）が積極的になされている。学

---

[1] A大学学生相談室で筆者が出会った典型的な事例のいくつかを本質を損なわれないよう組み合わせた架空事例であり、実際の事例についての記述ではないことを断りおく。

生相談室は、この学部の"相談担当教員"との緊密な協働によって、各学部・研究科と連携しながらの学生相談活動を展開することが可能となっている。

上記のような体制を採っているため、相談室には、"相談担当教員"（指導教員や教務委員など、相談担当教員以外の教職員であることもある）から紹介された教職員や学生、保護者らが多数訪れる。以下では、そのような経緯で相談室に繋がり、学部と連携しながら支援を行なったA大学学生相談室に典型的なケース（架空事例）について略述する。

3　事例

夏休みに入る少し前に、ある理系学部の教員から、「4年生の男子学生が研究室に来なくなった」との相談があった。この学生（以下、B君とする）は、配属された直後から休みがちであり、研究室としても気にかけ慎重に見守ってきたという。研究室に来なくなってからは、一人暮らしをしているアパートを訪ねても応答がないとのことであった。後日、B君がこの指導教員の呼び出しに応じて面談に現れた際、教員に伴われる形で相談室に来談した。

B君によれば、4月に研究室に配属され実験テーマが与えられたが、思い通りの成果を出せない状態が続いたという。そんな中、卒業論文の中間発表会が近づいてきた。焦るばかりでどうしてよいか分からなくなった彼は無断欠席し、それ以降研究室に行けなくなったとのことであった。ひと通り話を聴いた学生相談室の相談員（以下、Coとする）が〈どうしたらよいか一緒に考えませんか〉と提案したところ、「大学のことを考えると苦しくなるので一日中インターネットに逃げていた。カウンセリングで話すことは自分にとって苦しいが、乗り越えるためにはここに来る必要があると思う」と言い、来談に同意した。自発来談ではなく、再びひきこもる可能性も考えられたため、本人と連絡がつかないときは研究室や保護者に連絡する旨了承をとった上で、継続的な面接が始まった。

開始早々、無断キャンセルが続いた。心配したCoが電話をかけても全く繋がらなかった。しばらくの後、やっと連絡がついた彼は、またひきこもっていたことをうめくように告白し、もう卒業は無理だと思っていることをCoに告げた。そして、これまで勉強に全力を注いできたこと、勉強でもダメなら自分にはもう何もないという絶望感が語られた。小中高を通して成績が上位だった

というプライドがあり、少しでもうまくいかないと即座に投げ出してしまうのだと言う。B君は、自分のこの傾向を何とかしなければならないと、苦悶の表情を浮かべながら語った。

　再び定期的に来談するようになると、自信がなく、些細なことでも人に頼ってしまいたくなる自分への嫌悪感が語られるようになった。それで、自立的に研究に向かい、活躍している人に憧れ、あえてハードな研究室を選んだという。しかし、各人が自主独立の精神で研究を進める雰囲気に馴染むことができず、ずっと孤立感を抱いてきたことが打ち明けられた。

　面接を重ねていくうちに、分からないことを研究室のメンバーに相談することができるようになった。次第に、実験で失敗するのは自分ばかりではないことが実感され、失敗しても友人と慰め合えるようにもなった。また、落ち込んでも、友だちと冗談を言い合ううちに、少しずつ気持ちを立て直せるようになった。依然として、ゼミなどでの発表の機会が近づくとプレッシャーが増大し、やる気が低下して研究室を休みがちになったが、投げ出しそうになりながらも、どうにか実験を続けた。発表なども、実験の進捗が思わしくないときにも欠席することが少なくなった。

　登校が安定し始めると、研究室から課される課題が増え、やるべきことが山積するようになった。再び研究室に行けない日が続くようになると、いよいよB君の中で、「さすがにもう見捨てられてしまうのではないか」という不安や、「研究室のメンバーから疎んじられているのではないか」という疑念が膨れあがってしまった。そこで、本人、指導教員、Coとで合同面接をもつことになった。話し合いの結果、登校は安定したがまだB君の精神状態が芳しくないため、まずは卒業に必要な単位の取得を優先し、実験は一休みする方向に落ち着いた。

　この頃には、B君が、人前で発表することや資料を分かりやすくまとめること、スケジュールの管理などに少なからぬ困難を抱えていることが見えてきた。また、研究室から離れて一息つくと、少しずつ母親との関係が語られるようになった。幼少期から大人しく、器用ではなかったであろうB君に心配のあまり口を出してしまう母親の態度を、いつしか彼は押しつけがましいと感じるようになっていった。しかし、そのことを母親にどう伝えてよいか分からず、諦めてきたという。〈心配してくれるお母さんの気持ちは嬉しいけど、「あれはし

たの？　これはしたの？」と言われると、押しつけられるように感じて嫌だという気持ちを伝えてみては〉と言うCoに、B君は「言葉で言っていくしかないのか」とうなだれた。そのやりとりの後、彼は、これまでの想いを母親にぶつけてみた。そうしたところ、自分の気持ちを相手に伝えられたという手応えを感じることができ、少し気持ちが楽になったという。母親にも彼の想いが伝わり、心配のあまり先回りして色々なことを押しつけすぎないよう心掛けるようになった。

　周囲との率直なやりとりが増えるにつれて、B君に、周りの人たちが親身に心配してくれることがひしひしと実感されるようになった。それにつれて、家にひきこもって無為に過ごしている自分への嫌悪感が高まってきた。「こんなことしている場合じゃないのに」と自嘲的に語ることも増えた。と同時に、研究室で味わっていた、他の学生からの悪気はないが心無い言動による傷つきが思い出され、「研究室の人たちに分かってもらえないと行きづらい」という気持ちが表出され始めた。Coは、他の学生との関係を相談したいというB君の意を指導教員に伝え、再び合同面接を行なうことにした。話を聴いた指導教員は、他意はないと思うが学生たちにはもう少し言動に気をつけるよう注意する、実験や研究室の人間関係に細やかに目を配れる立場の人をB君の指導につける、という配慮を提案した。さらに、少しずつ結果を積み重ねていくことこそがB君の自信に繋がるのではないかとの思いを語り、失敗するとまた一からやり直さなくてはならない実験テーマでなく、思い通りのデータが得られなくとも結果を積み重ねれば論文を書くことができるような実験テーマを与えようと考えていると話してくれた。

　こうした細やかな配慮を得て、B君は再び研究室に行き始めた。面倒を見てくれることになった助教に温かく丁寧に指導してもらい、話しかけてくれる先輩もできた。研究室には格段に居やすくなったが、実験となると簡単にはうまくいかなかった。実験の初期段階でつまずくと、「自分だからうまくいかないのではないか」と激しく落ち込みながらも、懸命に立て直しを図った。実家からは、彼の求めに応じて母親が応援に駆けつけた。研究室のメンバーも、投げ出すまいと踏み止まるB君を見て、こまめに相談に乗ってくれたり、研究室に来られないときは近くに住む学生がアパートまで迎えに行ってくれたりと根気強く支えてくれた。

実験に失敗するたび何度も挫けそうになり、「できないと意味がない、むしろ台無しにしたくなる」と嘆くB君に、Coは〈何もかも台無しにしてしまったら卒業は望めないが、少しずつでも前に進めばいつかは卒業にたどり着ける〉と繰り返し伝えた。徐々に、B君は、失敗しても投げ出すことなく、実験を継続できるようになっていった。

　すると、次第にこれまで苦手だったスケジュール管理や散乱していた資料の整理もできるようになった。手帳で予定を確認する習慣が身につくと、実験もさらに順調に進み始めた。そして、失敗しても、「優先順位をつけ、できることから手を付けていくことが大事」と自らに言い聞かせるように繰り返し、気持ちを切り替えられるようになった。想定外のことが起こった時には助教の先生に相談できるようにもなった。この頃には、研究室内に友人もでき、深い交流も生まれていた。研究室の多くの人たちに支えられながら実験に取り組むうちに、時間こそかかったがきちんとした実験結果を出すことができた。指導教員からも褒められたことで、B君は少し自信をもてるようになった。卒業論文の発表会ではところどころ口籠ってしまったが、「自分は発表が苦手なのだから練習すべきだった」と冷静に省みることができた。彼にとって、卒論の発表会という大切な期日に向けて自分で計画を立て、それを予定通りに進め、しっかり発表できたということが、何よりも嬉しく自信になったようであった。"論を組み立て、分かりやすく記述する"という不得手な作業には苦しんだものの、B君はこれまで培ってきた自信に支えられ、何とか卒業論文を書き上げて卒業に至ることができた。

4　学生相談活動と教育活動との連携によって促された学生の成長

　キャンパスの中にある学生相談室では、学生の登校が途絶えると来談も切れてしまいやすい。特に、教職員や保護者に付き添われる形で来談した学生は、概して来談意欲が低く、中断に至ってしまうことも少なくない。B君の場合は、相談室と研究室とが必要に応じ連絡を取り合ったことで、繋がり続けることができた。彼の大学生としての成長は、この連携がなければなしえなかったように思われる。

　それでは、B君は、"カウンセリング"の中だけでなく"大学教育"の中でどのように成長していったのだろうか。ここでは、相談室と研究室とが連携し

協働して支援する中で、それぞれがB君の成長において果たした役割という観点から整理してみたい。

(1) 相談室の果たした役割

相談室がB君に対して直接的に行なった心理的援助の1つは、連絡なく来談しなかったときには電話をし（本人と連絡が取れない場合には保護者にも）、現実から目を背けようとする一方で、「今度こそ周囲の人間から見捨てられたに違いない」という不安におののいているであろうB君に、「行き詰ったときこそ一緒に考えよう」というメッセージを何度も送り続けたことであった。これにより、現実がうまくいかなくなると周囲との関係を断ち切ってひきこもろうとするB君の中に、"困ったときこそ誰かに相談し、現状を打開していく"というあり方の素地がつくられていったように思う。そして、できないことは周囲の助けを得つつ、できることは自分の力でやっていこうとする自信と主体性が育まれていった。

B君に対する心理的援助の2つ目は、"自分の気持ちを相手に伝えることの手応えを実感し、それを他でも試してみる"よう促したことであった。それまでB君は、どうせ無駄だと諦めて自らの思いを表出しないまま、不満を抱えては対人関係からひきこもることを繰り返していた。しかし、Coとのやりとりを基盤に、周囲との率直な対話を重ねるにつれ、周りの人たちの何気ない言動を被害的に受け取っていたことや、彼（彼女）らの温かい配慮に気付くようになっていった。これにより、人への不信感は和らぎ、親密な関係も築けるようになっていった。

さらに、現実的な支援として、スケジュール管理の苦手であったB君と、手帳を活用して、やるべきことに優先順位をつける練習を行なった。これにより、発表や課題の締め切りを忘れるというミスが減り、そうしたミスをきっかけにすべてを投げ出すことも少なくなっていった。

まとめるならば、相談室がB君に対して行なった援助は、得意なことと苦手なことのギャップが大きく、「歯が立たない」と感じると苦しさのあまり投げ出してしまい、その繰り返しの歴史の中で自信を喪失してきたB君が、苦しさに耐え、投げ出さずに取り組む力を培えるよう支えたことであると言えるだろう。卒業論文の作成にかけた4年間は、すべて、この力を育むための過程

であったと言っても過言ではない。

　また、研究室を介した間接的な援助も行なった。B君のような不登校の学生に対してしばしば教員が抱く戸惑いは、"怠学"かそうでないか（たとえば、精神疾患など）の見分けがつきにくく、どう関わればよいか分からないということであるように思う。教員（研究室）との連携において相談室が果たした重要な役割は、専門家として把握した学生の状態を分かりやすく伝える"通訳"の機能であった。では、その"通訳"に耳を傾けながら研究室が行なった支援はどのようなものだったのだろうか。

（2）　研究室が果たした役割

　研究室では、B君の登校が途絶えると、その度に必ず研究室のスタッフやメンバーが連絡をしたり、時にはアパートまで迎えに行くなど、きめ細やかなフォローが行なわれた。また、その都度、指導教員、B君とCoとの合同面接の時間をもち、彼に何が起こっているのかを確認し、適切な対応が図られた。面接室でしかB君と会うことのないCoとは異なり、日常的に密接にかかわる人たちによる、この丁寧で粘り強いフォローがなければ、登校も来談も途絶えてしまい、彼がひきこもりの状態から脱することは難しかったかもしれない。このような研究室の手厚い支援を得て登校を継続する中で、相談室での面接も継続され、B君は徐々に変わっていった。

　また、研究上で分からないことや研究室の人間関係について誰かに相談することが困難な彼を細やかに気遣ってくれる教員（助教）を指導につけるという配慮のおかげで、B君は、実験に行き詰まり、1人で抱え込んだ末にどうしようもなくなってひきこもるというパターンから抜け出すことができた。その結果、すべてを自分一人の力でやらねばならないという過度のプレッシャーから解放され、人に頼りながら自分でできることを増やしていくという、緩やかな成長を遂げていった。

　そしてなにより、うまくいかないとすぐに放り出してしまうのではなく、欲求不満に耐える力を育んでいけるよう、失敗してもそのデータが無駄になってしまうことのない研究テーマを指導教員が与えてくれたことが、B君にとって大きな助けとなった。これは、B君の"心的課題"を理解した上で、その課題にぴったりと合った"研究課題"を与えるという、高い専門性をもった指導教

員にしかできない巧みな支援であった。彼がこの研究課題に取り組むことは、すなわち、失敗への耐えられなさという自らの内的課題に取り組むことそのものであった。しかも、その難しい課題に一気に直面させるのではなく、無理のない範囲で少しずつ失敗に耐える力をつけていけるような研究課題をアレンジしたからこそ、B君は実験の失敗を繰り返しながら欲求不満耐性を高め、投げ出し切ることなく卒業論文をまとめることができたのだと考えられる。

5　おわりに

　学生相談室という大学の片隅にいて見えてくるのは、学生たちがつまずくのも、また成長していくのも学生生活という"現実"の中である、ということだ。現実にぶつかり、乗り越えなくてはならない問題（たとえば、修学の滞り）が生じたとき、その問題の中に彼（彼女）らがこれまで生きる中で抱えてきた心理的な課題が立ち現われてくる。現実と内界とは本来分かちがたく結びついており、学生のあらわす問題に"心理療法"のみで介入しようとすることにはそもそも無理がある。学生たちが生きる"現実"をいかに有意義なものにしていくか。これは、学生相談機関において学生を支援する際に、彼らの"こころ"に対する援助と同程度に欠くことのできない視点である。また、発達の偏りのある学生など、多様な学生が大学に入学してくるようになった現在、学生相談において、個別面接での援助を教育の中に位置づけ、学部・学科・研究室と協働しながら個々の学生を学ぶ主体として育てるという関わり、視点をもつことは、今後ますます重要になってくると思われる。

　本事例においては、学生の困りごとを分解することなくそのまま全体として捉え、介入を試みたところ、研究室の支援と学生相談室の援助とが連携によってぴったりと噛み合わされた。その結果、青年期にある学生が主体的に学び、生きるプロセスが促進されることとなった。このような視点をもって学生にかかわり、学ぶ主体を育むことこそが、キャンパスの中で行なわれる「学生相談面接」なのではないだろうか。

参考および引用文献
安藤延男　2009　コミュニティ心理学への招待―基礎・展開・実践. 新曜社.
近藤邦夫　1994　教師と子どもの関係づくり―学校の臨床心理学. 東京大学出版会.

Korchin, S. J. 村瀬孝雄監訳 1980 現代臨床心理学―クリニックとコミュニティにおける介入の原理. 弘文堂.
佐藤学 1995 学びの対話的実践へ. 佐伯胖・藤田英典・佐藤学編 学びへの誘い（シリーズ学びと文化①）. 東京大学出版会, 49-91.
山本和郎 1986 コミュニティ心理学―地域臨床の理論と実践. 東京大学出版会.
山下親子 2011 学生相談独自の面接構造における発達促進的なかかわりの意義―境界例水準の人格構造を有した学生との5年間にわたる面接過程をもとに. 心理臨床学研究, 29(2), 165-176.

第 5 章
授業において「遊ぶ」こと
──美術大学でのグループワーク実践から

山川裕樹

1　はじめに

　オープンキャンパスといえば大学教員に課される業務の1つであるが、その待ち時間でのこと。私と同じく教養教育を担当する教員にアメリカ出身の方がいる。その人と学生たちとの雑談中に「花いちもんめ」の話になった。その先生は言った。「ハナイチモンメってなに？」。

　その時、私は英語で「花いちもんめ」を説明するという暴挙に出たのだが、なぜそのようなことをしたのかは自分でもよく分からない。英会話は得意なほうではなく、実際その先生との会話はほぼ日本語である。しかしなぜかその時英語で説明してみようとの天啓が私に訪れ、つたないながらも英語で日本の伝統的遊びを紹介することになった。

　英語でなんと言ったのか、今となっては思い出せない（グループを2つに分け、そのそれぞれが列を作って向かい合い、などと言ったような言ってないような）。その後もいくつかの子どもの遊びを英語で伝えた。以下で取り上げる「フルーツバスケット」も含まれていたと思う。説明しながら私が感じたのは、子どもの遊びを英語で紹介するとこんなふうに表現されるのか、という新鮮な驚きであった。

　自分の中では暗黙の事態をちょっと頑張ってことばにしてみると、違うものが見えてくる。おそらくこれは、カウンセリングで聞き手を得たときに生じる体験と近いものがあろう。「言葉にするまでもない」と思われていることをあらためてことばにする場が得られることで、自分で自分自身の感じていたことに気付く（気付き直す）。伝えるという行為は、相手に伝える意味をもつと同時に自己発見的な営みでもある。

　また伝えるためには相手がそのことを知らないのが前提である。知っている

人には伝える必要がない。知らない人だから伝えることに意義がある。近年、「コミュニケーション力（通称コミュ力）」なるものが喧伝されており、社会に出るためにはそれが必須であるとされている。そこで重視されるのは伝えること、伝わることであるが、その前段階には必ず伝わらない、知らない、通じない事態があり、そのことも同じくらい大事にされていいはずだ。伝わらない、通じない、互いに違うからこそ、そこで何かを伝えよう、伝えたい、分かりあうことに価値が生まれる。共通する人同士ではなく、違う立場の人だからこそ前提の違いを乗り越えて「伝わること」を獲得できる。「分かりあえない」ことを「お互い分かりあう」ことだって可能である。コミュニケーションは伝わらないことから始まるのである。

　さて、本章で取り上げるのは小規模美術大学での授業の取り組みである。この授業は次に述べる概要のように学生の自己発見を狙ったグループワークで、その中でもここでは授業内で行なっている「遊び」の側面をテーマとしたい。「授業なのに遊び？」と思われる方もいるだろうが、この授業では一部遊びの要素を取り入れて行なっている。当然ながら遊びがメインの授業ではない。ただ、事実として「遊び」の要素は入ってきており、それが案外重要な役割を（大きく出れば今の大学教育の現状において）果たしているのではとすら思えてきた。そこで、今回は授業で行なっている遊びの側面に着目し、そこで何が働いているのかを考えてみることとする。

2　授業の概要

　まずその取り組みについて簡単に紹介する。授業は自己発見や他者とのコミュニケーションを主題とした演習型授業で、シラバスには「この授業は、グループワークを通して、自分自身の特徴や人とのコミュニケーションについて体験的に学ぶ授業です」と掲げてある。受講者は10〜20名前後である。半期1コマの授業で、セメスターの3分の2はこちらから提供するグループワークである。他己紹介（隣の人としばらく会話し、そのペアのことをみなに紹介する）や理想の家・街を描く（自分が住みたいような家か街を自由に描く）、図形伝達（黒板に描かれた図形を言葉のみでグループに伝える）など、お互いのコミュニケーションの素材となったり、あるいは自分のイメージについて考えたりするようなネタを中心に構成している（これについては山川［2009］も参照されたい）。そ

して終盤3分の1は学生に進行を任せている。学生に伝えているのは、授業を学生に任せること（基本は授業時間半分を1人に任せる）、今までのワークを例に参加者でなにかするようなものであればなんでもいいこと、簡単な準備物であればこちらが用意することなどで、基本的に自分で考えてやってくれればいいとしている。

近年、この授業の「遊び」の要素が非常に強くなってきた。開設した当初はイメージワークを中心に据え、自己発見の要素を強くしていたが、最近はむしろ学生たちの相互交流を促進するという目的が強くなり、それに伴い遊ぶことが増えてきた。たとえばワークが予想より早く終わったとき、集団遊びの1つであるフルーツバスケット（後述）をするとか、グループワークのとき、グループ分けのためにミニゲームをする（『大人が楽しい紙ペンゲーム30選』［スモール出版］がネタ本）などである（ワーク自体は大して変わってない）。それらはあくまでも「オマケ」的要素なのであるが、しかしそれが全体の雰囲気作りに密かに影響しているように思える。

こうした「遊び」要素の増加はあまりよろしくないのではと思った時期もあった。しかし最近では（開き直って？）それが重要なことなのではないかと思うようにもなった。「人間はまったく文字通り人間であるときだけ遊んでいるので、彼が遊んでいるところでだけ彼は真の人間なのです」（傍点原著者）とSchillerの言葉を引用するのもいいかもしれないが、そうした理論武装こそが実は遊びの本質から遠ざかってしまうようにも思う。しかしまずはともかくも、この授業で行なっている「遊び」として1つの例を取り上げたい。

3　フルーツバスケット――遊びの一例として

フルーツバスケットとは椅子取りゲームの一種で、参加者は車座になって椅子に座る（1人が中央に立つ：オニ）。オニは、人の特徴に属する何らかのことがらを叫ぶ。「コンタクトレンズをしている人」のように。すると、それに当てはまる人は自分の席から立ち上がり、別の席に座らなくてはいけない（座れなければ次のオニになる）というゲームである。なお、このやりかたの遊びは「なんでもバスケット」ないし「ヤマアラシ」と呼称し、本来の「フルーツバスケット」は銘々に定めた果物の名前（リンゴやブドウなど）を呼ぶことで行なう遊びであるとの説もあるが、ここでいう「フルーツバスケット」は上記の

ルールであるとご理解いただきたい。

　ワーク時間が予想より早く終わったとき、私は半期に1回くらいこのゲームをやる。このゲーム1つとってもいろいろ面白いものが見えてくる。よくオニになってしまう人もいれば、一度もならない人もいる。よくオニになる人は、かち合ったとき相手に席を譲る人だったり、あるいは隠れた目立ちたがり屋さんであることもある。単純にヒールのある靴を履いていたためという場合もある。オニにならない人は立ち上がるのをワンテンポ遅らせて周りの動向を見極めて空き席を見つけていたり、あるいは逆に猪突猛進タイプだったりする。少しの時間だけやってみてもその個のパーソナリティ（の片鱗）を知ることができる。

　出てくるお題からも面白いものが見えてくる。「〇〇な人」の「〇〇」は何を入れてもよい。出題者（オニ）の自由裁量である。最初は無難なものが多い。見た目にかかわること、たとえば「ジーンズの人」「髪の毛染めてる人」「スニーカーの人」などである。大学生ならではとしては、「〇〇専攻の人」「〇回生（年生）の人」「〇〇の授業取ってる人」などもある。次第にネタがひろがり、外見だけでは判断できない要素が増える。これも大学生ネタだが、出身地を聞くもの、下宿生かどうかなど。恋人がいるかどうかなどに踏み込む学生もいれば、私の大学はアニメや漫画が好きな学生も多いので、「漫画を100冊以上持ってる人」「コスプレしたことがある人」「同人誌作ったことがある人」などが出てくるときもある。

　これには微妙な場の雰囲気が作用する。見た目だけの話題で留まることもある。そうした場合、あまり盛り上がらない。かといって、こちらが踏み込んだネタを投げてみたところでうまくいかない（実際失敗したことも）。そういう"場"なのだ。盛り上がるときは、こちらが何も言わなくても勝手にちょっとキワドイ質問（恋人の有無など）に入っていき、それでも場が壊れない。あれも聞いてみようこれも聞いてみようとオニが出題を楽しんでいる様子が伝わってくる。

　学生たちの多くは、小学校のホームルームの時間などでこの遊びを経験している。遊び自体は知っており、「昔やった遊び」の中でカテゴライズされている。しかし、実際にやってみるとまた違った感想が生まれる。学生のコメントに、「フルーツバスケットって昔は気付かなかったけど自己紹介の意味もある

んだと思いました」というものがあった。まさしくその通りである。外見の特徴だけで出題しているのならそうでもないが、出身地、一人暮らしかどうかなど、「へえ、この人そうなんだ」と思わされる瞬間がいくつもある。「今、アニメでは〇〇というのが面白いんですけど、それ観てる人」というのもある。自分の趣味をさらけ出すと同時に仲間を見つけることができる。次々と出題は続いていくため、「痛い」出題をしてもあまりあとに残らない。「BL（ボーイズラブ：男性同性愛を描いた女性向けマンガ・イラスト）描いたことある人」などという質問がサラッと出され、ワーッと何人か立ち上がることもある。遊びの雰囲気の中で、お互いを少し知ることができる。

　学生から寄せられたレポートの中に、私が考えていることをうまく捉えてくれたものがあった。それは、「この授業では毎週、ゲームや遊びのようなことに取り組んでいたが、一見すると"遊び"であることが、授業だという認識の中で行なうと一つひとつが自分自身を知ることにつながった」というものである。確かに、フルーツバスケットはレクリエーションの1つであるし、遊びである。しかしそれを授業の中で行なうことによって、遊びでありながら遊びだけでないものとして機能しうる。遊びの中からでも自己発見は可能である。他の学生の感想から例を挙げると、初対面の人には緊張すると思っていたが授業内で「そこまで緊張していない」自分に気付き、ゲームの中での働きから「自分自身の協調性の高さも、この授業を通じて感じることができた」というものがあった。他にも、ゲーム内で人の目を欺くような戦略をくり返し取っていたことをふり返り、「"うまく騙そう"とすることに関して私は興味をもっているんだなと感じました」とした学生もいる。友達同士でやるとただのゲームだが、授業で行なうとこのような発見につながることもある。

　気心の知れた仲間同士でやっても確かに面白いのが遊びである。しかし、授業で行なう以上、どこかそれをモニタリングする機能が加わる（もちろんすべての学生がではない）。遊びに乗れないこともあるだろうが、その時には「乗れないのはどういう要素が影響しているのかな」とふり返ることもできる。授業という構造そのものがもつ機能は、われわれが思う以上に大きいのかもしれない。

4　遊びを説明すること——ソトに向けて伝えようとする試み

　セメスターの終わりのほうは、先に示したように学生に時間を任せている。誰がやるかを募ったあとは、こちらは当日まで基本的に関与しない。こちらで準備する物があるかどうかを聞いておき、必要あれば相談にのることを伝える程度である。「うまくいかなくてよい、人前で説明することはとてもいい経験になるから」と伝えて少しだけ動機付けを高めておく。当日は学生の進行に任せるが、学生の説明を聞いている受講者の頭の上にクエスチョンマークが浮かんでいるときは介入し、ほどよく全体に理解が行き渡るようにはしている。

　学生たちの示してくれるワークはなかなか面白い。次年度以降授業で取り入れたものもある。先に挙げた「理想の家・街を描く」というのはまさにそれだ。他にも、「自分にとってなつかしい風景を描く」というものもあった。「なつかしい」と感じるものであれば非実在のものでもよいということだったので（この教示がすぐれている）、「昔よく見た夢の情景」を描く学生もいた。なつかしい風景を思い返す、それを他の人に伝える。そのこと自体に大きな心理作用があるようで、発表後の学生たちの表情が心なしかふんわりほどけたものになっていた。回想法は高齢者のみに有効なものではないのだろう。

　こうしたイメージワーク的なものもあれば、遊び色の強いものもある。「百人一首をする」であるとか「ローカルルール満載の大富豪をみんなとやる」であるとか「イントロクイズをする」「お絵かきしりとりをする」「紙飛行機を飛ばす」などというものもあった。まさに「遊び」である。

　学生は前に立って、これからやろうとすることを説明する。ここで冒頭挙げた私の例を思い返してもらいたい。「遊び」の説明は、案外難しい。知っている人は知っているが、知らない人は知らない。「じゃんけん」をまったく知らない人に説明するとしたら？　大勢を2組に分けるときにどんなじゃんけんをする？　当人にとって「当たり前」のことを説明するのは、意外とホネである。

　知らない人に分かるようにルールを説明するのは、「相手が理解しているか、自分の説明で分かったかどうか」をモニタリングしながら説明する必要がある。学生はよくこれを忘れる。机上の説明ばかりでは分かりにくい。しかし、ぶっつけ本番でやろうにも「顔の見える友達」の範囲（おそらく7±2名あたり）を超えると逐一説明できなくなる。「ルールの説明（言語）」と「実際のふるまい

（イメージ）」をどう混ぜ込むか。これがキーとなる。場の空気を掴みつつ、自分にとって「当たり前」であることが他人にとって「当たり前」でない事実に出会っていく作業である。

　当たり前が当たり前でないことに気付くいい機会としては、海外旅行がある。タバコのマナー、ケータイ使用について、スーパーでのお買い物。日本国外に出かけてその違いを目の当たりにしたとき、私たちは自分がもっている暗黙の特徴に気付き、そしてそれが絶対的な物の見方ではないことを知る。しかし「若者の海外離れ」がいわれるように、今の学生にはあまりそうした機会はないようである。より大きな意味で、「ソト」に触れる機会の少なさと言ってもいいだろう。スマートフォンで圧倒的な情報が手に入ることもあり、異質なものとしてのソトに出会い、そのソトの体験にさらされじっくり時間をかけて咀嚼するなんてことはとても古いやり方となってしまった。ソトに遭遇したとしても一瞬のうちに写真で切り取られ、遠くにいる「ウチ」である友人たちとのあいだでネタとして消費される。ウチとソトとのアイダで体験が醸成されていく時間はあまりない。「ソト」に出会うことが難しくなってしまっているのだ。

　それを「若者」の問題であるとして「ソト」へと向かわせようとする施策も採られている。しかし、そうやって大学生を海外に送り込んでも、苦境に陥った大学生がインターネットを用いてすぐさま家族に連絡を取り、家族が即座に大学に助力を求めるのが現状である。実際そのために大学は24時間体制でフォローせざるを得ないという悲鳴に近い声がいくつかの大学から上がっている。一気にソトに放り込んだところで、その学生自身がソトに向けて開かれていないうちは何ら意味をもたない。見抜く必要があるのは、今の学生にとってのソトは自力では対処困難なほど巨大なものとして感じられており、それゆえすぐさまウチに助けを求めざるを得ないということではないだろうか。

　話を元に戻そう。この授業において学生自身にゲームのルールを説明させていることは、おそらく「ほどよいパブリック（ソト）」を学生に経験させるいい機会になっていると考えられる。ルール説明はうまくできなくともかまわない。むしろうまくできないときほど、ウチとソトとは違うことを痛感できるだろう（もちろんうまくいかないときには助け船が出されるので強烈な落ちこみにはならない）。自分にとって慣れ親しんだゲームの面白さはウチの人たちにとっては語るまでもないことである。ところが、それをソトの人たちに向けて語る

ことで、そのままでは通じないことを知る。そこで伝えるための言葉が必要であることを体感する。それをマイルドに体験させることで、ウチとソトとのアイダの領域が産まれるのではないだろうか。

　ソトへの伝達はゼミ発表などにおいて行なわれていることでもある。大学では多くの場合演習授業があり、そこで同じゼミに所属する人たちに向けて発表する。自分が調べたことを、知らない人に向けてまとめて伝える。そうした機会があるのだから、上記のような遊びの説明は不要ではないか、ゼミ発表のように学生の本分である学びに直結した（マジメな）ことのほうがよりよいのではないか。そういう意見もあるだろう。

　そうかもしれない、と筆者も思う。わざわざ遊びを取り上げなくても……というのももっともである。ただ、もし遊びを伝えることのメリットを考えるとすれば、遊びだから遊び自体の是非はあまり問われないというのがあるかもしれない。ゼミ発表では、発表内容について振り返りが行なわれる。テーマがよかったか、アプローチはどうかなどを反省する。つまり中身に焦点が当てられる。しかし遊びを伝える場合、その遊び自体の是非は問われない。遊びだからなんでもよいのだ。となれば、焦点はプレゼンのやり方自体、みんなに興味をもってもらう伝え方ができたかどうかになる。つまり、ゼミ発表が何かについての内省 what to do になるのだとすれば、遊びだとどのようにして伝えるか how to tell を顧みることができるのだ。ウチのことをソトの人に伝えるにはどうしたらいいか、どうすればよく伝わるか。どんな遊びでもいいからこそ、伝え方にピントがあたることとなる。

　ウチの人とのやりとりは確かに守られているし安心できる。しかしそればかりでは成長がない。適度なソトとの接触が必要である。情報だけなら手のひらで手に入る時代である。そんな中で、やはり対面でないとできないことはなんなのか。授業という形で時間と場をともにすることで可能になる教育とはなんなのか。私は、逆説的なことだが、遊びの中にそれがあるのかもしれないとの考えをひそやかに抱いている。

5　おわりに

　学校に通っていた子どもが何か事件を起こすと、学校の教育体制に責めが帰される。管理上問題はなかったか、サインを見落としていたのではないか、教

育が不足していたのではないか。何か一つの目に見える明確な原因があり、それによってその悲劇が生じたのだ、と。しかし、どのようなものであれ現実の事象は多くの因果の糸がからみ合って生じているもので、それをたった一つの（あるいは指折り数えられる範囲の）原因で生じてしまったと考えることにそもそも無理がある。

　突出した悲劇の背後には、数多くの「未然に防げた」事象が存在していることだろう。そしてそれは、未然に防げたせいで本人とごく限られた関係者以外には気付かれることはない。身近に接している友人や家族にすら気付かれないかもしれない。しかし確かに、なんとか助かっている。1つの悲劇の陰には、そうした数多くの（大げさに言うならば）奇跡がある。そしてそれらがなぜ助かったのかと考えてみても、明確な原因がある方が少ないだろう。空が青かったから、たまたま昔の写真が目に入ったから、雪がはらはらと落ちてきて自分の頬でとけたから。「来週にアルバイトの予定が入っているから、死ぬのをやめた」という例もある。悲劇と奇跡を分けるのは、ほんの薄皮一枚である。

　私たちは意味を求めるし、考える。どうしてうまくいったのか、いかなかったのか。その問い直しには大きな意義があるし、プロフェッショナルとして考える必要もある。ただしかし、考えて求められたその「意味」には、常に形骸化の危険性が含まれていることには注意しておかねばなるまい。イワシの頭も信心からという。私たちはイワシの頭に信心を込め、祈り続けた結果なにかがもたらされたとき、イワシの頭に意味があると感じる。次からはイワシの頭を並べればよいのではないかと錯誤する。しかしそうではない。大切なのは、イワシの頭ではなく、信心のほうである。

　大学教育にも「成果」や「達成」が求められるようになってしまった。授業を受けることで何が身につくのか、何ができるようになるのか。あれができる、これができる、そうした達成課題の発想は、何かを着実に積み重ねていくようで、まったくもって正しい（ように思える）。しかしそれは、高度経済成長期の右肩上がりのベクトルと同じでもある。「二つよいことさてないものよ」は河合隼雄の座右の銘だが、心理臨床実践をアイデンティティとする者としては、きらびやかな達成志向の陰の側面にも意識は向けておきたい。いろんなことを達成して身につけて、そして行きつく先に何があるのか。その結果、なんだか息苦しくなってきているのはどうしてだろうか。ひょっとしてそれは、イワシ

の頭がずらりと勢揃いしているようなものではないのか。

「費用対効果」がそこかしこで求められる時代である。コスパなる鄙陋(ひろう)な略語まである。無駄は文字通り無駄である、と。しかし、皮肉なことに高度経済成長時代のほうが無駄を無駄として飼い慣らすだけの社会的寛容があった（あるいはそんなことに目を向けてられなかった）。バブル経済が崩壊し低成長時代になった途端、無駄がやり玉に挙がった。無駄をなくせば効果が挙がるような幻想にとりつかれてしまった。そのことが自分自身の無駄＝余裕の排除に繋がるにもかかわらず。

学生相談ももちろんその例外ではない。「説明責任」なる合理的な衣をまとってそれはやってくる。もちろん、それへの説明が可能なように準備する必要はあるし、たとえば上記の取り組みでも Schiller のみならず Huizinga や Caillois の 1 つでも引用するに越したことはない。しかしそれがイワシの頭になってしまう危険性は自覚しておこう。一見の合理性とは違った側面も息づくのが学生相談室でありたいし、英国の精神分析家 Winnicott が人間 human being の基盤は為すこと doing ではなく在ること being だと表現したのも忘れないでいたい。それくらいのアジールも含まれている方が文化として豊かな気もするが、どうだろうか。

私たちがなんとか生きているのは、おそらくささいなことの積み重ねである。空のまぶしさ、土のあたたかさ、紅く色づくはっぱ、食器をあらう音、時をこえてやってくるほしのひかり。それらは、ささいだけれどもとても大切なことで、ささいだからささいなままでいられる。わたしがやっているのは、そうしたささいなことを、場として提供しようとしているのかな、というとイワシの頭になってしまう気もするが、でも、たぶん、そんなことのように思う。

参考および引用文献

Caillois, R.　1967　*Les Jeux et les Hommes（Le masque et le vertige）*. Gallimard.（多田道太郎・塚崎幹夫訳　1971　遊びと人間. 講談社.）

Huizinga, J.　1938　*Homo Ludens*. Rowohlt.（高橋英夫訳　1973　ホモ・ルーデンス. 中央公論社.）

Schiller, F.　1847　*Über die ästhetische Erziehung des Menschen*. Cottascher.（小栗孝則訳　2003　人間の美的教育について. 法政大学出版局.）

すごろくや　2012　大人が楽しい紙ペンゲーム30選．スモール出版．
山川裕樹　2009　学生相談室発信授業におけるイメージワークの試み．学生相談研究, 29(3), 228-239.
Winnicott, D.W.　1971　*Playing and Reality*. Tavistock Publications.

第 6 章
「わたし」を育てる授業を目指して
── 女子学生が思わず「本気」になる教材の検討

山崖俊子

1　はじめに

　津田塾大学の創設者である津田梅子は教科書や漫画にも取り上げられており、その教育理念である「自立した女性を育てる」「自立した女性とは all-round woman であること」にあこがれて入学してくる学生も少なくない。入学式の学長の式辞もここから始まり、卒業式もこの言葉で送られる。

　筆者もそういった校風に期待を抱いて初代の教員職の専任カウンセラーとして赴任し、30年を経過した。相談室を訪れる学生の多くは世代の大きく異なる筆者とそれほど感性のずれを感じさせない古風なところがあり、不思議な親近感を抱かせた。しかし授業で出会う多くの学生たちは、真面目だがどこかもの足りなさを感じた。青年期という年齢を考えれば当然かもしれないが、実に頼りなげで自信がない。これは本学に固有の傾向なのか、いまどきの若者に共通する傾向なのか。

　日本青少年研究所が実施した「高校生の生活意識と留学に関する調査」（平成24年4月発表）において、わが国の青少年の自己肯定感は諸外国に比べて低く（自分に満足している高校生は日本：3.9％、アメリカ：41.6％、中国：21.9％、韓国：14.9％）、また、学年が上がるにつれて低くなるといった傾向（小4：21.0％、小5：17.5％、小6：15.6％、中2：5.8％、高2：4.0％）を明らかにしている。

　筆者の学生時代は東京オリンピックの開催などによる特需に沸いた、日本経済が飛躍的に成長を遂げた時期である。戦後の貧しさを嫌というほど味わい、向かうは「平和」であることを誰もが信じて疑わなかった。そういった意味では前進あるのみ、「迷い・悩む」必要がなかったのかもしれない。そう考えると、ある意味で生きやすい時代だったともいえる。みな真面目で妙に自信をもっていた。

本学では1965年より新入生に対して入学時に、大学生精神医学的チェックリスト（UPI）を実施しており、2014年、46年間の経年変化をまとめた。その結果、年を追うごとに確実に上昇している項目（学生が自分に当てはまると○をつけた項目）として、「なんとなく不安である」「他人の視線が気になる」「頚すじや肩がこる」があがってきた。

　これらをどう解釈するかを考えていたとき、『「ゆるく生きたい」若者たち―彼らはなぜ本気になれないのか？』（2013）の書物に出会った。「ゆるく生きたい」とは、何事に対しても距離を置きコミットしない、本気にならない、巻き込まれたくない心性であり、いまどきの若者の特徴であり、その背景としては現代の日本社会のありようと切り離しては考えられないという。

　その原因はさまざまであろうが、筆者が気になっていた現代の若者の姿は、決して本学の学生に限ったことではないことが判明した。それにしても、この不安げな姿、自信のなさはあまりにも気になる。「夢中になる・本気になる」を期待するのは、筆者が生きた時代の感覚の押しつけだろうか。

　真面目な学生たちではあるが、授業中のおしゃべり、スマホいじり、内職、時には化粧、飲食までしている学生もいる。その割には課題は器用にこなす。実はその態度は内発的欲求からというより、周囲の目を意識したあえて「真面目でない」ことを装うことから出てきた態度であるようにも思える。もちろん青年期は「みんな」を意識しながら「わたし」も大切にし、その上で安定して居られるようになることが課題であることを考えると、「他人の視線」を気にすることは当然である。それにしても「他人の視線」への傾きが余りにも大きすぎるのは気になる。本学より偏差値の高い大学に合格できなかったという不本意入学による挫折感をもち続ける学生、「良い奥さんを貰ったね」といわれるような女性になりたいという学生など、他者のまなざしで自らを評価し、「津田を卒業したのに専業主婦になって仕事にもついていない、大学に顔向けができない……」などなどの声には、「わたし」の判断・決定はどこに行ったのかと問いたくなる。

　学生たちは「何をしたいか」ではなく、「自分には何があっているか」と問うことが多い。とくに就職活動においてはそれが強い。それに対して筆者は「好きこそものの上手なれ」と伝えるが、「好き」がないという。「適性検査」を求め、それに強く影響される。常に自分の感覚より他者の、それも専門家の

意見を求めたがる。「失敗なく・効率よく」を欲し、うまくいかないと他者を責めることになる。こうした状況下では自らに対する自己肯定感は生まれない。自信のなさは当然の結果である。カール・ロジャーズのいう「自らに適応していない状態」、すなわち「自己不一致」の状態であり、「経験に即さないで意識化された自己概念」と「意識化されない経験」の不一致そのものである。結局は相談室を訪れる学生も、そうでない学生も程度の差であって、「わたしが本当に感じていること」にいかに気付くかが課題となる。そのためには「感じる」ことを可能にさせる働きかけが必要ではないかと考えた。

　梅子の求める「自立した女性」とは「わたし」が育つことである。「内なる声」に耳を傾ける機会を提供し、その声を尊重することである。まさに「子育て」に他ならず、カウンセリングの二者関係の提供である。これを授業の中で実現することはかなり難しいことではあるが、時代が彼らをこのようにしたのなら、人生の先輩であるわれわれが何か貢献できることがあるのではなかろうかと考えた。

2　全学生必修の「健康教育」の授業

　本学では「健康教育」という全学生必修の授業（一時、学科によっては選択科目になったこともあったが、現在は全学生が必修）が1937年より開講されている。当時そういった科目が開講されている大学はほとんどなかったし、後に開講されるようになっても多くの大学では「保健」という科目名で医師が担当することが多いと聞いている。本学では変遷を辿りながらも、現在では健康余暇科学科目に所属する全教員が分担して担当している。筆者も本学においてウェルネスセンター専任カウンセラーとして学生相談に当たる一方、健康余暇科学科目の一員として「健康教育」を担当してきた。担当する全教員が、向かう方向、すなわち目的は一にしながらも、それぞれがそれぞれの立場から自由に授業内容を組み立て授業を展開している。

（1）　本学における「健康教育」の目指すもの

　「健康教育」という呼び名は今では広く用いられているが、わが国においては本学から始まったといわれている。卒業生の村井孝子が1935年に学長の命によりアメリカに留学し、健康学を学んで帰国した。本学の健康余暇科学科目委

員長である山口（2003）は津田塾大学100年史の中で健康教育について次のように説明している。「健康教育の考え方は、20世紀初頭から米国の公衆衛生の分野で発達してきた。その特徴は病気の原因をウイルスや、細菌という外的なファクターにとどめるのではなく、人間の側に目を向けること、自己の適応力、自然治癒力、感受性を自分でコントロールするという健康観に加えて、『健康は流行するという』疫学的健康観のもとに展開されてきた。（中略）人間の側に目をむけることがまだ十分でなかった時代に、生命科学、細胞学、免疫論、また、精神疾患の治療に貢献しているジェイコブソン（医）の科学的リラクセーションにも触れ、心の教育の必要性も説いている。…」

まさに「健康教育」の授業は、筆者が学生たちに求める「わたしを知り、わたしに相応しいあり方」に気付き、育てることを目指すものであった。

（2） 筆者の「健康教育」の授業目標と内容

本学の学生の多くは理屈を語ることは得てであるが、自己肯定感の低いことは前述したとおりであり、「内なる声」を聴き「わたし」を育てる経験が乏しい。このような状況にある学生に対して筆者は、「分かる」レベルを「知性」に加えて「感情」を強化したいと考えた。受験勉強一筋で頑張ってきた学生たちは、自らの「内なる声」にあえて鈍感になることで身を守ってきた。その鈍感さを「ぶち壊す」程の衝撃にぶつかったとき、思わず「本気になって、われに返る」ことができるのではないかと考えたのである。これこそが自己一致の状態である。

高知大学の渋谷（2010）は摂食障害を抱えた学生が折れそうな身体で炎天下のよさこい祭りで踊り切ったとき、顔つきに大きな変化が現れ症状が改善されたと述べている。

こういった「思わずわれを忘れて夢中になれる」テーマを「健康教育」の授業に取り込むことを考えた。自分に引き付けて「わがこと」として向き合えるテーマである。これまでの価値観にとらわれず、思わず「本気で・本音で」語らざるを得ないテーマ選びと、その伝え方、技法の工夫が重要となる。

そこでほとんどの学生が近い将来直面するであろう「妊娠・出産」をテーマの中核に据えて、人の誕生から死までのさまざまなトピックスを扱っていこうと考えた。その方法としてはできるだけ生の材料を視覚に訴える形で進めよう

と考えた。加えて、毎回の授業の終わりに「今、心にあること」を書いてもらい、可能な限り筆者自身の価値観を控え、評価することなく、次回に必ずそれをフィードバックした。

(3) シラバスの実際

　　　　健康教育　授業計画　　　山崖担当

1）評価方法

　この授業は出席重視科目です。評価は出席状況、レポートなどを総合して判断する。

2）授業内容

　津田塾大学における「健康教育」は、大学創立者津田梅子の建学の理念である「全人教育」を具現化したものといえ、個々人の「生きる力」の学習であり、「健康教育」という名称は津田が発祥といわれている。こうした伝統ある「健康教育」の授業において、私は私の専門である臨床心理学の立場から「生きる力」「自らの命への肯定的まなざし」の獲得を授業の中核に据える。

　人はこの世に生を受けたときから、それぞれが異なった特質を備えている。しかし「差異」があることに価値観が加わると「差別」が生じる。「健康」の概念も価値観と密接に結びつきやすい。「正常と異常」の境界も然りである。

　具体的なテーマとしては「命の誕生」「障碍」とは何かということ、今日もなお根強くある「優生学」的思想についてそれが支持される所以を検討する。われわれの中に意識的・無意識的に存在する偏見・思いこみに一石を投じたい。最終的にはそれぞれが抱える「あるがままの命」を慈しむまなざしの獲得を目指す。

3）授業計画

　1回目：オリエンテーション
　2回目：正常と異常、こころとは？喪の作業
　3、4回目：優生学・出生前診断を考える（先天異常の発生予防ということ）
　5、6回目：不妊治療とは何か
　7回目：「いじめ」について

8回目：「不登校」とは
 9回目：「摂食障害」「自傷」などについて
10回目：振替休講（国立ハンセン病資料館見学分として）
11、12回目：障碍ということ──発達障害を考える
13回目：「障碍児」の家族について考える
14回目：死の準備教育
15回目：まとめ（平等ということ）

4）レポート
　国立ハンセン病資料館を見学し、考えたこと・学んだことをまとめる。とくにハンセン病が細菌感染であることが分かってもなお厳しい隔離・断種手術や中絶などの措置が取り続けられたのか検討する（字数：2000字以上）。

（4）授業での学生たちの反応
　現代の若いカップルのうち7人に1人は不妊に悩んでいるという。本学の学生の中にも月経困難を抱える者が少なくなく、その背景に子宮内膜症の診断を受け服薬治療をしている者もいる。もちろん学生たちは近い将来、自分が不妊で悩むことになるとは思っていない。しかし、自分の母親が不妊で「体外受精」の結果産まれたという学生もいる。「体外受精」は今の若者たちにとってそれほど珍しいことではなくなっている。
　2010年度のノーベル生理学・医学賞を受賞した、イギリスの生理学者ロバート・G・エドワーズが1978年に体外受精に世界で初めて成功し、「試験管ベビー」の誕生と騒がれたことは記憶に新しい。その後、体外受精を含めた生殖技術は次々と高度化し、かつては聖域であった命の誕生が、今では「倫理」ということを考えなければ、自らが望む形の命をいかようにでも手に入れることが可能になった。こうした状況をどのように考えたらよいか、単に良いか悪いかではなく広い視野で考えてほしいと思った。そのためには、この授業の中では、筆者自身の価値観は可能な限り意識的に排除するよう努めた。

1）「わたしは誰の子？〜操作される誕生の衝撃〜」（NHK　1994.7.1放映）
　これは学生たちが誕生したころの、今から20年前に放映された映像である。

当時この映像を見て筆者は大変な衝撃を受けたが、20年経過した現在でも全く古さを感じさせない内容の濃い作品である。内容的には「試験管ベビー」の誕生から始まった生殖技術が、特にアメリカにおいて不妊治療以外の目的で広く使われるようになったところまでを描いた作品である。精子バンクの存在、そこでは知能、運動能力、目の色、髪の色、肌の色などなどを自由に選ぶことができ、価格もまちまちだという状況に驚く。それでも「妊娠できないことは女性としては辛い」「科学の力で妊娠が可能になったことはよかった」と多くの学生は科学の「進歩」を素直に喜びながらも、「私は今日のビデオを見て今までと少し考え方が変わった。これまでは不妊治療として体外受精は是非やるべきだと思っていたが、そんな単純なことではないようで、不妊治療の延長で精子の選択、すなわち命の選択が可能となったことはとても恐ろしいことだと思うようになった」「精子や卵子がビジネスの対象として扱われるとなるとそれはもはや"治療"ではなく命の選択に繋がると思う」「体外受精は godless な行為だという理論はキリスト教の"神によって我らは作られた、等しく神の子"という信条に反する行為だという議論はよく聞くが、そこまででないとしても子どもを産めないというのは何よりの苦痛だろうが、それでもそれは諦めるしかない。他人に精子・卵子をもらうくらいなら養子をもらった方が明らかに自然な行為だと思う」といった、事実を知ったことで、「不妊治療」の意味のあいまいさに気付いていく。すなわち「体外受精や代理母出産、人工授精などはいずれも、本来の意味での医学的治療とは異なり、『子どもができない』という苦悩から本人たちを救いだす『救済治療』」（小林, 2014）であり、そこから不安が生まれ出していることが分かる。

2)「私は母になりました。野田聖子、わが子との愛と闘い、871日全記録」
（フジテレビ　2013.4.26放映）

このドキュメンタリーは著名な政治家である野田聖子氏の妊娠、出産、子育てに至る生の記録であることで、学生たちのより強い関心を引き出した。加えて産まれたお子さんにきわめて重篤な障害があるという点で、不妊治療そのものについて考えあうことから多少観点がずれてしまったという思いは残る。

その結果、「卵子提供があったから、わが子を抱くことができたという野田さんの言葉がとても印象に残った」「野田さんの真摯でひたむきな姿は出生前

診断をめぐる倫理問題にまったをかけるものだと思う。このように子どもを心から望んでいる夫婦に、従来の出産とは違う可能性を与えることは正しいことなのではないかと感じるようになった」

一方で、「自然にしていればきっとこの子は産まれてくることさえなかったのだと思う。けれども子どもが欲しいと願うのは女性としては当然で、技術が進歩してしまった以上昔なら産まれてこなかった子どもがこの世に生を受けるのは致し方ないのかもしれない。卵子提供で産まれたとはいえ野田さん本人が腹を痛めて産んだ子どもなのだから思うところはひとしおなのだろう。介護実習で特別介護施設に行って、この子と同じような子どもたちと親御さんをみてきた。意識も反応もない子ども相手に『大丈夫』『楽しいよ』と声をかけ続けている様子は人によっては滑稽にうつるかもしれない。でもその子と生きている人々には産まれた以上は1つの命なのである。ただ親が不測の事態に陥ったとき、苦しむのは子どもなのだ。人を1人生かすということはその責任をも負っているのだということを忘れてはいけないと思った」「現在、発展途上国の子どもたちにワクチンを届けるNPOでインターンをしていることもあって、この映像を見ながら恵まれていると思ってしまった。何回も手術を受けて、さまざまな治療費を…と考えると防げる病気で亡くなっていく多くの子どもたちと比べてしまった」。

一方、野田氏が「とにかく私は母になりたかった。自分が今できることをしただけ」に対して、「私も子どもが欲しいという気持ちは分かるが、本来の自然ではない形で産むのはエゴではないだろうか」「子どもが欲しい、自分で産みたいという気持ちは親のエゴなのではないでしょうか。卵子提供を受けて、高齢出産をして、共に苦難を乗り越えて…というふうに言葉を並べると感動物語のように聞こえるかもしれないけれど…考えさせられる映像でした」「もちろん他人の出産に賛成だとか反対だとか言えませんが、このような出産方法を美化してしまうのは何か違うような気がします」。

野田氏はこれまで自分で子どもを産むために繰り返し体外受精を試みたが不成功に終わり、残された手段としてアメリカ女性からの卵子提供を受けての妊娠であったという。

「不妊治療」という言葉は、まさに親側に立った発想であり、子どもを欲しいと望みながら何らかの理由で妊娠ができないカップルに対して行なわれた

「救済治療」であり、前述した小林は、「不妊治療は、治す『根治治療』でないことを考えると『医学的治療』とはいえない」という。前述した1978年の「試験管ベビー」誕生の際は、その母に卵管閉塞の障害があり、結果、卵子を体外に取り出し、シャーレの中で受精を可能にした。しかし一旦、体外での受精が可能になったということは、不妊治療に限らずデザイナーベービーの名の通り好みのままの自由な選択を可能にした。アメリカなどでは精子も卵子も商品として売買の対象となり、さまざまな混乱が生じているという。

　筆者がとくに学生たちに考えてもらいたかったこととして、「不妊治療」は親側だけの問題では済まされないということである。既にこの点に気付いて疑問を投げかけている学生もいたが、わが国においては既に60年ほど前から、不妊治療の一環として「非配偶者間人工授精（AID）」が行なわれていた。これほど長い歴史があるにもかかわらず、この問題はほとんど明るみに出てこなかった。その理由について本年初めて「AIDで生まれるということ」を出版した長沖（2014）は、「そもそも『不妊』はずっと社会の中でタブーな話題であり、隠すべきもの、隠されるべきものとして扱われてきた」ことを挙げている。

3）「"ドナー150"を探して〜精子提供者と子どもたち〜」（BS世界のドキュメンタリー、世界に生きる子どもたち　2011.10.26放映）

　筆者はかつて、AIDで産まれた男性医師（40歳）が、学生時代、血液検査の実習で父親と血縁がないことに気づき、母親から出生の事実を聞いた後、「突然、人生の梯子を外された感じ。自分はいったい何者なんだろう」と、以来その空白を埋めるために遺伝上の父親捜しを続けているというニュースを聞き、衝撃を受けた。「子どもを産みたい」という親の思いと同時に、結果として、親のわからない子どもが誕生するという事実をどう考えればよいかが気になっていた。そこで出会ったのがこのドキュメンタリーである。

　このドキュメンタリーは重いテーマであるにもかかわらず、精子提供者を探し求め、出会えたことを喜んでいる子どもたちの姿を軽いタッチで描いたアメリカの映像であり、筆者としては事実がきちんと学生たちに伝わるだろうかという心配があった。しかしながら、「どのビデオも最終的には悪くない結果で、批判的に撮られたものはなく、その方が視聴率も上がるのかもしれないが、そ

れによって悪い面がぼかされてしまい、その結果、これは素晴らしい技術だと思ってしまうのは良くない。今日のビデオも精子提供で産まれた子どもたちがドナーと会えてよかったと言っていたが、本当に良かったのか考えさせられた」「精子が精子バンクから宅配便で送られてくるという事実に驚いた。ドナーが収入を得るために何度でも精子提供をするという事実にも複雑な気持ちになった」「今回は子どもの視点からの映像だったが、こういうふうにして生を受けると自分は何者なのか、自分が分からないという状況が生まれ、よりネガティブな印象をもった」という具合に多面的なものの見方が可能になっていることが分かる。「今回のビデオの中の人々はハッピーな感じで終わっていたが、それは特別なことで、必ずしもこのようにうまくいくとは限らないと思う。何が正しいのか全く分からなくなりました」「子どもを欲しいと思うのは分かるが、産めないのはある意味宿命だし、精子をもらってでも子どもを授かりたいというのはいいことだとは思わない。しかしそれが普通の時代に差し掛かっている。時代の流れに歯向かうことは難しいがどうしたらいいのか分からない気持ちだ」「不妊治療は親の夢がかなうという点で画期的だと思っていたが、子どもたちが大きくなってどう感じるかは考えたことがなかった。もう少し自分なりに考えたい」そして、「こうした不妊治療は命の選別にも繋がり、差別化や序列化を助長してしまうのではないかと危惧してしまう」さらには、「精子提供で子どもが授かるのは女性の夢がかなうという点で良いことかもしれないが、男性がより多くの子孫を残す、自分のDNAをできるだけ多くの子どもたちに引き継がせたいといった不純な動機と結びつくような時代が来るかもしれない」という学生の予言は早くも現実となってしまった。2014年、実業家の日本人男性が、タイにおいて15人もの赤ちゃんを代理出産で誕生させたというニュースは奇怪な印象を世間にもたらした。

4）「出生前診断　そのとき夫婦は」（NHK　2012.9.16放映）

　出生前診断とは、胎児の異常の有無の判定を目的として妊娠中に行なう検査であり、本来は胎児診断と胎児治療の2つを目的としていたはずだが、今や早期に異常を発見し中絶につなげることが優先されている。しかもわが国では2012年より妊婦の血液採取でのみ可能な「新型出生前診断」が実施され、異常が発見された胎児の97％が中絶の処置をとられ「命の選別」として大きな問題

となっている。

　このビデオは出生前診断で発見可能な3つの染色体異常のうち、ダウン症候群と開放性神経管奇形を告げられた2組の夫婦および家族の深い葛藤の記録である。内1人の母親は中絶のために入院したベッドの上で、やはり中絶はできないと退院し、結果、2組とも出産に至るというものである。

　この映像を見た後、学生たちも1人の父親が発した「出生前診断によって『どうしますか？』という選択肢を与えられたことは不思議な感じ」に、答えの出ない問題をつきつけられたようである。「これまで中絶ってそんなに重大と考えていなかったし、障害児なら仕方ないかなとも思ったけれど、その『仕方ない』という感覚が当たり前になってしまうのもとても問題のような気がしてきて、整理がつかない」「障害のある子どもを育てるって桁違いに大変なことだと思う。重い障害をもって産まれて本当に幸せなのかと考えると、『子どもの命を奪う』という言葉は何だか違うような気がする」ある学生は「私の母も中絶をした。理由は分からないが幼心に母が病院で泣いていたのを覚えている。父が『お前の妹か弟はこの世に産まれては来られなくなった』といったが、多分、出生前診断で異常が見つかったのだと思う。産まれたほうが良かったのかそうでないのか分からない」と学生たちにとっては「他人事」とは思えないテーマで、だからこそきれいごとでは片付けられず、簡単に白黒つけられないのだ。深く自問自答する苦しさ、もどかしさが伝わってきた。

3　おわりに

　「自立した女性を育てる」のが本学の建学の精神である。「自立した女性」とは、「わたし」を知り、「わたし」を慈しむことのできる女性である。「わたし」の形成は思春期の大きな課題であり、第二反抗期といわれるように他者の影響を拒み、内なる世界をじっくりと醸造するときである。不登校・ひきこもり学生の多くは何らかの原因でこの作業に滞りが生じ、遅ればせながら必要に迫られて、この内的作業に取りかからざるを得なくなった状態と考えることができる。その結果、現実の課題（登校等）を一時中断せざるを得なくなったのが不登校・ひきこもりの症状である。

　現代は寿命も延び、青年期は30歳過ぎまで引き延ばされた。当然「遅れてきた思春期」状況は多くの大学生にまで及んできている。子どもたちを取り巻く

社会状況は刻々と変化し、おびただしい情報の波の中で、まともに向き合っていたのでは渦の中に飲み込まれてしまう。そんな状況を生き抜くためには、余り深く考えず、長いものにまかれることが肝要と考えるのも無理からぬことではある。

相談室を訪れる学生とは、有無を言わさずに窮地に立たされた状態にある。崖っぷちに立たされ逃げ場がない状態で、自分自身との向き合いを嫌でも突きつけられている。まさに正念場、「本気」にならざるを得ない。とことん苦しみ、葛藤を繰り返しながら、これまでの生き方を捨て新たな「わたし」として「再生」する。その苦しみの過程を共にするのがカウンセラーである。ある学生は「幸せを願っているのは誰よりも自分だ、だから先生は見ていてくれればいい」と語った。心の底から揺さぶられる状況の中で、信頼できる見守り手を得て、「わたしにとっての真の幸せの形」を求めて、学生は真剣に本気で自分と向き合い、「わたし」を形成していく。

一方、多くの学生はさしあたって本気になって自分と向き合うという課題を突き付けられていないし、突きつけられてもサラッと流すことができてしまう学生たちである。そんな彼らに揺さぶりをかけ、思わず「本気で」自分と向き合ってしまうような機会を授業内に設けることができないかを考えて行なった授業が、「健康教育」での妊娠・出産を中心とした「命の誕生」をテーマにした授業実践である。方法としては氾濫した情報社会に生きている彼らに対しては相当インパクトのあるものが必要と考えた。

妊娠・出産に関わる現実は、純粋な「不妊治療」から始まった「生殖医療」も、一旦「体外受精」が可能になった途端、夫以外の男子の精子を使って子どもをつくる人工授精や、妻以外の女性の卵子を用いたり、妻以外の女性の「お腹を借りる」代理母出産、結婚しないで親になるなどなど、思いのまま「子どもが作れる」時代になってきた。加えて、幾つかの障害に関しては極めて簡単に出生前診断が可能となった。こういった事実を本気になって学ぶ中で「わたし」なりの総合的判断が可能となり、厳しいまなざしをもてるようになることを期待した。

当初はマスコミの論調になびいていた学生たちも、出生前診断で異常が見つかった人の8割（映像中の某クリニックで）が中絶するという報告に驚愕し、テレビで取り上げられた事例は、悩みぬいた末に出産したという事例ばかりで

あったことに、「美談」として語られることに違和感を感じたり、健康といわれて産んだ子どもが後天性の障害をもったときはどうするのかといった疑問がうまれたり、いくら考えても「その時」になったらどうするか頭が真っ白になったと、ほとんどの学生が「私ごと」として真剣に考え悩んでいる様子が伝わってきた。「私の母は私を産む前に出生前診断を受けたそうだ。結果は異常なしということで、私は今、こうして五体満足に産まれ、大学に通わせてもらえることを幸せに思う。私だったらその診断を受けるか、結果をどう受け止めるか考えがまとまらない。実際に産むことを決めた人の気持ちも諦めた人の気持ちも分からない」「優生学というのは正当性があると思う。動物たちの中でも雌は雄を選ぶし、私たちも相手を選ぶ。生き抜ける子孫を残そうとするのは動物の本能ではないか」さらには、「障害がある子どもを産むか産まないか思い悩んでいる家族のことを見て、親というのは本当に子どものことを愛していて、自分の両親も同じように愛情をもって自分のことを産み、育ててきてくれたのだと思うと嬉しかった。そう思うとやはり出生前診断はどうなんだろうと考えてしまう」。

　学生たちは正解のない問いに対して、真剣に本気で考え悩んだようである。毎回、用紙の裏まで使って思いを書いていた。ささやかなこの実践が学生たちの「わたし育て」にどれだけ貢献できたか定かではないが、一時でも真剣に本気で自分自身と向き合う機会となったことは確かであろう。加えて、その思いを言葉にし、それを読んで否定せずにフィードバックしてくれる人がいるということは、１対１のカウンセリングのように濃密な関わりではないにしても、自己肯定感を高め、「わたしを慈しむ」一助になったのではないかと推測される。一人ひとりの個性を尊重した関わりは集団の授業の中でもある程度可能であり、その積み重ねの中で「画一」ではない真の「平等」の意味を理解し、無理のない、しかも納得した生き方の選択を可能にすることができる。

　授業の最後には筆者は必ず、ラインホルド・ニーバーの「神よ　変えられないものを受け容れる心の静けさと　変えられるものを変える勇気と　その両者を見分ける英知をお与えください」の言葉を学生に贈って終わりにする。

　　付記：教材の収集に当たっては同僚の岡伊織さんにもご協力いただいたことを記して感謝します。

参考および引用文献
榎本博明・立花薫　2013　「ゆるく生きたい若者たち」　彼らはなぜ本気になれないのか？．廣済堂新書．
小林亜津子　2014　生殖医療はヒトを幸せにするのか―生命倫理から考える．光文社新書．
渋谷恵子　2010　摂食障害の理解と支援〜こころとからだの関係を考える　からだが語ることば―摂食障害．津田塾大学健康余暇科学科目・ウェルネスセンター．
長沖暁子編著　2014　AIDで生まれるということ―精子提供で生まれた子どもたちの声．萬書房．
山口順子　2003　本学における保健体育および健康管理．津田塾大学100年史．

第Ⅲ部

座談会

大学生のこころへのまなざし
―― 小倉清 VS. 窪内節子

この座談会[1]は、日本を代表する精神分析家である土居健郎（故）や小倉清と、研究会で長年にわたって心理臨床を学んできた窪内節子の発案により実現したものである。小倉と窪内の対談の場に、田中健夫も記録をしつつ参加をした。

　小倉が対談において子どもや親子関係について話すことはこれまでもあったが、今回は、青年期後期の大学生に焦点を当てたものである。小倉は、自身が辿ってきた経験を振り返りながら、今の大学生をどうみるか、発達の課題と道筋について縦横に語った。小倉のいつもながらの弱く苦しんでいる人へのあたたかいまなざしが感じられるとともに、大人社会のあり方に対する強い危機感と責任についても率直に述べられており、窪内も心理臨床家としての考えや経験を自在に振り返っている。

　それでは対談の様子をご覧いただくことにしよう。

---

[1] この対談は2014年8月3日の午後、移転を控えた「クリニックおぐら」の小倉先生の診察室にて行なわれた。

親のことを知らない若者たち

小倉：いまの若者で、将来何になりたいと聞かれてちゃんと答えられる若者は少ないと思うよ。「自分がいったい何者なのか分からない」と言ってクリニックに来る若者もいるけど、そういう人に限って、「両親は何歳か」を、言えないんだよな。「お父さんの仕事は何？」「知らない」、「お父さんはどこの大学出たの？」「知らない」、「お父さん何人きょうだい？」「知らない」、「おじいちゃん？」「たぶん会ったことあると思うけど、よく知らない」って。

窪内：うんうん。

小倉：だからね、自分のお父さんが何歳で、何をする人か。どういう人かを知らないで、何であんたは自分自身がどういう人か分かるのかって。

窪内：そりゃあそうですよね。

小倉：まずは自分の家族のことをちゃんと聞けって。自分がどんなふうに大人になってきたのかっていうことを家族から聞けば、分かってくる。医者のところなんて来るなって（笑）。まず自分でやる作業だと思う。

窪内：でもそこまで知らないっていうのもね。

小倉：大学生はだいたい知らないですよ。だって、小さいときからお父さんとなじんだことがない。だいたい帰ってこないじゃない、夜中じゃないと。そんな父親のことを何も知りたいとは思わないんだよ。でも母親のことも知りたくないんだよ。しょっちゅうお母さんにぎゃあぎゃあ言われて、痛めつけられて。話は飛ぶけど、親を殺して少年院に入院してくる子どもたちがいるでしょ。みんな母親だよね。父親じゃないよね。力関係で殺すことは難しいっていうのはあるかもしれないけど。子どもたちは早く家を出ていきたいと思っているよ。

傷ついて大学に入ってくる

小倉：大学に入るまでに、すっかり傷だらけになっているわけよね。医学部なんかでは、入ることだけが目標だったから、入った途端にどうやって生活を送っていいのか分からない。心理の学生さんも、自分というのがわからないから自分を知りたくて心理にやってくる。そういうじゃない？ でも４年間通っても分からない。今の大学生がひどいのは、家族や社会全般がいけないんだと思うけどね。たとえば、何でもやってくれると思っている。最初はかわいいと思って教授がちょっとお世話をしたりすると、もう赤ん坊のようになってしまって。

田中：全部与えてもらう、与えられて当然だという雰囲気は確かにあります。

窪内：いま大学はほぼ全入時代になって、今までと違ってきましたね。

小倉：有名大学の学生なんかもうちに来るけどさ、全然勉強しないで、遊んでばっかりいる。何も分からず、誰のために生きているのかも分かんない。

窪内：こまった。

小倉：大学に入ってからそうなったわけではない。もっともっと前からそういうことが、準備されてきている。目標もなくて。だから70か80歳で引退して、さてどうしようという人と同じなんだよ。

窪内：抜け殻ですね。

小倉：そう。「何にも信じられるものがない」「興味のあるものがない」というような表現をする。運動部の人はちょっと違うね。あそこは競争だからね。

　医学部に入ったばかりのある若者が、学校に来ないけどと、紹介でやってきてね。精神科の教授が4月の終わりに「重症のうつ病だ、自殺するかもしれない」って薬を出したけど、飲まないわけだ。医者が診断して薬を飲めというんだから、飲めと言うんだけど。でもお父さんもおじいちゃんも医者で、医者なんかバカだと思っているから、飲まない。で、薬を飲むか強制入院か、どっちか選べって。精神科の教授が初診でそう言ったのよ。それでその息子本人と母親がセカンドオピニオンがほしいって、ここに来たんだ。そしたらさ、2人が手をつないで入ってきたんだよ。

窪内：夫婦みたい！

小倉：2人で、にこにこしているんだよ。「どうしたんですか、精神科の受診に来てにこにこしているって、あんまり見ないんだけど」って。「なんかいいことあったんですか」って聞いたんですよ。それが最初の質問だった。そしたらね、「これが終わったらディズニーランドに行く」って。（笑）

窪内：すごいおうちだ！

小倉：そう、ディズニーシーもねって彼が。気持ち悪いったら。ばかばかしくなって、あ、そうじゃあいってらっしゃいって。あなたはうつ病とは思えない、これから死のうというふうには思えない。ただ、医学部にいるっていうことについては疑問かもしれんねって。まあ、どうするかはお父さんやおじいちゃんと相談して、何か問題があったらいらっしゃいって。

窪内：とにかく、医者の子どもって難しいですよね。

小倉：その教授に詳しく手紙を書いたんだ。「私はこれがうつ病とは全然思いません。

20何歳かの幼児です」って。もうお母さんと仲良くなってくっついちゃって、将来のことなんかまったく考えていません。それが問題だと思います。薬を飲んだからって、世の中のことがわかるようになるとは思えません、って。

親の親世代の責任

小倉：精神科の医者なんてみんな馬鹿だと思っている。（笑）もう日本人全体がおかしくなっている。どうして、こんなふうにおかしくなっているのか。

窪内：どうしたらいいんですか。……援助するっていうことが本当にいいのかっていう問題ですか？

小倉：おおもとは、赤ちゃんのときからの養育の問題だと思っている。それはね、私たちの問題なの。昭和ひとけた生まれの私たちに一番の責任がある。それはね、戦争を経験したでしょ。生きるか死ぬかっていう。私の場合は戦争が終わったのが中学１年で。軍国主義だったのが今日から民主主義ですって。戦争から帰ってきた陸軍の軍人が、「むかしリンカーンという偉い人がいて、"government of the people, by the people, for the people."」って教えてくれてさ。意味が分かんなくて、それだけ聞いても。だけど何かたいへん立派なことを聞かされたような気がした。

　私のおやじも「これからどうやって生きていくのか」って言っていたのを覚えているし、実際わけが分からなかった。戦争が終って飢え死にする人がいっぱいいたでしょ。闇市があって、悪いことをしないと生きていけなかったわけ。だから、ランドセルの中にお米をくすねてきてさ、交番の前を歩いたりなんかしてさ。

窪内：得意だったんじゃないですか。（笑）

小倉：そう、野菜なんか上の方に入れて。とりあえず生き延びるということで。じゃあ何のために生き延びるかとか、生き延びた挙句に何をするかというような教育はどこにもなかった。気のきいた言葉っていうのは、そのリンカーンの言葉くらい。だけどそれじゃピンとこないよね。結局は、価値体系ががらっとひっくり返った、わけの分からない青年時代を生きていた。その子どもたち、私の子どもたちは50歳ちょっとだけど、混乱した親から混乱した子どもたちが生まれたと思うんだよね。混乱した子どもたちの子ども、私からみると孫たち、それが今の大学生たちだよ。

窪内：もう混乱の混乱の混乱。

小倉：混乱の二乗の二乗の二乗。人間って何なのっていう根幹についての教育が行きわたっていないんだよ。誰も知らない。今の首相ももちろん知らない。大きな会社

の偉い人、裁判官や警察官も分かっていない。医者ももちろん分かっていない。そういうのを今の大学生はちゃんとみている。

人間としてのあり方を伝える

窪内：モデルがいないということですね。

田中：先生が、親のことを知らないと、最初の方で言ったのがとても印象的で。

小倉：知る必要もないんだよね。

田中：大学生が親のことを知ると、変わるきっかけができたりするんでしょうか。

小倉：変わるのだろうけど、モデルにならんのでしょうね。

田中：すごく小倉先生はこまやかに子どもの頃のことを覚えている。できごとの影響も含めて。そういうのが自分をつくっているという感じが、中学生にはもてなくても、大学生は親のことをちゃんと見つめて知っていくというようなことは、今はないんですかね。

小倉：ない。大学生になって専門教育をやっているけど、もっと人間としてというか、人間のあり方っていうのだけを教えればよい。専門教育を受けると専門的に悪いことをするようになるよ。どこに希望をもてばいいのかね。……江戸時代とか明治維新の頃には、多少は立派な人もいたんだろうか。大混乱の中だろうけど。司馬遼太郎がいろんな人のことを書いているのを大学での必読書にしたり。鶴見俊輔とか梅原猛とか。河合隼雄さんはどうだったんだろうね。立派な人が若いときどんなことをしてのかとか、どんな勉強をしたのかとか。それは偉人伝かな。

窪内：私もよく読みました。

小倉：私の母親が女学校の先生だったから、よく読まされたよ。野口英世とか。でも母親は、確かに野口英世は偉い人だったかもしれないが、たいへんまずい点もあった。そのこともよく知って、こっちのことも知らないとだめだって。

窪内：おもしろいお母さんだったんですね。そう、私の子どもの頃も、わりと偉人伝を読みましたね。エジソンとか、キュリー夫人とか。

小倉：今そういうの読まないでしょ。

窪内：読まないねぇ。モデルを探すというのが今はないのかも。

小倉：豊田佐吉なんかもね、男なのに着物を作るっていうの。機織り機を作った。男性なのに女性のやることなんかで有名になったのは何でかなって思ったけど、偉い人だと思う。二宮金次郎は、勤勉なだけで偏った人だと思うけど。偏った人だけど

偉かったでいいんだよ。人間の基本っていうことについて、今の若者は出会ったことがない。

田中：そういうのに、押しつけられないで出会うにはどうしたらいいんでしょうか。学校で教わったのは、本当に反発というか、心の教育もいやだってみんなが言ったりとか。

小倉：彼ら自身にそういうのを求める気持ちがなきゃだめだね。それがない。

田中：うーん、そりゃまたそれをどうしたらよいのか。

信用できるものに出会うことの意味

小倉：今の若者にとって信用できるものが、1つも存在しないんだよ。「裏話」っていうのかしら、成功した人の裏話ってマスコミが好きだからよく書くけど。信用できる部分もあるわけだから、そこを出せばいいんだけど、信用できないところばかりがピックアップされて結局何も信用できない、となってしまっているのではないかと思うんだよね。

　でも、たとえば東大、政府の御用学校だから昔はみんな公務員になっていたけど、最近は変化が起こっているんだよね。公務員にならないっていう。

窪内：じゃ、何になるの？

小倉：自分で探してくる。政府に関係しないところを自分で探してくる。

窪内：企業ってことですか。

小倉：そう、3・4人でやっている町工場のようなところを見つけてくる。そこに東大卒の人が就職したりする。まだ少数だと思うんだけど、それに満足している。

窪内：自分で見つけたってことに。

小倉：自分で見つけてきている。それで町工場にしてみれば、そんな優秀な人が、東大の工学部を出たような人がうちに来てくれる。安月給にかかわらず。しかも、労使関係がとってもよくってさ。

田中：それは、大学生活の中で出会いというか、価値の転換となることが何かあったんでしょうね。

小倉：あったんでしょうね。日本でばねを作る工場があって。こんな小さなばねから、巨大なばねまで、ばねって言えばどんなばねでも作りますっていう。少人数の中小企業だけど、世界を相手にして仕事をしているんだよね。どんなに無理と思える注文でも引き受けて、研究者たちがいて。すごい大きなばねは、何に使うんだか……

船に使うのかな。そういうところに東大出た人が行っている。

窪内：ほんとに、信じられるものを求めているんですね。

小倉：そう、信じられるもの。確かに世の中のために役立っている。そう思うわけでしょ。それからね、国家公務員は嫌なんだよね、転勤があるから。でも地方公務員はいいって。東京都庁とか。そういう地方自治体に東大生が流れるようになってきて、びっくりしてきているんだよね。だから、必ずしもお金だけが大事っていうわけじゃない。っていうふうに、目覚めた。

窪内：そういう人たちもいる、と。

小倉：地方公務員だと、転勤がないから子どもの教育とか住宅とか、そういうことを考えなくてもいい。実利的になってきたんだよね。必ずしも、出世とか偉くなるとかお金持ちになるとか、そういうことを考えていない。そういう人たちが少しずつ増えていけばいいと思うんだけどね。

2つの自分を抱えていた子ども時代

窪内：それをどういうふうに、アシストするかですよね。

小倉：それは、家庭教育だと思う、始まりは。でも家庭教育が壊れちゃっている。少し昔のことを話すけど、私の大学時代は毎日怒ってばかり過ごしていた。だって、尊敬できる先生が1人もいないんだもの。どうしてこんなことが現実に起こりうるのって、呆れたり腹が立ったり。そのことを同級生も誰一人疑問に思わないということが疑問で。こんなの同級生じゃない、って言うもんだから、私は変わった奴だってことになっていた。

窪内：そりゃもう、周囲から常々聞いています。（笑）

小倉：自分でも、どうしてこう悪いのかなって思ってたよ。だけど、私からすると間違っているように見えてしょうがなかった。かといって自分が正しいとは言えないんだけど。でもどうしてこういうことを、おかしい、不思議と思わないのかっていうのが不思議だった。たとえば、私の時代には乞食っていうのがいて。こんな切れっぱしを縫い付けてさ、浴衣みたいに。それを五十三継ぎって名前つけて、人は水を掛けたり石を投げたりしていたんだよ。私は、そりゃいけないと思って。ただ、喧嘩しようにも数が違いすぎた。だから、誰もいないときを見計らってその乞食のところに行って、手を握ったんだよ。それは小学校入る前の頃だったと思う。そうしたら、びっくりしてずっとこう握っていた。それから毎日手を握りに行っていた。

そんなに会話も何もなかったし、嬉しそうな顔もしなかったんだけど彼は。でも拒否もしなかった。水を掛けたり石を投げたりすることは、みんな間違っていると思っていた。

窪内：先生はどうしてそういうセンスをもったんでしょうね。

小倉：うーん、自分でもよく分かんないけどね。気の毒な人をみると、親切にすべきだと思っていた。

窪内：それは、ご両親から？

小倉：いや、親はそんなことを一言も言ったことはなかった。私の頃は義務教育は小学校までだったんだけど、だいたい4年生でもう丁稚奉公に出て行くんだよ。口減らしっていうんかな。どこかに奉公に行くので、6年生の頃には3分の1くらいはもういなくなっちゃっている。その中で、クラスで4・5人しか中学に進めないわけだよ。その時に、早くから丁稚奉公に行った同級生のために自分は頑張んなきゃいけないって思った。それはもうはっきり覚えている。親のためとは思わなかった。

窪内：気の毒な人には親切にっていうのが、今も先生にはつながっている。

小倉：昔は本当にワルさ、喧嘩したり、ちょっと物を取ったりしていた。悪いことばっかりしていたんです。そのくせ、クラスにはいろんな障害者が一緒にいたんだけど、その障害の子どもたちにものすごく親切だった。自分でもそれはどうしてなのかと思っていたのだけど。一方であんなに悪いことをして有名な悪がきが、一方でまあまあいいことをするのか。同じ人間の中に、何で2つあるのかって。そういうふうに疑問に思うっていうのが、幼いときからあったね。それは、別に親がそんなことを教えたって感じもないんだがね。

窪内：でもどこかで、ですよね。

小倉：ま、親のことは信じてたね。でもあまりに悪いことするから、小学校3年生の頃の夜、夜中、まだ目が覚めていたんだよね。隣の部屋で両親が私のことを話していて。父親が私のことを、「もうあの子はだめかもしれんな」って言ったんだよ。それ聞いたときには恐ろしくなってさ。自分でも悪いと思っていたけど、そんなに悪いのかって。そこまで悪い自分って、どうすりゃあいいんだろうって思ったね。（笑）でも、答えはなかった。中学に行くと私よりも悪い人間はいなくて、小倉は医者の息子、誰でも知っている。で、中学校3年生の終わりに喧嘩してさ。私は体が小さかったから、いろんな技を工夫してたんだよ。あと何年か経ってからさ、テレビ観てたらプロレスで、私の発明した技がみんな出てきた。

窪内：（笑）おかしい！

小倉：一番得意だったのが、とび蹴り（実演）。飛んで斜めに蹴るとすぐ立ち上がれる。それで起き上がって、すぐに相手の首をぎゅーっと力を入れて押さえていく。それでもう勝ちなんだよ。あと、ヘッドロックも。特許権侵害だと思った。（笑）中3のときにそれをやっていたら、そいつが目を白黒させてきて、変な状態になってきちゃった。それで私もびっくりしてさ、こんなこといつまでもやっていちゃダメだって。戦争終ったあとのことだけど。もう一切悪いことはしないとそこで決心した。高校入ってからはもうガラッと変わって、まったくの別人になった。

窪内：ひょっとすると中3のときに殺人をしたかもしれなかった。

小倉：そう、だからこうひっくり返った。やばいと思って、それからものすごい勉強するようになった。野球にも、本を読むのにも熱中して。その3つに熱中するのはたいへんだった。睡眠時間を削るしかなくって。で、急に変わったから親もびっくりしちゃって。なんかおかしくなっちゃったんじゃないかって。

窪内：そういう転換が、大学生にも起こればいいんですよね。きっとね。

体験すること、本を読むことが自分をつくる

小倉：うーん。まぁそれまでもずっと勉強はしてたよ。でもそれから、猛烈に勉強するようになった。とてもおもしろくてさ。次から次へと知らないことを教わるわけじゃない。すごく楽しかった。もっともっと知りたいと思って。それで先生という人たちがいるでしょ。この人たちは、こういう特殊なことを知ってるんだ、そうか、じゃ自分もいずれはそういうふうになりたいと思って。戦後空襲で焼けて家がなかった学校の先生って、運動場の片隅に掘っ建て小屋を建てて生活してたんだよ、家族中で。私が天文部で夜中遅くまで観察しているでしょ。すると先生が夜中にやってきて、「腹減って眠れない、何かくれ」とかって言って。それで、ねちねちしたあんまりおいしくない、パンだか何だかわからない母親がつくってくれたのをあげたら、うまい、これはうまいとかって言って。あんたのお母さんは料理うまいな、幸せだなとかって言っちゃって。高等学校の先生たちともすごい仲良かったんだよ。

窪内：むかし学校にいくと、先生がいたんですよね。

小倉：いたいた、いつでもいた。笹本先生っていう数学の先生、年取ってから赤ちゃんが生まれたからあんなにかわいがりやがって、とかって言ってさ。授業のときま

で赤ちゃん連れてきて、こんなことしながら授業するんだよ。

窪内：なんか、ドラマみたい。そういう先生との触れ合いっていうのが大きかったんですね。

小倉：先生たちの私生活も覗いちゃうわけで、それは、よかったね。英語の先生が3人か4人いたんだけど、めっちゃくちゃな発音で、生徒が笑っちゃうんだよ。でも、まじめな人で、笑いもしないで、一生懸命教える。そういうのもさ、あんなにへたくそな英語を、生徒の前で一生懸命読むっていうのに感心して。そうか、だめでも一生懸命やるっていうのに意味があるんだと思った。高等学校のときは教わる内容よりは、先生のあり方から教わったような気がするな。笹本先生が赤ちゃん抱っこしながら授業して、黒板消すと粉が飛ぶじゃん。それで心配になって赤ちゃんをこっちが抱こうとすると、そうかそうかって。

窪内：いまは、先生方が自分の私生活まで見せないですよね。

小倉：ま、家がなかったから仕方がないんだけど、文字通り掘っ建て小屋。だから、風呂は学校の風呂に入ってくるとかっていって、そういう姿も見るわけだよ。

窪内：先生方もそういう姿を恥もなくさらす、生き方を見せるっていうか。

小倉：そうそう。高等学校の同級生には、将来これになるんだっていうのが何人もいたんだよ。自分はピアニストになるって言って、高校1年になってからピアノを弾き始めて、放課後毎日弾いてピアニストになった人や、高等学校新聞をつくって、1枚だけど毎週いろんな記事を載っけてちゃんと発行して、大新聞の真似をして、それで新聞記者になった人とか。プロ野球の選手になったのも3人くらいいた。私は体が小さかったから野球を諦めたけど、ほんとはやりたかった。そのくらい上手だったけど。（笑）

窪内：夢ですもんね。

小倉：そう。高等学校でいろんなことを学んだ。勉強も一生懸命やっていたけど。

窪内：やはり、人生について学ぶ時期というのが大切なんですね。

小倉：私の子ども時代の私のいろんな体験が、私をつくったっていうのは明らかだよね。今の学生たちは、子どものときからあまりいい体験していないんじゃないの。だから大学に入ってから、大学の先生が何かいい方向にうまくもっていく、っていうのはどうかな。社会で苦労しながらかなぁ。

窪内：体験が少なすぎるってことですかね。

小倉：幅が狭すぎるんだよ。でも、スマートフォンとか、そういうのに対してはえら

い詳しい。でも、人間関係では本当に経験が薄いよね。それから、物事を考えるっていう力がないように思う。本を読まないでしょ。本を読まないっていうのは決定的なことじゃないかな。昔の日本人はもっと本を読んだよ。

窪内：今もう、ほとんど読まないですよね。

小倉：大学4年間で1冊も読んだことがないとかって。(笑)

窪内：最近、例えば面接で、何を読みましたかって言うときに、そのものを読んでないんですよ。夏目漱石でも、教科書のある部分だけ。坊ちゃんでも、それで読んだっていうんですよ。だから、本当に本を読まないのかもしれない。昔、読書感想文って結構ありましたよね。夏休みの宿題で、楽しかったですよね。

小倉：そういうの今はないよね。学校教育も、家庭教育も、一般（社会）教育も、そういうのが欠けている。人間に興味もつと言ったって、アイドルとか、スポーツとかでもある分野でワーッとやっている、そういう人のことは知ろうとするかもしれないけど、一般で苦しんでいる人や、ごく一般の人について考えるってことがないんじゃないのかな。

窪内：そうかもしれない。

小倉：気の毒な状況にいる人たちのことを考えるっていうことはないんじゃないの。結局は自分さえよけりゃいいというか。

悩まない学生について

窪内：ところで、悩まない学生をどう捉えたらいいんでしょうね？　悩まないっていうことと、人間的成長との関係について。

小倉：悩む前に問題を諦めちゃっている。考えることをしない、脳を使っていない。悩むっていう習慣がないっていうか。悩まないで済むように、親が先取りして決めちゃって、有無を言わせないようにしてきちゃった。そういう長い過去の歴史があるんじゃない。

田中：社会全体が悩まないし、実利的なので、大学生だけそうしろといっても難しいんですけども、でもどうしたらいいかってことに日々取り組んでいる。

小倉：だから、若い人が頑張ってくれないと、日本の将来が心配だよね。年寄りはもう死んでいくだけだけどさ。

窪内：ただ、東日本大震災という、あんな突然の大災害があって、考えるというか。何かしなければいけないというか。ボランティアで行ったりして、いい経験になっ

ている学生もいますよね。

　私も、文科省の心のケアということで、福島の発電所から40km以内の学校に行ったんです。それで、放射能がすごく降っていて、子どもたちがいて、全員線量計をつけていて。考えましたよね。結局、本当は逃げればいいと思うのに、それは親たちが決めることだから。カウンセラーとして行っていったい何ができるのかって。それで、私は校長先生に言ったんですよ、放射能のことを。大人たちは誰も言わないんですけど。でも言えないですよね、みんな浴びているわけだから。私は2泊3日で短期間行くだけだから、せめて子どもたちが体験を語ることの手助けを多少でもできたらって。子どもたちもとてもよく話をしてくれて。それがどういう役に立ったかどうかは分からなかったですけどね。でも、なんていうのかな、そこで生きて行かなきゃいけない子どもたちがいる。

小倉：こないだ聞いた話だけどね、補償金が出ても仕事がなくて、酒ばかり飲んでいるっていうこともあると。何もすることなかったら、そんなことになるんじゃないの。もう、働く癖が戻らなくなっちゃうんじゃないかな。

窪内：それをよそから来た人たちがとやかく言えないですしね。

小倉：そう、難しいね。もう希望をもてないでいるんだろうね。人間は、希望を失うと非常にまずいよね。

解離的なパーソナリティのあり方について

窪内：1つ伺いたいことがあるのですが、この10年あまり学生相談で解離的なパーソナリティのあり方が、問題となってきているのですが。

小倉：自分の問題として悩むという話に近いね。親がみんな決定して、何もかも用意されてしまって、有無を言わせずというところで来ているから、自分で考えるっていう習慣がない。ここへ来る患者さんたちも、そういうことでまとめることができるね。悩む力がないって。だから、特定の疾患単位のものが揃うっていうようなことがない。どんな症状も、時と場合によって出てくる。それに、今は何でも発達障害という時代だからさ、従来の疾患単位の状態像が適合するような状態が少ない。あれもこれもでてくる、相手によって、時と場合によって。

窪内：その、親が何もかも用意してしまう。なぜそういうふうに用意するようになってしまったと？

小倉：親たちが小さいときとても貧しかったから、子どもたちにはそういう苦労をさ

せたくない、と。それは親心としては分かるけどね。でも、何もかも先取りして決めてしまって、子どもが考えるってことをさせない。あの、今高校野球やっているじゃない。そのボールをどうしますかっていうと、みんなお母さんにあげるって言う。ねえ、なんか気持ち悪いねえ。

窪内：ご主人が、お前いい加減にしろって言わなくなったってことですかね。

小倉：うーん、それもあるね。父親は他人なんだよね。同居人だけど家族じゃない。早い話、一緒に飯食うってことがないじゃない。一緒にお風呂入るなんてないでしょ。

田中：その、悩む習慣がないわけじゃないですか。でも、そのかろうじてきっかけになるとしたら学生の時代かなと思うんですね。そういう意味でも「大学人にできることは」っていう問題意識が、この本のひとつの出発点なんです。

小倉：大学生は、本来親に求めるものを先生に求めているのかもしれないね。ひどい場合は、朝、モーニングコールしてくれっていう学生がいる。そんなものするな、ってワシ言うんだけど。だってかわいいとかなんとか言っちゃって。朝も起きられない学生なんてかわいくない！とかっていって。

窪内：か、わいいい。（笑）

小倉：それは、その人の問題だよね。

窪内：そうすると、教育現場にいる人は何をすればいいでしょう？

小倉：人間としていちばん基本的なところを

窪内：教える。

小倉：身をもって示す、というか。

窪内：難しいですよね。ただ、先生がさっき仰ったように、もっと昔の先生は自分をさらしていた。そういうことですよね、良いも悪いも含めて。

小倉：ところでこの頃、学生が先生を評価するんだって？　で、その評価によってクビになるって話が。

田中：そう、そこまでいかなくても業績評価に直結して給料ってことは、ありますよね。

小倉：そういうことを怖れている先生がいる。だから、バンドエイド貼ってあげたりとかね。

田中：そうすると、どんどん大学の教員との関係も親子になぞらえられる関係になってくる。やっぱり、親のことを知りたいとなるためには……。混乱していて自信が

ない親なんだけど、それ、どうできるか。
窪内：どうできるか、ですよね。

生き方を見せていくこと

小倉：本当の教育って何かってことになってくるんだよね。親が子どもを育てるときに、悩み方っていうのかな、そういうのを示す。大学の先生ってどうしてる？　白黒はっきり分けて、「だめっ」とか。そういうふうにする？　大学としては学生の数が減ることは収入が減ることだから。

窪内：ま、でもしょうがないと思っているところはあるんですけど。それを考えてたら……。

田中：大学の社会的役割という文脈からいくと、そこが最後の教育機関だからという話は出てきますよね。

小倉：いや、でも会社に入ってからの方が、教育を受ける。医者なんて一生勉強続けていく。

窪内：心理もそういうところがありますけどね。だから、自分の生き方というか、大学の先生も本当の教育は何かというのを見せられるかどうかは分からないけど、そういう生き方を見せていくということが必要なんでしょう。

小倉：悩む力をつけてもらうには、あんまり面倒見がよいというのはよくないんだよ。この頃の学生は、とことん面倒見のよさを求めてくるところがあるんじゃないかな。

窪内：私、試練って大切だって思っているんですよ。

小倉：そうだよ、そうだよ。

窪内：困らなきゃ、悩まないじゃないですか。だから試練があって、で、悩んだら手をだす。

小倉：順序としてはそう。

窪内：時に問題を突きつけるというようなことは必要なんだと思う。

小倉：私がみるところ、あなたはこういうところが問題になっているんじゃないかって思うよ。よく考えて、って。

窪内：そう、それを受けて、どういうふうにするかって。

小倉：これをあなたの課題として与えるからよく考えて。次に何日に会うから。その時にまた話し合いましょう、みたいな。

窪内：困っていない人は助けない。あるいは、困らせる。

小倉：うん、困らせる。

田中：最近は、求めてこないというのが一番困るんですよね。求める力が弱いというか。でも、何でもかんでも仕掛けたらだめですかね。

小倉：どんな分野でも、師匠から厳しい訓練を受けるわけじゃないですか。たとえばお相撲さんの世界って、本当にたいへんだよ。

窪内：みんな日本語上手ですよね、身につけないと生きていけないから。ただ昔より、学生の方がずっと選択的になっている。この先生なら何か答えを出してくれるという先生のところには、求めていくような気がするんですよね。そうでない先生には、全く求めない。

小倉：あなたのところなんかには、ずいぶん学生が来るんじゃない？

窪内：そう、来ますよ。

田中：そういう人ばっかり集めてゼミやっていたりする。

小倉：そういうふうにみえるよ、あなたは。（笑）

窪内：そうですかね。来ますよ。私はもちろん面倒をみるんですけど、ダメなときはダメと言いますし。

小倉：もうちょっと考えてこい、とね。

窪内：やっぱり私は土居先生に教わったっていうのもあるんですけど、父性って非常に大切だと思っているんです。ただ甘えさせる。ただ母性的に包み込む。そういうのはどこか気持ち悪いというか。

小倉：少し前の映画で、「ライアンの娘」っていうのがあって。夫婦が町を追われて、ダブリンへ移っていく。その時に離婚になる。浮気したんだよね、奥さんが。それで終わるんだけど、その時に神父さんがお別れの贈り物だと言って、"doubt"だって。これからの2人の関係について、もう別れるということになっているんだけど、"doubt"っていうのを贈り物にするっていう場面があるんだよ。あのシーンは忘れないよ。ひどい人間ばっかりでさ、神父さんは一生懸命なんだよね。人々を救おうとして。神父さんも貧乏だから、贈り物ったって何もあげられないんだよ。ごく簡単なストーリーだけど、人生のありとあらゆるものが含まれている、素晴らしい映画だね。

窪内：先生、難しいですね。この対談どうやってまとめましょうか。

小倉：問題はあまりに膨大過ぎて、簡単な答えはないよね。みんなで知恵を出し合っていくしかない。悩むというのは、人間はそれがなきゃ生きていけないんだからね。

人間が生きていくうえで最も大切なことの1つが、悩むということ。それがほとんどの若者でできていない、そういう現実なんだよね。それには長い歴史があるんだけど。それは日本人全体に与えられた課題だね。

窪内：どっかで、諦めちゃっているんでしょうね、たぶん。悩んでどうにかしようということができなければ、悩んだってどうにもならないと思えば、もう考えない。

小倉：答えがなくとも、悩みは続くんだよ。だから、これを一生の課題として、これを考えていけっていう、そういうことを指摘できるといいね。

窪内：そういうことを学生に「仕掛けて」いくというのはどう思います？

小倉：んー、どうかな。そんなに仕掛けなくていいんじゃないの。

窪内：むしろ、見せていく。

小倉：むしろ突き放した方がいいんじゃないかって思うんだけど。お前の問題はどう考えても、こういう問題だ、と。お前それに自分で取り組めって。そうでないと、お前の人生はないぞって。

窪内：そのときやっぱり本当にケアが必要な人なのか、突き放しても大丈夫と言える人なのかという見立てって大事ですよね。

小倉：んー、でも突き放して死んだらそれでいいんだよ。どうせ死ぬんだよって思う。

窪内：難しい、本当に。

小倉：学生がもし、それは私に死ねということですかと言って来たら、「そうだー」って。そう言っていいと思う。

窪内：そういうことを言う人も必要ってことですよね。誰もが、みんな、助けてしまうわけだから。

小倉：本当の意味で、あなたは必死とは思えない、本気になってないと思う。だから将来、先生にあのとき死ねって言われましたから、がんばれましたっていう人が出てくるかもしれない。

土居先生から教わったこと

窪内：先生から見て土居先生はやはり信じられる人でしたか？

小倉：そうでしたね。

窪内：私もう本当に3年間怒られっぱなしで。つらくて。人に聞いたことがあるんですよ。「私どうしてあんなに怒られるんだろう」って言ったら、土居先生は見ているって。怒られてどうなるかってことを。

小倉：叱っても大丈夫だと思って、叱っていたんだ。

窪内：そうはなかなか思えなくて。でも、3年たって国立精神衛生研究所に移るとき、「きみもようやく臨床家らしくなったね」と土居先生から言われたときは、嬉しかったですね、本当に。それが支えでやってきた。

小倉：3年でなれば、たいしたもんだよ。

窪内：いえいえ。これから一緒に土居先生と何かできるのかと思ったら、突き放されて、お前はお前でやれっていう感じでしたね。これが自立っていうか、自分でやれっていうことかって思いました。でもすごい、本を読まされましたね。教えてくれるんですよ、これを読めって。それを必死で読んで。本を読めと言われても、今の若い人何を読んでいいのか分からないということもあるかもしれないですね。こんなに本が溢れてしまっているので。

小倉：いっぱいあるからね。土居先生は、徒然草と、パンセと、聖書の3冊をしょっちゅう、暇ある度に読み返していると言ったね。徒然草ですかって言ったら、「あれ、いいこと書いてあるよ」って。

窪内：土居先生のお部屋って、小学校のときの先生の写真が飾ってあって、あとホイヴェルス神父様ですよね。ご本人から聞いたんですけど、それまであんまり勉強していなかったんだと。

小倉：そう、5年生のとき。

窪内：きみはもっとできるはずだ、と言われてそれからやったんだそうです。

小倉：そう、それで発奮してものすごい勉強するようになったって。亡くなる10年ほど前かな、その先生が熊本に住んでいて、学会か何かで行ったときに昔の担任に会いに行った。もう100歳近いこんなじいさんになっていたんだけど、涙を流して喜んだっていうんだよね。先生私のことをそんなに覚えていたんですか、って言ったら「もちろんそうだよ」って。

窪内：ねえ、すごいですよね。

小倉：そう、その先生のおかげで自分はうまくいくようになったんだということを報告に行ったんだよ。

窪内：私も本当にいろんなことを教えていただきました。

小倉：でも、5年生の子どもに、きみはもっと本当はできるはずなんだけどなって、普通言うかね。言わないような気がする。

窪内：まあ、見込んだんじゃないですかね。そんな気がしますけど。

小倉：私の小学校5年生、6年生というと戦争がどんどん激しくなってきて、たいへんになっていたときでね。担任の小西先生という人が、年代はちょっと上だったんで、教化訓練だけを受けていたんだけど、戦争には行かなかったんだよね。その先生の影響が大きかったと思う。その先生が、ほとんど毎日ね、「お前ら自覚しろって」って言ってたのね。「じかく」ってどんな字、書くのかなって。（笑）自覚ってなんなんだろうなって思って。説明を求めて。でも何にも説明しないで、ただ自覚しろ、自覚しろって。

窪内：先生はもう10歳になればいろんなことが分かるって言われますよね。

小倉：そうそう。でも、小西先生という人は、大学出るまでで一番尊敬できた先生だね。

窪内：やっぱりだから、そういう人に出会っているかどうかですね。そういう大人がいなくなったって、そういうことですね。

小倉：そうだよ。小学校6年、戦争が終わる1年前に、南海大地震っていうものすごい大きな地震がきて、教室が2階にあった。お昼頃ものすごい地震が来て、古い校舎だったので、こんなふうに揺れた。その時に小西先生が、みんな、すぐ外に出なさいって落ち着いた声で言ったんだ。それで、みんな一斉に階段を駆け降りて、私途中で振り返って、先生どうするかと思って。先生は段の一番上でさ、皆が出ていくのをじいっと見ていた。それを見てさ、あー、あの先生は偉い先生だって思った。

窪内：やはり、立派な人はいたんだ。

小倉：生徒がみんな降りたのを見て、私の方に黙ったまま手を当てて下に降りたんだよね。あれは長い地震でさ、講堂がこーんなに揺れたんだよ。屋根もものすごく揺れて、つぶれるかと思ったけど、つぶれなかったね。

窪内：ほんとに、大人がしっかりしなくちゃいけないんだ。尊敬できるように。

刊行によせて

鶴田和美

　本書の刊行を心からお慶び申し上げます。本書は、これからの学生相談のあり方を模索する試みの1つであり、大学における学生相談の意義を明確にしようとする試みの1つであると思います。

　私たちはこれまで、学生相談を大学教育の中にしっかり位置づけたいと願いながら仕事をしてきました。従来、学生相談は大学の一隅で、カウンセリングを中心にして、一部の学生の成長を支える仕事を中心としてきました。近年、学生相談は、一方でカウンセリングを基盤としながら、もう一方では、教職員、父母と連携・協働しながら学生生活を支えることを仕事とするようになってきています。そして、このような相談・支援活動を支える基盤として、大学生の心理的特徴についての研究、大学生への支援方法の研究が積み重ねられてきています。

　本書は、書名が示す通り、これまで学生相談がつみ重ねてきたものを、さらに前に進めようとするものであり、そこに本書刊行の意義があると考えます。

　本書は、監修の窪内節子先生の定年退職を契機として、周りの方々が、学生相談を中心とした日頃の実践と研究をまとめられたものとうかがっています。

　私は、窪内さん（親しみを込めて、こう呼ばせていただきます）が博士論文をまとめられた際に、指導教員としてお手伝いさせていただき、1つの研究目標に向かって走り続けられた4年間を伴走させていただきました。

　多くの青年期事例を振り返りながら、キーワードを探し、それらをつなぐ軸を探し、事例を見直し、書き直す、という作業を繰り返しましたが、窪内さんの反応は早く、いつも前回の議論を踏まえた答を用意されてきました。私が枝葉を刈り取ると、次回には窪内さんが少しずつ幹を太らせてこられた感じでした。いつも思ったことは、「窪内さんは気迫の人だな」「本当に学生相談が好きだな」「この気迫で学生に向き合ってこられたのだな」ということでした。

　学生相談という仕事は、やりがいがあり、おもしろいが、カウンセラーの学内での身分は必ずしも安定していない、という2つの側面をもっています。窪

内さんは、学生相談のこの2つの側面に真正面から向き合い、道なき道づくりをされてきました。窪内さんの足跡には、わが国の多くの学生相談カウンセラーの足跡と重なっている部分がありますが、それに加えて、窪内さん独自の足跡があります。

多くのカウンセラーと共通した歩みとしては、専門家としての自分を確立しようとされてきた歩みがあり、大学の中に学生相談をしっかり根付かせようとされてきた歩みがあります。窪内さんは、国際基督教大学の専任カウンセラーとして学生相談の仕事を始められ、土居健郎先生らとの出会いを通して、心理臨床家としての自分を確立されてきました。その後、恵泉女子短期大学・大学に移られ、組織がないところで、学生相談の専任カウンセラーとして孤軍奮闘されてきました。

窪内さん独自の歩みとしては、自ら大学運営に関わりながら、大学の中に学生相談を位置づけようとされてきたことだと思います。窪内さんは、その後、山梨英和短期大学・大学で心理学の教員となられましたが、学生相談の仕事を兼務され、さらには、学生相談室の創設、室長としての運営、専任カウンセラーポストの創設など、システムとしての学生相談の展開に尽力されてきています。

窪内さんは、いくつかの職場に身を置かれてきましたが、どこにおられても、「学生相談を高めよう」という軸を大切にされてきました。「学生相談という軸がブレない人」と思います。

本書は、著者のみなさんが「学生相談という軸」を大切にされ、さらに展開され、「大学教育を高めよう」という目標に向かわれた冒険の書であると思います。

あとがき

　現在、多くの高等教育機関が、教育の質的改善を目指して、さまざまな変革を図ってきていますが、私の思うところでは、今のすべての若者に対する人材養成機能の強化が一番の大きな問題ではないかと思います。

　本書の座談会で小倉清先生が述べているように、最近、大人が大人としての姿に自信を失い、若者を教え、導くことの意欲を失ってきた感じがします。従来のように良い大学を卒業して良い会社に勤められれば幸せになれるという分かりやすい生き方は難しくなり、大人が今の時代を生きるための新たな生き方を若者に示せないこともその理由のひとつでしょう。そのため多くの大人は、一見若者に理解があるかのように、「何でもやりたいことをしなさい」「あなたが好きなことをすればいい」などと言うものの、親としての生き方を示す責任を果たしあぐねているように見えます。何でも自由にしてよいと言われて、自ら人生を選び取っていける若者は少ないのではないでしょうか。小・中・高校と過保護に育てられてきた若者にとって、大学生になっていきなり自分で決断して決めなさいといわれて、戸惑うのは当たり前です。このような若者が、今大学に入学してきているのです。そのため大学としては、入学を許可した以上支援が必要であると考えて、多くの大学でさまざまな学生支援を行なうようになりました。それが単なる過保護的な世話焼きであって、若者の自己形成の援助に繋がらないものであるなら、私は反対したいと思います。なぜなら今高等教育に求められていることは、自ら判断し、決定できる主体的な自己形成のための援助だと思うからです。

　この本は、学生相談経験をもつ大学の教員による教育実践と学生相談担当者による実践報告です。執筆者は、現在の大学教育に対する危機意識から学生相談の知見をもって、学生の主体的な自己形成のために挑戦的な実践の試みを行なっている人たちばかりです。学生相談の知見を基礎に教職員が行なう教育実践は、学生の心を理解することに一日の長があるだけに、従来の教育や学生支援に新たな示唆を与えられると思います。

　私は、長年、いくつかの大学で学生相談に従事してきました。一般に、大学教員になると学生相談に関わらなくなるのが普通です。ところが私は、大学教

員となり、大学管理者となっても何らかの形で、学生相談に関わってきました。その理由は、私が専門としてきた心理療法は、「人を育てること」だと考えてきたからです。また、私は学生相談関係者に支えられ、育てられてきました。これからも私にとってのこの原点を大切にいきたいと思っています。

　今回、私が所属する大学を定年退職することを記念して、この本が出版されることになりました。よくこれほど学生相談における優秀な方々が寄稿してくださったと驚くほどの布陣です。また、長年指導を受けてきた思春期、青年期臨床における第一人者でもある小倉清先生との座談会が掲載できることにも感謝いたします。さらに、私の博士論文の指導教官でもあった名古屋大学名誉教授の鶴田和美先生にも温かいお言葉をいただきました。あわせて深く感謝いたします。

　最後に、家族はもちろんのこと、今まで私に関係してくださった、学生、学生相談関係者、所属してきた大学の教職員の皆様など、すべての人々に感謝したいと思います。本当に有難うございました。

2015年春
山梨の地で雪の富士山を仰ぎ見ながら
窪内節子

索　引

〈アルファベット〉
FD（faculty development）　38, 44
SPS（Student Personnel Services）　118, 119

〈ア行〉
アイデンティティ　8, 11, 88, 89, 97, 98, 106, 130, 131, 165, 166, 175, 176
遊び　110, 128, 173, 189, 190, 191, 192, 193, 195
新しい能力　92, 96, 99
アドバイザー　128, 136
甘え　11, 12, 13, 14, 15, 17, 18, 20, 21, 22, 23, 24, 25
甘えたい心　12, 14, 16, 21
暗在性　48, 49, 50, 55, 59, 62
移行　1, 12, 25, 27, 32, 69, 81, 114
依存　13, 15, 23, 25, 76, 120, 164
居場所　20, 21, 38, 48, 66, 102, 135, 147, 148, 156, 158, 159, 161, 167
イメージワーク　190, 193
医療モデル　178
ウチとソトのアイダ　194
内なる声　201, 202
エンカウンター・グループ　109, 110, 166
円環的因果律　96, 113
演習型授業　189
援助を求めない学生　6, 7, 8, 9, 10, 11, 18, 22
エンパワーメント　118, 122, 123
オープンキャンパス　130, 188

〈カ行〉
解離モデル（解離型のこころ）　95, 96, 97, 98, 101, 111, 112, 225
学生期　1, 65, 68, 72, 128, 130

学生生活サイクル　65, 130
学生相談カウンセラー　24, 39, 43, 63, 84, 94, 100, 103, 107, 121, 134, 135, 142, 143, 144
学生相談機関　102, 118, 121, 123, 132, 133, 134, 143, 144, 147, 162, 186
学生相談機関ガイドライン　132
学生相談担当者による授業　102, 128
学生相談のサーキュレーション機能　128, 129, 134, 136, 142, 143, 144
学生相談のセンサー機能　143
学生相談面接　178, 179, 186
学生の健康を考える会　133, 141, 142
学生の多様化　1, 131, 133, 143
学部の相談担当教員　179, 180
基礎ゼミナール　8, 18, 45, 54, 55, 61, 63, 133, 136, 138
キャンパス・アイデンティティ・グループ（CIG）　128, 164, 165, 166, 168
キャンパスの練習機能　38
休学　7, 69, 76
教職員　7, 38, 63, 67, 68, 69, 73, 76, 80, 81, 105, 107, 128, 133, 134, 135, 139, 140, 141, 142, 143, 172, 178, 180, 183, 234
協働　135, 179, 180, 184, 186, 232
グループ活動　7, 128, 133, 135, 137, 140, 147, 155
グループ体験　28, 110, 128, 147
グループワーク　54, 63, 102, 128, 136, 138, 146, 147, 148, 149, 150, 151, 153, 154, 155, 156, 157, 158, 159, 160, 162, 188, 189, 190
研究課題　128, 185, 186
研究室　35, 180, 181, 182, 183, 185, 186
健康教育　201, 202, 203, 210

原初的な気持ちのむすびつき　6，7，
　11，12，13，14，15，21，24，25，26，95
原初的な気持のむすびつき　12
合同面接　181，182，185
子育て　25，100，201
コミュニティモデル　178

〈サ行〉
サークル活動　18，20，106，129，130，
　155，156，158，160，169
再履修クラス　8，9，10，11，18，22，
　23
三者性の体験　175
自我意識形成プロセス　12，13，21，22，
　24
自己一致　134，202
自己形成　9，11，25，72，83，84，96，
　97，234
自己肯定感　32，98，199，201，202，211
自己同一性　164，167，174，175
自己の多元化　98
自己発見　31，128，188，189，190，192
自己理解　50，102，137，138，140，144，
　147，148，153，154，158，159，160，
　161，162
思春期延長　6，27，31，32，33，34，36，
　42
疾風怒濤　106
指導教員　180，181，182，183，185
自分がある　11，12，17，18，24
自分がない　12，14
自分探し　29，31，32，33，34，35，36，
　37，38，39
自分づくり　1，6，28，31，33，34，35，
　36，37，39，42
自分を隠す　1，43，45，54
修学（学業）　7，51，73，80，107，118，
　128，130，138，179，186
就職活動　34，35，36，52，68，69，70，
　75，130，173，200
集団精神療法　164，165，166，167，176

主体　6，83，84，85，86，87，88，89，90，
　91，93，94，95，96，97，98，99，100，
　101，102，103，108，172，178，179，
　186
主体形成　95
主体性　6，50，54，55，62，67，68，69，
　83，84，85，88，89，90，91，92，93，94，
　95，96，97，98，99，100，101，103，179，
　184
主体的な学び　61，84，93，100，103，
　186
情動調律　47，95，112
少人数授業（ゼミ）　6
少人数ワークショップ型授業　6，102
初年次教育　8，9，34，44
人格形成　119，128
身体症状　29，107，108
身体性　88，101，174，175
身体的実感　6，43，44，45，46，48，50，
　53，54，55，58，59，61，62，95，174
新入生　54，102，133，135，137，138，
　139，200
心理教育的支援　6，43，44，45，54，62
心理的課題　128，131，140，185
進路　80，118，130，138
スタディ・スキル　30，44，55，67
スリー・ステップ・アプローチ　39，
　160
精神疾患　9，25，185，202
成績不良者（低単位学生）　23，102，179
生の進展　50，59，62
卒業研究　1，36，71
卒業論文　173，183，184，186
ソトへの伝達　193，194，195

〈タ行〉
退学　8，23，24，34，173
大学教育　2，7，8，38，62，63，67，
　83，92，119，128，132，143，172，183，
　189，196，233，234
大学教育の一環としての学生相談　2，

118, 128, 132
大学コミュニティ　118, 124, 128, 133, 134, 136, 142
「大学における学生生活の充実方策について」(廣中レポート)　119, 132
「大学における学生相談体制の充実方策について」(苫米地レポート)　119
退学予防　7, 8, 102
体験過程　49, 50, 55, 59, 61
対人関係　1, 9, 27, 38, 40, 46, 47, 73, 98, 112, 120, 172, 184
中教審答申　83, 89, 90, 93
直線的因果律　95, 113
通過儀礼(イニシエーション)　114
通訳の機能　185

〈ナ行〉
内密性　144
内密性(守秘義務)　136, 143, 144, 166
悩まない学生　224
悩むことができない学生　66, 107
悩むモデル　6, 123, 140, 143
悩めない(悩まない)学生　6, 9, 29, 32, 66, 94, 95, 105, 107, 111, 113, 117, 118, 121, 122, 123, 124, 224
日常的な学生支援　128, 185

〈ハ行〉
発達課題　65, 68, 72, 73, 165, 178, 179
発達障害　9, 10, 96, 99, 109, 153, 157, 165, 225

場の安全感　55
ハラスメント相談　109, 133
ひきこもり　8, 9, 36, 164, 184, 209
否定　6, 65, 72, 73, 74, 75, 79, 80, 81
父性的な側面(アプローチ)　17, 21, 22, 24, 25
不適応　20, 118, 138
不登校　27, 28, 31, 152, 185, 204, 209
普遍性の体験　174
フリースペース　102, 152, 153, 155
保護者　129, 139, 180, 183, 184
母子関係　15, 25, 84, 95, 96
母性的なアプローチ　21, 24, 25

〈ヤ行〉
役割実験　66, 106
ユニバーサル・アクセス時代　92, 96
ゆるやかな解離　97, 100
抑圧モデル　95, 111, 112
抑うつ　69, 75, 76, 164, 169, 170, 173
予防　62, 166
予防教育　164, 165, 176

〈ラ行〉
連携　7, 128, 133, 135, 137, 140, 142, 143, 179, 180, 183, 185, 186, 232

〈ワ行〉
ワーク　22, 57, 59, 63, 138, 190, 191, 193

監修者

窪内 節子（くぼうち せつこ）【監修・第Ⅰ部第1章・第Ⅲ部】
山梨英和大学副学長、人間文化学部教授、博士（心理学）

1972年横浜国立大学教育学部卒業、小学校教諭を経て、1981年国際基督教大学大学院教育学研究科（教育心理学専攻）博士前期課程を修了。国際基督教大学非常勤カウンセラーを経て、1993年より恵泉女学園大学・短期大学学生相談室の専任カウンセラー。1998年山梨英和短大専任講師、2002年山梨英和大学助教授、2003年同教授、2011年より同副学長（現在に至る）。一貫してカウンセラーあるいは相談室長として学生相談活動に携わり、また学生相談学会理事として大学カウンセラー資格の制定に取り組み、2012年学生相談学会学会賞を受賞する。

主要著訳書：『生徒理解と教育相談』（単著、玉川大学通信学部）、『学生のための心理相談』（分担執筆、培風館）、『バチュラーズ：結婚しない男達の心理』（監訳、世織書房）、『やさしく学べる心理療法の基礎』（共著、培風館）、『学生相談ハンドブック』（分担執筆、学苑社）、『やさしく学べる心理療法の実践』（編著、培風館）

執筆者

設樂 友崇（したら ともたか）【編集・第Ⅱ部第1章】
山梨英和大学学生相談室主任カウンセラー

高橋 寛子（たかはし ひろこ）【編集・第Ⅰ部第3章】
山梨英和大学人間文化学部准教授

田中 健夫（たなか たけお）【編集・第Ⅰ部第4章・第Ⅲ部】
東京女子大学現代教養学部教授

桐山 雅子（きりやま まさこ）【第Ⅰ部第2章】
中部大学学生相談室教授

高石 恭子（たかいし きょうこ）【第Ⅰ部第5章】
甲南大学文学部教授・学生相談室カウンセラー

杉原 保史（すぎはら やすし）【第Ⅰ部第6章】
京都大学学生総合支援センター教授

矢部 浩章（やべ ひろあき）【第Ⅱ部第2章】
立教大学学生相談所・山梨英和大学学生相談室カウンセラー

深澤 あずさ（ふかさわ あずさ）【第Ⅱ部第2章】
長野大学学生相談室カウンセラー

石川 与志也（いしかわ よしや）【第Ⅱ部第3章】
ルーテル学院大学総合人間学部専任講師

山下 親子（やました のりこ）【第Ⅱ部第4章】
立教大学学生相談所カウンセラー

山川 裕樹（やまかわ ひろき）【第Ⅱ部第5章】
成安造形大学芸術学部准教授

山崖 俊子（やまぎし としこ）【第Ⅱ部第6章】
前津田塾大学教授

小倉 清（おぐら きよし）【第Ⅲ部】
クリニックおぐら院長

鶴田 和美（つるた かずみ）【刊行によせて】
名古屋大学名誉教授

学生相談から切り拓く大学教育実践
——学生の主体性を育む　　　　　　　　　　©2015

2015年4月1日　初版第1刷発行

　　　　　　　　　監修者　窪内節子
　　　　　　　　　編著者　設樂友崇・高橋寛子・田中健夫
　　　　　　　　　発行者　杉本哲也
　　　　　　　　　発行所　株式会社　学　苑　社
　　　　　　　　　東京都千代田区富士見2-10-2
　　　　　　　　　電話(代)　03（3263）3817
　　　　　　　　　fax.　　 03（3263）2410
　　　　　　　　　振替　　 00100-7-177379
　　　　　　　　　印刷　　 藤原印刷株式会社
　　　　　　　　　製本　　 株式会社難波製本

検印省略　　　　　　　　　乱丁落丁はお取り替えいたします。
　　　　　　　　　　　　　定価はカバーに表示してあります。

ISBN978-4-7614-0769-8　C3011

学生相談ハンドブック

日本学生相談学会50周年記念誌編集委員会 編● A5判／本体4500円＋税

個別相談や連携・協働そして学生・教職員・保護者に向けた活動など、多様な側面がある学生相談について、独自の相談・援助活動からキャンパス全体を視野に入れた専門的な実践方法まで具体的に提示する。

■主な目次
第Ⅰ部 総論
第1章 学生相談の理念と歴史
第2章 大学生を理解する視点
第Ⅱ部 相談・援助活動
第3章 個別相談の方法
第4章 相談内容に応じた援助
第5章 相談対象に応じた援助
第6章 来学学生に応じた対応の工夫
第7章 連携と関係者支援
第8章 コミュニティの危機への対応
第Ⅲ部 大学コミュニティのなかでの活動
第9章 学生に向けた活動1
第10章 学生に向けた活動2
第11章 教職員に向けた活動
第12章 保護者に向けた活動
第Ⅳ部 学生相談を支えるもの
第13章 システムの整備
第14章 学生相談カウンセラーの研修
第15章 研究
第16章 学生相談における倫理

学生相談と発達障害

高石恭子・岩田淳子 編著●四六判／本体2000円＋税

学生相談を行なうカウンセラーや教職員が「発達障害」をめぐって直面する疑問や困難を取り上げ、対応を模索する。

■主な目次
第1章 発達障害という視点が学生相談にもたらしたもの　高石 恭子
第2章 入学期—信頼できる人間関係ができるまで　大倉 得史
第3章 アルバイトと課外活動—大学の外の社会、大学の中の社会　佐々木玲仁
第4章 自己理解・他者理解—中間期の課題　毛利 眞紀
第5章 専門課程に進んだとき—「専門」という安全地帯、少数指導という親密関係の困難　渡部 未沙
第6章 学外実習・留学・インターンシップ—教育機関としての責任と個人の学ぶ権利　高橋 寛子
第7章 就職活動—具体的な就労に向けて　岩田 淳子
第8章 卒業期—巣立ちのとき　中川 純子
第9章 大学院生として—研究者の卵としてぶつかる壁　石金 直美
第10章 卒業後—社会で生きるということ　千田 若菜
終章 事例にみる発達障害の学生相談　岩田 淳子・高石 恭子

ひきこもりと大学生

和歌山大学ひきこもり回復支援プログラムの実践

宮西照夫 著●四六判／本体2000円＋税

行き詰まった家族には、ひきこもり経験者が入り、空気を変えることが必要であると説く著者が、ひきこもる若者と30年間向き合いながら開発した「和歌山大学ひきこもり回復支援プログラム」を詳細に解説。

■主な目次
序　　形式としてのひきこもり—現在の若者の苦悩の一表現
第一章　ひきこもる若者
第二章　苦悩するひきこもり
第三章　優等生のひきこもり
第四章　ひきこもりと精神症状
第五章　ひきこもりの原因
第六章　和歌山大学ひきこもり回復支援プログラム
第七章　インターネットとひきこもり
第八章　なぜ、日本の若者はひきこもるのか

〒102-0071　東京都千代田区富士見2-10-2　**学苑社**　TEL 03-3263-3817（代）　FAX 03-3263-2410
http://www.gakuensha.co.jp/　info@gakuensha.co.jp